Swami Sivananda Radha

Kundalini-Praxis

Sarasvati
Göttin der Weisheit, Musik, Schönheit
(Sammlung der Autorin)

Swami Sivananda Radha

KUNDALINI-PRAXIS

Verbindung mit dem inneren Selbst

Verlag Hermann Bauer
Freiburg im Breisgau

Die Deutsche Bibliothek – CIP-Einheitsaufnahme

Sivananda Radha ⟨Swami⟩:
Kundalini-Praxis : Verbindung mit dem
inneren Selbst / Swami Sivananda Radha.
[Dt. von Helmut Degner]. – [1.-5. Tsd.]. –
Freiburg im Breisgau : Bauer, 1992
    Einheitssacht.: Kundalini ⟨dt.⟩
    ISBN 3-7626-0445-2

Die amerikanische Originalausgabe erschien 1978 bei
Timeless Books, Porthill, ID, unter dem Titel
Kundalini – Yoga for the West
© 1978 by Swami Sivananda Radha

Deutsch von Helmut Degner,
bearbeitet von Giovanni Bandini und Ditte König

Mit 18 Farbtafeln, 15 s/w-Abbildungen und 21 Zeichnungen

1992
ISBN 3-7626-0445-2
© für die deutsche Ausgabe 1992 by
Verlag Hermann Bauer KG, Freiburg im Breisgau
Alle Rechte der deutschen Ausgabe vorbehalten
Umschlagbild: Werbung und Audiovision, Stuttgart
Satz: CSF ComputerSatz GmbH, Freiburg im Breisgau
Druck und Bindung: Wiener Verlag GmbH, Himberg
Printed in Austria

Gewidmet

. . . allen Gurus, die den Weg bereitet haben,
vor allem Swami Sivananda Sarasvati (Rishikesh, Indien),
durch dessen Inspiration ich zum spirituellen Leben
erweckt wurde,
und meinem tibetischen Guru, der mich lehrte,
»das Fundament zu legen«.

Dank

Dieses Buch ist das Ergebnis der vereinten Bemühungen eines Teams, das durch mein »Göttliches Komitee«, wie ich es nenne, ins Leben gerufen wurde. Alle, die ihm angehörten (und andere, die ich aus Platzgründen leider nicht erwähnen kann), haben dazu einen einzigartigen Beitrag geleistet, ohne den das Endergebnis nicht hätte erreicht werden können.

Mein besonderer Dank gilt: Mary Armstrong, die als erste von der Idee, die Lehren in Buchform zu veröffentlichen, begeistert war. Sie machte viele konstruktive Vorschläge und brachte mich mit hilfsbereiten Literatur-Profis zusammen. Linda Brown, deren schöne farbige Darstellungen der Chakras und Zeichnungen dem Leser zum Verständnis der östlichen Symbole verhelfen werden. Ann Conway für ihre ästhetischen Zeichnungen, die subtile Aspekte der Kundalini-Übungen verdeutlichen. Phyllis Dale, die die Verantwortung für die Erstellung der Anmerkungen übernahm. Diane Osoko, Anna Marie McGuire und Terence Buie für das Korrekturlesen und die Überprüfung des Manuskripts. Rita Foran, die die Flut von Ideen zu einem ersten Entwurf zusammenfaßte und mir unermüdlich und mit großem Einfühlungsvermögen bei der Abfassung des Manuskripts und dessen Fertigstellung für den Verlag half. Richard Reeves für seine Hingabe und seinen künstlerischen Geschmack bei der graphischen Gestaltung des Buches. Teri Gray, die es redigierte und durch ihre Sachkenntnis dazu beitrug, komplexe östliche Vorstellungen dem westlichen Leser begreiflich zu machen. Dr. Robert Frager vom California Institute of Transpersonal Psychology, der es mir ermöglichte, seine Studenten mit einem Teil der Lehren vertraut zu machen und dadurch den Wirkungsbereich des Kundalini-Yoga zu erweitern.

Besonders erwähnt werden müssen die Mitglieder der Yasodhara Ashram Society, die viele der Übungen im Rahmen von Kursen durchführten und damit die Gültigkeit der alten Lehren in unserer heutigen westlichen Welt bewiesen.

Inhalt

Vorwort

In Anbetracht des wachsenden Interesses am »inneren Weg«, auf dem wir uns auf die Kräfte der Evolution einzustimmen versuchen, und angesichts der Flut von einschlägigen Veröffentlichungen könnte *Kundalini-Praxis. Verbindung mit dem inneren Selbst* durchaus einen lange erwarteten und längst fälligen Durchbruch darstellen. Der Grund für diese Behauptung wird offensichtlich, wenn wir uns bewußtmachen, was das indische Denken aus einer hochbedeutsamen Entdeckung gemacht hat und wie vieler Anstrengungen es noch bedarf, um sie wieder vom Schutt der Jahrhunderte zu befreien.

Überall im Universum – das *per definitionem* alles einschließt, weshalb der Glaube an etwas, das es transzendiert oder sich außerhalb von ihm befindet, jeder Logik widerspricht – scheinen zwei offenbar gegensätzliche Tendenzen zu wirken und schon immer gewirkt zu haben. Die eine, der bis vor kurzem unverhältnismäßig große Aufmerksamkeit zuteil wurde, geht auf einen Gleichgewichtszustand universaler Unordnung oder, physikalisch ausgedrückt, größter Entropie hin, der – übersetzt in gesellschaftliche oder, sollte diese Deutung allzu materialistisch oder vulgär erscheinen, »spirituelle« Kategorien – einen druckfreien Endzustand darstellt, in dem Tätigkeit weder möglich noch nötig ist und der daher für Utopisten jeder Couleur und für ihre Anhänger die größte Faszination besitzt. Diese Tendenz hat ihre Gültigkeit allerdings nur in »geschlossenen Systemen« – solchen also, bei denen kein Austausch von Energie und Informationen mit der Umgebung stattfindet –, wo sie sich etwa als die Umwandlungsleistung eines Kraftwerks oder als Temperaturausgleich zwischen unterschiedlich warmen Flüssigkeiten im selben Gefäß äußert. Dennoch übte diese Gesetzmäßigkeit eine solche Faszination aus, daß man sich zu dem voreiligen Schluß hinreißen ließ, das Universum selbst sei ein geschlossenes System.

Erst in jüngerer Vergangenheit begann man, die ausschließliche Gültigkeit dieser Tendenz in Zweifel zu ziehen, und wurde auf die andere aufmerksam, die sich in »offenen Systemen« – von denen die »geschlossenen« nur einen Sonderfall darstellen – bemerkbar macht. Diese zweite Tendenz geht auf Ordnung hin und besitzt einen »wertqualitativen« Aspekt. Sie vollzieht sich als eine Folge diskreter Niveaus, die eine Hierarchie von Teilen und Ganzheiten darstellt, und sie äußert sich in der anorganischen wie in der organischen Welt. Sie wirkt in Molekülen und Polymeren, in Sonnensystemen und Galaxien, in allen selbst-ordnenden und -reproduzierenden Systemen – in allen präorganischen und organischen Strukturen also, die – wie wir gern zu glauben pflegen – im Menschen den Gipfel ihrer Entwicklung erreichen. Während nichts gegen die Annahme spricht, daß diese Tendenz im ganzen Universum wirksam ist, ist es mehr als zweifelhaft, ob sie sich im Rahmen einer beliebigen reduktionistischen Theorie erklären läßt, und zwar um so mehr, als dieses »Ordnungsstreben« offenbar eine Fähigkeit zur Selbst-Organisation und Selbst-Erneuerung besitzt, die über alle durch spezifische Systeme gesetzten Grenzen hinweg greift. Diese Tatsache hat weitreichende Konsequenzen; sie läßt die traditionelle Unterscheidung zwischen dem Physischen und dem Psychischen, dem Materiellen und dem Geistigen als zwischen zwei getrennten »Wesenheiten« ziemlich überholt erscheinen. Natürlich werden wir nicht aufhören, diese Kategorien zu verwenden, ebenso wie wir fortfahren, von Raum, Zeit und Bewegung zu sprechen, obwohl diese Begriffe seit dem Zusammenbruch des mechanistischen Weltbildes eine vollkommen andere Bedeutung besitzen.

Versuchen wir, diese Tendenz zu Ordnung und zunehmender Komplexität zu beschreiben, so können wir nicht umhin, uns seiner metaphorischen Ausdrucksweise zu bedienen, die einerseits etwas von der inhärenten Dynamik der Erfahrung (von der wir ausgehen) in den durch sie erzeugten Vorstellungen bewahrt, andererseits aber sehr leicht zu einer bloßen erklärenden Übersetzung eines für sich genommen geheimnisvollen Vorgangs verflacht werden kann, der dadurch zu einer scheinbar festumrissenen, teilchenartigen Wesenheit oder »Sache« wird, die uns, sei sie nun belebt oder unbelebt, kaum etwas angeht und ziemlich kalt läßt.

Das Sanskritwort *kuṇḍalinī* ist solch ein metaphorischer Ausdruck. Wörtlich bedeutet es »die Geringelte« oder »Spiralförmige«, und das dadurch suggerierte Bild ist das einer dreidimensional aufsteigenden Doppelspirale. Ursprung und Ende einer solchen Spirale sind die zwei entgegengesetzten Pole einer zentralen Achse, deren Schnittpunkte – metaphorisch *cakra* (»Rad«) genannt und als Lotosblüten dargestellt – horizontale Ebenen bezeichnen, ohne dabei ihre vertikale Dynamik zu verlieren, die einen Energieaustausch gestattet und evolutionäre Höherentwicklung gewährleistet. Nur wenn man die in diesem Modell zwischen »Oben und Unten«, »Kopf und Schwanz«, »Spitze und Basis« herrschende dialektische Wechselwirkung begreift, vermeidet man die Abspaltung des einen Pols vom anderen. Diese Trennung fand allerdings statt, als das streng dualistische Sāṃkhya-System auf diese Wechselbeziehung übertragen wurde, wodurch sie ihre Dynamik einbüßte und an die Stelle ihrer kohärenten Ganzheit diskrete Gegebenheiten traten, die schließlich jede Eigenbedeutung verloren.

Nach diesem philosophischen System, das einen starken Einfluß auf das hinduistische Denken ausübte, ist das Selbst (*ātman*) – der Sanskrit-Terminus ist ein Maskulinum, und was er bezeichnet, wird als ein »Er« anthropomorphisiert –, wie Kants transzendentales Bewußtsein oder reine Apperzeption, von allem übrigen Seienden unterschieden. Obwohl er als »reines Erkennen« definiert wird, fühlt, denkt und will der *ātman* nicht, noch »tut« er sonst etwas, das als Merkmal von Erkenntnis gewertet werden könnte – wodurch sich dieses Selbst als der Inbegriff »spiritueller« (geistiger) Entropie erweist. Wohin wir auch blicken, sehen wir allerdings Aktivität, Denken, Gefühle. All dies gehört ausnahmslos zur *prakṛiti* – dieser Terminus ist ein Femininum, und was er bezeichnet, wird als »Sie« anthropomorphisiert. Ebendiese Sie entfaltet sich zur – »äußeren« und »inneren« – Welt, und ihr einziger Daseinszweck ist, ihn, das Selbst, durch ihre Darbietungen zu unterhalten; also: »Mehr Macht der Sie (Shakti)!« Die Absurdität dieses Systems wird durch die Tatsache unterstrichen, daß das Subjekt (Ich, Selbst – gleichgültig, wie wir *ein* oder *das* Selbst »definieren«, haben wir es mit *einem* Subjekt zu tun, das nur *in abstracto*, hermetisch in sich abgeschlossen »existiert«) nach seiner eigenen Definition ein Entfaltungsprodukt der *prakṛiti* ist, wodurch ein zusätzlicher *ātman* (Selbst, Subjekt) völlig redundant ist. Umgekehrt erweisen sich die Spiele der *prakṛiti* als absolut zweck-los, und dementsprechend stellt sie zuletzt alle Aktivitäten ein: Ihre aus *sattva*, *rajas* und *tamas* bestehenden – und jeweils das Mental-Spirituelle, das Emotionale und das Physisch-Materielle ausmachenden – atomaren Teile erreichen einen Gleichgewichtszustand, in dem nicht die geringste Möglichkeit irgendwelcher zufälligen Schwankungen mehr besteht: ein Fall absoluter »physi(kali)scher« Entropie.

Die Übertragung dieses Systems auf den *kuṇḍalinī-yoga* verzerrte nicht nur das, was ehemals mit dem Ausdruck *kuṇḍalinī* umschrieben worden war, bis zur Unkenntlichkeit – sie hatte auch einen verheerenden Effekt auf das, was man unter *yoga* verstand. Der Begriff verlor seine ursprüngliche Konnotation »Zügeln«, »Zucht«, die unverzichtbaren *yamas* (»Beherrschungen«, die Einhaltung fünf ethischer Gebote wie Wahrhaftigkeit und Keuschheit) und *niyamas* (läuternde »Pflichten« wie Genügsamkeit und Studium) wurden nach und nach aufgegeben, bis schließlich, zur Zeit des arabischen Gelehrten und Wissenschaftlers Al-Bīrūnī (973–1048), nur noch die letzte Pflicht (die möglicherweise gar nicht zum ursprünglichen System gehörte) übriggeblieben war: etwas, das in moderner psychologischer Ausdrucksweise als »Fixation« bezeichnet werden könnte und seither unter dem Etikett »Gottergebenheit« (*īśvara-praṇidhāna*) gehandelt worden ist. Es ist in diesem Zusammenhang wichtig, darauf hinzuweisen, daß der Ausdruck »*īśvara*« (»Herr«) im alten Indien für ein wenig intelligentes Publikum gedacht war und daß der Begriff »Gott« in keiner seiner drei möglichen (volkstümlichen, theologischen oder spekulativ-philosophischen) Bedeutungen im frühen Yoga und erst recht nicht im frühen Sāṃkhya vorkam.

Es ist damit hinlänglich klar, daß Subjektivität – möge man sie nun als transzendentale Apperzeption, reines Ich, Selbst (*ātman*) oder gar »Höchstes Selbst« (*paramātman*) bezeichnen – ein steriles, lebloses und lebensverneinendes Postulat bleibt, das (was noch schwerwiegender ist) selbst in seiner modernen Verkleidung als »männlicher Archetyp« dem Menschen, der danach strebt, sich selbst in seinem Leben zu verstehen, recht wenig nützt. Hinzu kommt noch die beunruhigende und peinliche Tatsache, daß der konkrete strebende Mensch entweder ein Mann oder eine Frau ist und eine jeweilige spezifische Daseinsweise und Wahrnehmung der »Welt« hat. Analog dazu ist es unmöglich, sein Heil in der Objektivität zu suchen und aus der *prakṛti* (aus der sich ja Mann *und* Frau entwickeln) jenes »Ewigweibliche« herauszudestillieren, das im Gegensatz zum »uns hinanziehenden«, geschlechtslosen »reinen Ich«, »Selbst« oder *ātman* alle Faszinationen und Reize des Geschlechtlichen besitzt – jene Eigenschaften also, die sie zu einer solchen Fundgrube für Freudianer macht, gleichzeitig aber für die selbst- (oder ich-, *ātman*- oder gott-)zentrierten Apostel der »spirituellen« Entropie, die durch sie ständig an ihre Impotenz (im weitesten Sinne des Wortes) erinnert werden, zu einem »Objekt« der Verachtung.

Glücklicherweise hat die eigentliche *kuṇḍalinī* wenig mit diesen deterministisch-reduktionistischen Verfälschungen zu tun. Hinter den Begriffen *kuṇḍalinī* und *cakras* verbirgt sich in gewissem Sinne ein gestaffeltes System, dessen Dynamik die Erfahrung ist, die sich in Richtung auf Subjektivität oder Objektivität bewegen kann, aber selbst keine von beiden ist und sich niemals in einer von beiden erschöpft. Die *kuṇḍalinī* ist, bildlich gesprochen, der Ursprung und Träger allen Lebens, den wir, wenn wir am Leben bleiben wollen, »anzapfen« müssen. Wie können wir das aber bewerkstelligen? Die Antwort darauf geben die in diesem Buch beschriebenen Übungen.

H. V. Guenther, Ph. D.
Direktor der Abteilung für Fernöstliche Studien
University of Saskatchewan
Saskatoon, Kanada

Einführung

Swami Sivananda Radha hat ein Buch geschrieben, das die Literatur über veränderte Bewußtseinszustände um ein grundlegendes Werk bereichert. Sie hat den Kundalini-Yoga entmystifiziert und seine Lehren und Praktiken auf eine Weise dargestellt, die klar, einfach und nützlich ist. Swami Radha treibt mit ihren Lesern keine metaphysischen Spiele. Sie behauptet nicht, ihnen esoterische Geheimnisse vorzuenthalten, und sie stellt ihre persönlichen Erfahrungen nicht in den Vordergrund.

Was tut Swami Radha? Sie erinnert uns an die eigentlich grundlegenden Werte des Lebens. Sie lehrt uns, unser latentes spirituelles Potential zu entwickeln. Und sie sagt uns, wie wir uns mit dem Evolutionsprozeß in Einklang bringen können, der dereinst unsere ganze Welt zu höheren Seinsebenen emporführen wird.

Ausgehend vom System der Chakras baut sie kunstvoll ihre Themen auf und erörtert sie eingehend. Sie beginnt mit dem »Wurzelchakra« und benützt dieses und die folgenden Chakras gleichsam als Sprungbrett, um neue Ideen vorzustellen und bereits dargestellte Gedanken weiterzuentwickeln.

Swami Radha drückt sich sprachlich und gedanklich auf drei verschiedenen Ebenen aus. Sie bedient sich der klassischen hinduistischen Symbolik. Ein Beispiel dafür ist ihre schöne Darstellung der Lotossymbolik. Dann gibt sie Anleitungen zu Yogaübungen und Meditationen, und schließlich offenbart sie Erkenntnisse und erteilt Ratschläge, die auf lebenslanger Innenschau beruhen.

Swami Radha betrachtet Yoga als einen Prozeß der »Dehypnotisierung« durch ständige Entwicklung von Gewahrsein. Sie ist überzeugt, daß man sich spirituell nur entfalten kann, wenn man sich äußeren Suggestionen entzieht und unabhängig von allem wird, was nicht in einem selbst ist. Die Betonung der Unabhängigkeit geht auch aus ihrer Antwort auf die Frage hervor, welches die Rolle der Frau im Kosmos sei: Die Frau müsse ihren eigenen Platz finden und dürfe sich nicht »durch jemand anderen verwirklichen«. Daß dieses Buch von einer Frau geschrieben wurde, erscheint mir überaus bedeutsam, denn seine geistige Brillanz und Weisheit widerlegen die sexistischen Vorurteile vieler religiöser Traditionen, die der Frau jahrhundertelang eine zweitrangige, untergeordnete Rolle zugewiesen haben.

Swami Radha ist es gelungen, den Symbolen der hinduistischen Gottheiten einen praktischen Sinn zu verleihen, indem sie sie als Hinweis darauf deutet, was der Schüler tun muß. Deshalb erscheint mir dieses Buch als sehr wertvoll für Lehrer, spirituelle Berater, Psychotherapeuten und Menschen, die andere helfende Berufe ausüben, da sie alle aus den Lehren des Kundalini-Yoga großen Nutzen ziehen können.

Mir persönlich hat am besten das Kapitel gefallen, das sich auf provozierende und tiefgründige Weise mit Bewußtsein, Energie und »Brainstorming« beschäftigt. Doch das ganze Buch steckt voller wertvoller Erkenntnisse, ob sich Swami Radha nun mit Liebe, Sex, Imagination, Sprache, Berührung, Sünde, Heilen oder Dutzenden anderer Themen beschäftigt.

In einer Darstellung des Kundalini-Feuers am Schluß des Buches schreibt sie: »Es ist das Feuer der Bewußtheit, und wenn die Unwissenheit verbrennt, bekommt das Leben einen neuen Sinn, denn auch alle alten Ansichten werden von dem Feuer verzehrt. Der Mensch wird in ein neues Wesen verwandelt.« Es ist Swami Radha hervorragend gelungen, die Lehren des Kundalini-Yoga zu veranschaulichen und sie den streßgeplagten Menschen von heute, die dieses reinigenden Feuers dringend bedürfen, wahrhaft zugänglich zu machen.

Stanley Krippner, Ph. D.
Humanistic Psychology Institute
San Francisco, Kalifornien

Die sieben Chakras

Ebenen des Bewußtseins
(Vorderansicht)

Ein Wort der Autorin

Als mir meine Schüler nahelegten, ein Buch über Kundalini-Yoga zu schreiben, reizte mich diese Idee anfangs gar nicht. Doch als die Schüler sich Notizen machten und meine Unterweisungen auf Band aufnahmen, wurde mir klar, daß ein Buch, in dem diese grundlegenden Instruktionen zusammengefaßt sind, wirklich hilfreich sein könnte. Gelehrte Abhandlungen, Übersetzungen der heiligen Texte – wir sind den Gelehrten, welche die schwierige Aufgabe übernahmen, die alten Schriften zu übersetzen, sehr dankbar – sind für das Studium notwendig. Doch zuvor muß ein Fundament errichtet werden.

Der heutige Mensch ist ungeheuren Belastungen ausgesetzt, vielleicht größeren als zu irgendeiner anderen Zeit der Geschichte. Das Tempo, mit dem er sich – unabhängig von der Lebensweise – bewegt, ist zu schnell, um die täglichen Erlebnisse und Erfahrungen verarbeiten zu können. Nicht nur die Arbeit ist es, die ihn belastet, sondern auch die ungeheure Menge von Material, die er bewältigen muß, um den Konkurrenzkampf, zu dem ihn seine Umwelt zwingt, zu bestehen. Das Leben ist so schwierig geworden, daß viele unserer Zeitgenossen entweder in Panik geraten oder in Lethargie versinken. Im letzteren Fall kann die Einstellung »Es ist doch sowieso alles egal!« zu einer Art geistiger Programmierung werden und durch unbewußte Wiederholung eine fast hypnotische Wirkung haben. Wenn sich eine solche Programmierung im Geist festgesetzt hat, wird sie durch verzweifelte oder depressive Emotionen am Leben erhalten. Verfügt man nicht über große innere Stärke, so scheint Resignation die einzige Möglichkeit. Der natürliche Lebensrhythmus läßt sich mit dem ständigen Beschuß durch Informationen aller Art und dem durch das Stadtleben hervorgerufenen Streß sowie den Machtkämpfen, denen der einzelne ausgesetzt ist, einfach nicht vereinbaren. »Lebe *jetzt*« wird zum Motto. Dies ist jedoch eine unglückselige Reaktion, die zu Maßlosigkeit und Exzessen in vielen Bereichen verleitet.

Die moderne Technik ist trotz der zahlreichen äußerlich eindrucksvollen Fortschritte eher ein Übel, das die Belastung für den Durchschnittsmenschen noch verstärkt. Das massive Bombardement durch die Sinneseindrücke, das angeblich Entspannung, Erholung und Freude bringt, hat zur Folge, daß Männer und Frauen ihrem inneren Wesen entfremdet werden. Die wahre Quelle der Kraft- und Energieerneuerung wird in einem solchen Maß verschüttet, daß man Hilfe braucht, um sie wieder zu entdecken. Es ist sinnlos, diese Hilfe von der Technik und den Manipulatoren der Macht zu erwarten. Ein ganz anderer Weg muß eingeschlagen werden, damit nicht nur Geldverdienen den Sinn des Lebens ausmacht.

Die Verbindung mit dem inneren Selbst, dem uns innewohnenden Wesen, ist das einzige sichere Fundament, auf dem man sein Leben aufbauen kann. Es ist dringend notwendig, diesen inneren Kern wiederzufinden, und ich hoffe, daß dieses Buch dabei eine Hilfe sein wird.

Ich habe versucht, darin einen Mittelweg (nicht den der völligen *Entsagung)* zu gehen, indem ich so klar wie möglich darlege, was die Kundalini ist und Übungen empfehle, die interessierten Menschen bei ihrer Entwicklung helfen können. Es soll dazu dienen, »das Fundament zu legen«, wie mein Lehrer sagte, denn es befähigt, auf dem Weg der Kundalini weiter voranzuschreiten. Jahrhundertelang war diese Lehre geheimnisumwittert, denn sie wurde von Gurus nur den Schülern vermittelt, die sich auf vielerlei Weise dessen würdig erwiesen hatten. Seit der Einführung des Buchdrucks wurden viele zuvor handgeschriebene Manuskripte übersetzt und der Öffentlichkeit zugänglich. Auch Menschen mit wenig oder gar keinem Vorwissen und deshalb begrenztem Verständnis wurden von solchen Publikationen angezogen. Der menschliche Geist, stets bereit, neue und interessante Erkenntnissysteme zu erschaffen, ergreift gern solche Gelegenheiten, um seine Phantasie spielen zu lassen. Wenn dies mit etwas so Machtvollem wie der Kundalini-Energie geschieht, können gewisse Störungen die Folge sein.

Die Kundalini-Energie manifestiert sich auf vielerlei Weise. Bei den meisten Menschen ist sie latent. Wie die Elektrizität ist sie neutral. Die Gurus betonen die Notwendigkeit, jede Art von Energie unter Kontrolle zu bringen. Um dies zu veranschaulichen, könnte man diese Kontrolle mit einem Dimmschalter vergleichen, der bei jeder Drehung mehr Energie freisetzt und dadurch das Licht verstärkt. Bei jeder Art von Energie – zum Beispiel bei Wut, die große Kraft ausdrücken kann – ist Kontrolle äußerst wichtig. Menschen, die das Fundament gelegt und Selbstbemeisterung gelernt haben, können die Kundalini-Energie bewußt kontrollieren. Das Fundament muß langsam und sorgfältig errichtet werden, um diese Fähigkeit der Kontrolle zu entwickeln. Der Prozeß der Evolution, an dem der Mensch Anteil hat, zwingt ihn dazu, sich körperlich und geistig zu entwickeln, damit sich höhere Bewußtseinsebenen entfalten können. Angehörige beider Geschlechter haben die Wahl, mit dem Gesetz der Evolution zusammenzuwirken oder ihm zum Opfer zu fallen. Die Errichtung des Fundaments ist überaus wichtig, damit man mit der Energie richtig umgehen kann, wenn sie sich zu regen beginnt. Das geschieht selten plötzlich. Das Ziel ist: Befreiung in allen menschlichen Bereichen, in denen es Begrenzungen gibt.

Das erste Stadium des Kundalini-Yoga ist Bewußtwerdung. Es bietet einen wohldurchdachten Plan, der immer mehr und mehr Aspekte des Lebens einbezieht. Wie konzentrische Kreise dehnt er sich immer weiter aus. Sobald die Grundidee, die sich wie ein roter Faden durch die Ebenen des Bewußtseins zieht, begriffen wird, eröffnet sich ein wundervoller Lebensweg. Jeder von uns besitzt ein ungeheures Potential – ein Potential an Energie, Macht, erhöhter Wahrnehmung, Bewußtsein. Die menschliche Evolution muß sich jetzt der Evolution des Bewußtseins zuwenden, und die Kundalini bietet in dieser Hinsicht einen Plan von der riesigen Mine, die angezapft werden kann.

Ich selbst wurde in den Kundalini-Yoga unterwiesen, während ich in Indien lebte. Die Verschiedenheit des kulturellen Milieus war oft verwirrend und führte zu Fehlinterpretationen. Doch mein Verlangen, zu lernen und Wissen zu erwerben, war so groß, daß es wahrscheinlich eine Sensibilität erzeugte, die mir half, das mir Vermittelte in mich aufzunehmen und zu begreifen, obwohl diese »Saat« ihre Zeit brauchte, um zu reifen.

Selbst normalen Veränderungen im Leben widersetzt man sich oft wegen der Ungewißheit des Unbekannten. Diese Unsicherheit rührt daher, daß der Intellekt sich auf den Thron der Allwissenheit setzt und als nicht existent abtut, was er nicht weiß. Wenn der Intellekt, zusammen mit den Emotionen, auf etwas Unbekanntes stößt, setzt er alles daran, es auszuschalten oder eine akzeptable Erklärung dafür zu finden. Infolge dieser Haltung weiß der Mensch nur wenig über sich selbst – und seine Furcht, mehr über sich zu erfahren, ist so groß, daß sich nur sehr wenige mutige Menschen von dieser Begrenzung befreien können. Die Weiterentwicklung des Menschen geht sehr langsam vor sich. Jene, die die potentiellen Fähigkeiten des Menschen zu erforschen wagen, neigen dazu, die Geheimnisse für sich zu behalten.

Wie mein Lehrer mir klarmachte, können wir unseren Intellekt jedoch auch auf andere Weise einsetzen. Er erklärte, *daß ein Mensch von hohem Intellekt jemand sei, der aus den Fehlern anderer lernen könne, ohne sie wiederholen zu müssen.* »Alles Leid ist aus Unwissenheit selbsterschaffen«, sagte er. »Wenn die Unwissenheit beseitigt wird, gibt es kein Leid.« Wenn man mit der Kundalini-Energie richtig umgeht und sie kontrolliert, kann sie zu einem mächtigen Werkzeug im Leben werden. Meistens macht sie sich nur zufällig und in begrenztem Maß als Hellsichtigkeit, Hellhörigkeit oder in Form persönlichen Magnetismus bemerkbar.

Dieses Buch enthält viele Übungen, manche in einer Form, die der Schüler vielleicht als unklar empfindet. Der Grund für diese mangelnde Präzision ist das Bestreben, auf den Schüler möglichst wenig Einfluß auszuüben und ihm soviel Freiheit und Selbständigkeit wie möglich zu gewähren. Ein östlicher Lehrer nimmt seinen Schülern nicht die Entdeckerfreude, und diese Tradition habe ich befolgt.

Kurz gesagt: Zweck dieses Buches soll es sein, demjenigen, der am Prozeß der Evolution mitwirken möchte, die dazu notwendigen Kenntnisse zu vermitteln. Das Erwecken der Kundalini ist nichts Mysteriöses, doch dieser Prozeß führt zur Erfahrung des Mystischen.

Erstes Kapitel

Der Schüler

Swami Sivananda Radha und Swami Sivananda Sarasvati

Der Schüler

Die Selbstentwicklung im Yoga scheint in den Anfangsstadien viel mit den psychologischen Ansätzen der Humanistischen Psychologie gemeinsam zu haben. Zwischen den Zielen besteht jedoch ein fundamentaler Unterschied. Wer sich einer Therapie im Rahmen der Humanistischen Psychologie unterzieht, strebt Selbstakzeptanz, Funktionsfähigkeit im täglichen Leben und reife Beziehungen an, die nicht auf emotionalen Bedürfnissen basieren. Der spirituelle Schüler hingegen, ob Mann oder Frau, betrachtet diese Motivation aus einer anderen Perspektive. Er hat bereits, wenn auch nur vage, erkannt, daß das Leben aus mehr besteht als aus einer Familie, Freunden und Erfolg – »dem guten Leben«. Für so einen Menschen ist das Ziel die Befreiung von allen Begrenzungen, die Verwirklichung aller menschlichen Potentiale und schließlich des Selbst.

Wer den Pfad des Kundalini-Yoga betritt, muß sich über die Gründe und Motive für diesen Schritt im klaren sein. Jedes Gebäude, sei es ein Lagerraum, eine Hütte oder ein Palast, braucht ein Fundament. Die Art des Fundaments entspricht dem Zweck des Gebäudes, das errichtet werden soll. Auf ähnliche Weise deutet das Fundament eines spirituellen Lebens darauf hin, daß man eine Vorstellung vom Zweck des Lebens hat; die gewählte Lebensweise spiegelt diesen Zweck wider. In der Zeit, in der das Fundament gelegt wird, braucht der Schüler besondere Werkzeuge, die ihm bei der Ausführung seines Vorhabens helfen. Yoga-Übungen und spirituelle Praktiken sind diese Werkzeuge.

Die Frage, die man sich stellen muß, lautet: »Was ist der Zweck meines Lebens? Was macht mein Leben lebenswert?« Dies ist der Beginn der Selbsterforschung, und auf den folgenden Seiten wird häufig die Frage gestellt: »Was verstehen Sie unter Begriffen wie Bewußtsein, Geist, Ego? Was für Bedeutungen haben sie? Bedeuten sie für Sie das gleiche oder gibt es einen Unterschied?« Wenn Sie sich nicht auf diese Weise selbst erforschen, sind Sie der Autorität und den Meinungen anderer ausgeliefert – Eltern, Freunden, den Massenmedien und so weiter. Wir müssen alle unsere Konzepte und Ideen überprüfen, alles, was wir bisher blindlings, ohne zu fragen, akzeptiert haben. Daß wir solche Autoritäten fraglos akzeptieren, bedeutet, daß wir uns hypnotisieren, programmieren, konditionieren lassen. Wir müssen fragen: »Was ist Hypnose? Wo (in welchen Bereichen meines Lebens) bin ich hypnotisiert?« Vielleicht werden Sie feststellen, daß Sie tatsächlich hypnotisiert worden sind, daß Sie in Ihrer Kindheit mit den Ideen und, in manchen Fällen, mit den falschen Ansichten der Erwachsenen Ihrer Umgebung programmiert worden sind. Vielleicht hat man Ihnen gesagt: »Du darfst nicht draußen spielen, wenn es regnet, weil du dich dann erkältest.« Und noch viele Jahre später holen Sie sich an einem regnerischen Tag eine Erkältung. Wir konditionieren uns selbst mit Vorstellungen wie: »Letzte Nacht habe ich nur vier Stunden geschlafen; und deshalb werde ich am Nachmittag müde sein.« Wir sagen uns: »Es fällt mir schrecklich schwer, morgens aufzustehen.« Meinen wir dann nicht in Wirklichkeit: »Ich mag mich nicht mit den täglichen Problemen beschäftigen?« Sie müssen Begriffe wie »Hypnose«, »Konditionierung« und »Programmierung« sehr sorgfältig im Licht Ihrer eigenen Erfahrungen und Erkenntnisse untersuchen. Nicht, was in diesem oder jenem Buch steht, ist wesentlich, nicht, was der Hypnotiseur, der Lehrer oder das Fernsehen sagen. Was *Sie* darunter verstehen, ist allein von Bedeutung.

Im Verlauf der spirituellen Entwicklung müssen alle Ihre Begriffe, Ideen, Vorstellungen immer und immer wieder untersucht und neu bewertet werden. Was Sie heute denken, kann in drei Monaten oder drei Jahren keinerlei Wert mehr für Sie besitzen. Sie werden sich weiterentwickelt haben, Ihr Bewußtsein wird sich erweitert haben, Ihr Verständnis gewachsen sein. Aus einem Schlafwandler, einem hypnotisierten oder konditionierten Wesen verwandeln Sie sich allmählich in einen bewußten Menschen. Das Erwachen aus Unwissenheit und Täuschung, das Freiwerden von möglichst vielen Begrenzungen und schließlich das Erlangen kosmischen Bewußtseins – das sind die Ziele des Kundalini-Yoga.

Es gibt verschiedene Fallgruben, vor denen der Schüler sich hüten muß. Die erste ist die Gewohnheit, von Vermutungen auszugehen. Etwas zu vermuten oder anzunehmen bedeutet, es nicht wirklich zu wissen, und alle Diskussionen, die nur auf Vermutungen beruhen, sind sinn- und nutzlos. Die Annahme, daß das Leben stets aufregend und interessant sein müsse, kann zu einer anderen Fallgrube führen: dem Bestreben, übernatürliche Fähigkeiten zu entwickeln. Diese Fähigkeiten selbst sind nicht schädlich und behindern auch nicht die weitere Entwicklung. Es ist die Selbstbezogenheit, das ständige Suchen nach sensationellen Erlebnissen, das schließlich zum Straucheln auf dem spirituellen Weg führt, denn bei dieser Art von Suche verliert man das Ziel aus den Augen. Diese Haltung verhindert die Erlangung von innerem Frieden und Harmonie und das Zustandekommen tiefer und wertvoller menschlicher Beziehungen sowie ebensolcher persönlicher Erfahrungen. Ein Leben zwischen Langeweile und aufregenden Erlebnissen ist ein ständiges Auf und Ab, das es kaum gestattet, sein Schicksal zu lenken, so daß man den Wechselfällen des Lebens ausgeliefert ist. Das Ziel des Kundalini-Yoga ist, bewußt zu werden und sich selbst zu erkennen. Dies ist der Weg, der zur Freiheit führt.

Eine andere Falle für den Schüler besteht bei der Wahl eines Guru, eines Lehrers, wenn dieser übernatürliche Fähigkeiten zur Schau stellt. Diese sind nämlich keineswegs ein Beweis für hohe spirituelle Entwicklung. Sie können allerdings auch sehr nützlich sein, und viele, die diese Kräfte entwickelten, haben damit Gutes getan. Andere hingegen benützen sie, um ihr persönliches Ansehen zu steigern. Übernatürliche Fähigkeiten sind kein Beweis dafür, daß man ein großer Guru, Yogi oder Meister ist – ja nicht einmal dafür, daß man spirituell ist.

Hingabe und Demut sind die wichtigsten Erfordernisse für die Ausübung des Kundalini-Yoga. Wenn man alle Übungen durchgeführt hat, ein gewisses Maß an Selbstbemeisterung und Konzentration erreicht hat und Meditation und Kontemplation beherrscht, kann man sich auf die Suche nach seinem Guru machen. »Warum nicht gleich?« wird der Schüler vielleicht fragen. Weil die Lehren voraussetzen, daß dieses Fundament der Selbstdisziplin bereits gelegt ist. Man kann niemandem, der das Alphabet noch nicht gelernt hat, beibringen, Gedichte zu schreiben.

Bewußtheit entwickelt sich allmählich, und an einem bestimmten Punkt des Entwicklungsprozesses wird sich ein Guru als notwendig erweisen. Niemand würde erwarten, allein durch das theoretische Studium der Medizin ein qualifizierter Arzt zu werden. Das Lesen von Abhandlungen über chirurgische Methoden gibt einem nicht den Mut, eine Operation durchzuführen. Auch eine Behandlung des Geistes erfordert einen spirituellen Lehrer, denn in beiden Fällen ist praktische Anleitung erforderlich. Im Osten ist man der Ansicht, daß uns die Schule lediglich *Informationen* vermittelt; *Wissen* wird aus persönlicher Erfahrung und Überlegung gewonnen.

Westlichen Menschen fällt es schwer, an etwas zu glauben, das keinen materiellen Nutzen bringt. Die Befürchtung, jahrelange Mühe für etwas aufzuwenden, das sich als Illusion erweisen könnte, ist verständlich. Der Beweis dafür, daß diese schwierige Aufgabe der Selbstentwicklung jede Anstrengung lohnt, ist die Selbstbemeisterung, die sich in Ihrem Leben bemerkbar machen wird. Die durch die Übungen erlangte Selbstkontrolle ist schon an sich eine machtvolle Fähigkeit. Erhöhte Konzentration, Beherrschung von Emotionen, wachsende Bewußtheit, das Verschwinden von Angst, wachsender Mut, innerliches Wissen und Sicherheit pflastern die Straße zur Verwirklichung und beweisen dem Schüler, daß diese Straße wirklich etwas Reales ist.

Jeder potentielle Schüler muß sich also, nachdem er eingehend über den Begriff Kundalini nachgedacht hat, einige wichtige Fragen stellen: Worum geht es bei diesem Lernprozeß? Will ich mich wirklich darauf einlassen? Welchen Gewinn kann er mir bringen? Welche Hindernisse können auftreten? Können sie überwunden werden? Wie? Was bedeutet es, Schüler eines Gurus zu sein? Was ist mein Motiv für mein Interesse am spirituellen Leben?

Der Kundalini-Yoga ist etwas, worauf man sich voll einlassen muß. Nur ein bißchen damit herumzuprobieren, ist gefährlich. Halbwissen ist schlechter als gar kein Wissen. Es führt zu nichts, die heiligen Schriften zu lesen und sich auf intellektuelle Weise mit ihrem Inhalt zu beschäftigen. Viele fallen der Selbsttäuschung zum Opfer, halten sich für gute Menschen und bilden sich ein, von Glauben erfüllt zu sein. Entscheidend ist allein, wie das erworbene Wissen im Leben angewandt wird. Lauterkeit ist das Wesentliche. Es ist ein unaufhörlicher Lernprozeß. Wie ein Konzertpianist muß man ständig üben. Ob man wirklich lernen will, ist die grundlegende Entscheidung, die durch den Willen unterstützt werden muß – es ist tatsächlich eine *Willensentscheidung*. Diesem Willen entgegengesetzt ist der Eigensinn, der Hindernisse – Intellektualisierungen und

Rechtfertigungen – schafft, die den Schüler vom Weg ablenken. Diese Hindernisse können durch Selbstdisziplin, verstärkt durch den Willen, überwunden werden. Jeder Sieg macht stärker.

Welche Möglichkeiten bieten sich dem verheirateten Schüler, der ernsthaft nach Bewußtseinserweiterung strebt? Mein Guru Swami Sivananda (Rishikesh) hat stets betont, daß das Familienleben eine Gelegenheit sei, Selbstlosigkeit zu praktizieren, Rücksichtnahme, Liebe, Geduld und Verständnis zu entwickeln und diese Eigenschaften auf Menschen, die nicht zur Familie gehören, auszudehnen; sich als Gottes Versorger der Familie und der Bedürftigen zu betrachten und ohne Verhaftung zu lieben. Dies, so sagte er, sei die beste Vorbereitung auf die Zeit, da man sich spirituellen Praktiken mit aller Intensität, deren man fähig sei, hingeben könne. Da man nicht gleichzeitig zwei Herren dienen könne, sei es besser, diese Begrenzung, solange sie bestehe, hinzunehmen und diese Zeit der Selbstentwicklung zu widmen.

Der Schüler muß bereit sein, sich mit der Frage »Was werden die anderen Leute denken?« auseinanderzusetzen. Es kann sein, daß man ihm Vorwürfe macht: »Bist du nicht selbstsüchtig? Ist das nicht bloß ein Ego-Trip? Wie kannst du nur deiner Familie so etwas antun?« Manche akademischen Berufe benötigen ein zwölf Jahre langes Studium, das aus den Studierenden keine besseren Menschen macht und keinerlei Weisheit vermittelt, die einem im persönlichen Leben zugute kommt. Dieser »Egoismus«, der auf den Erwerb von Wissen und die Entwicklung von Fähigkeiten auf einem bestimmten Gebiet gerichtet ist, wird nicht kritisiert. Doch wenn es um Selbstentwicklung geht, um das Bemühen, ein besserer Mensch zu werden und den Sinn des Lebens zu finden, dann scheint man sich für die dafür aufgewandte Zeit und Mühe rechtfertigen zu müssen.

Menschen, die man für Freunde gehalten hat, wenden sich vielleicht ab, weil sie sich herausgefordert fühlen und nicht bereit sind, sich dieser Herausforderung zu stellen. Plötzlich fühlt man sich auf dem eingeschlagenen Pfad sehr einsam. Es gibt niemanden, an den man sich wenden kann, keine Schulter, an die man sich lehnen kann. Das Licht, dem man folgt, scheint sich zu verdunkeln. Doch zugleich wird etwas anderes spürbar, ein Gefühl, von der Tyrannei gesellschaftlicher Verpflichtungen befreit zu sein, sich nicht mehr ständig bemühen zu müssen, die Erwartungen anderer Menschen zu erfüllen. Es ist, als ob man frische Luft einatmet!

Immer wieder werden den Schüler Zweifel befallen. Er muß sich die Frage stellen: »Zweifle ich, damit ich nicht weitergehen muß – um mir eine Hintertür offenzuhalten, durch die ich eventuell flüchten kann?« Oder: »Zweifle ich, weil ich intuitiv spüre, daß dieser Zweifel meine jetzigen begrenzten Vorstellungen erweitern könnte?«

Die erste Art von Zweifel ist ein durch Eigensinn erschaffenes Hindernis. Die zweite ist ein notwendiger Schritt im Entwicklungsprozeß. Geduld ist erforderlich. Jede eigene Entdeckung, und sei sie noch so klein, wird zu innerem Wissen, das einen weiteren Stein für ein stabiles und sicheres Fundament darstellt. Wahrnehmungsvermögen und Bewußtheit entwikkeln sich bei einem Schüler entsprechend seinem Verlangen nach Selbsterkenntnis, seinem Mut zu akzeptieren, was er wahrnimmt, und seinem Willen, sich zu verändern.

Die Verehrung einer höheren Macht scheint in unserem modernen Leben keinen Platz mehr zu haben. Doch irgendwo in seinem Innern weiß jeder von uns um die höhere Macht, und dieses innere Wissen erzeugt in uns den Drang, sie zu verehren. Wenn wir erkennen, daß wir eine Brücke zwischen zwei Welten sind, der geistigen, physischen und der spirituellen, und wenn wir über diese Brücke gehen und uns dieser großen, ehrfurchtgebietenden Macht bewußt werden, dann erfüllt uns plötzlich eine tiefe Demut.

Der Schüler muß entscheiden, ob er bereit ist, diesen Weg zu gehen, ob er bereit für die Arbeit und für die nötigen Opfer ist. Er sollte sich klar darüber sein, daß die »kostbare Perle« ihren Preis hat.

Zweites Kapitel

Die mystischen Aspekte
des Hatha-Yoga

*»Der Zweck und Sinn des Lebens
kann in den mystischen Bedeutungen
der Hatha-Yoga-Asanas gefunden werden.«*

*»Die Füße sind nun in der göttlichen Inspiration
des Himmels verwurzelt.«*

Die mystischen Aspekte des Hatha-Yoga

Hatha-Yoga ist ein Teil des Kundalini-Yoga und spielt bei der Entwicklung des Schülers eine wichtige Rolle. Nach der hermeneutischen Auslegung bezeichnet das Wort *Hatha* die Polarität, die in allen Wesen wirksam ist. *Ha* stellt das *positive* oder aktive Prinzip der Existenz dar, symbolisiert durch Sonne, Hitze, Licht und Kreativität. *Tha* entspricht dem *negativen* oder passiven Prinzip, symbolisiert durch Mond, Kälte, Dunkelheit und Empfänglichkeit. Die langsame Durchführung der sanften anmutigen Bewegungen des Hatha-Yoga und die besinnliche Einnahme verschiedener Asanas stellen einen Ausgleich zwischen diesen beiden Grundenergien her und bringen Körper, Geist und Seele in Harmonie. Regelmäßiges diszipliniertes Praktizieren von Atem-, Körper- und Entspannungsübungen verwandeln den Körper in ein vitales spirituelles Instrument, mit dem spirituelle Erkenntnisse erlangt werden können, wenn die mystischen Aspekte des Hatha-Yoga sich allmählich entfalten und ihre Geheimnisse offenbaren.

Ausgleich der Polaritäten

Yoga ist die älteste bekannte Methode körperlicher und geistiger Selbstentwicklung. Vor Jahrtausenden erkannten die Yogis, daß der Mensch eine Methode braucht, mit der er dem körperlichen und spirituellen Verfall entgegenwirken kann, der durch den Überlebenskampf verursacht wird. Sie wußten, daß wir vollkommen gesund sind, wenn sich die positiven und negativen Energien, welche unseren Körper beleben, im Gleichgewicht befinden. Durch Hatha-Yoga kann man völlige Kontrolle über den Körper erlangen, den Zustand jedes seiner Teile verbessern und den Körper als notwendiges und wertvolles Instrument der menschlichen Evolution instand halten.

Gesundheitliche Aspekte

Der Körper ist das Instrument, mit dem wir unsere Bedürfnisse erfüllen und unseren Willen ausüben. Die fünf Sinne, die Organe, mit denen wir unsere Umwelt wahrnehmen und erfahren, haben ihren Sitz im Körper. Das Gehirn ist das körperliche

Der Körper als spirituelles Instrument

Organ, das der Geist benützt, um all diese Erfahrungen zu interpretieren. Das Training von Körper und Geist durch Hatha-Yoga hilft, körperliche Triebe, Emotionen und fehlgeleitete Willenskraft unter Kontrolle zu bringen. Hatha-Yoga in seinen verschiedenen Aspekten ist ein Mittel, mit dem man ein neues Verständnis des Körpers erreichen und lernen kann, ihn als das wunderbarste Werkzeug einzusetzen, das der Mensch besitzt. Ziel des Yogi ist es, Bewußtheit in allen Bereichen des Körpers, der Sinne und des Geistes zu erlangen.

Selbstentdeckung

Dem westlichen Menschen sind zahlreiche Darstellungen der positiven Wirkungen regelmäßiger Hatha-Yoga-Übungen auf den Körper zugänglich, ebenso Informationen über die psychologischen Aspekte. Die mystischen Aspekte jedoch werden in der westlichen Literatur meist nicht erwähnt oder falsch dargestellt. In der östlichen Tradition werden dem Schüler die Informationen nicht »eingetrichtert«, sondern er wird vom Guru angespornt, die Funktionen seines Körpers selbst zu entdecken und zu erforschen. Praktizierende Yogis sind sich einig, daß die mystischen Bedeutungen des Hatha-Yoga nur anhand eines Asanas, des Kopfstandes, erklärt werden können. Es wird dem Schüler überlassen, die Bedeutungen der anderen Asanas zu entdecken. Warum ist das so wichtig? Was man selbst herausfindet, wird zu einer ungeheuren Energiequelle und inspiriert einen, seine Grenzen zu überschreiten, mehr zu entdecken, mehr zu begreifen. Es wird dem Schüler überlassen, seine Intuition einzusetzen, zu suchen und zu forschen, denn der Yogalehrer will ihm nicht die Entdeckerfreude nehmen. Je weniger dem Geist eingetrichtert wird, um so mehr Erkenntnisse gewinnt man selbst. Persönliche Erkenntnis verhindert auch schmerzliche Zweifel wie: »Habe ich das wirklich erlebt oder habe ich es mir nur eingebildet, weil es mir gesagt wurde?«

Symbolische Aspekte des Kopfstands

Der Kopfstand (*Salamba-Shirshasana*) ist eins der wichtigsten Asanas. Eine Untersuchung der verschiedenen Aspekte dieses Asana zeigt, welch tiefe Symbolik und Mystik der disziplinierte Körper auszudrücken imstande ist.

Wenn Sie imstande sind, dieses Asana richtig und voll Selbstvertrauen auszuführen, mehrere Minuten lang das Gleichgewicht zu halten und dabei geistig entspannt und klar zu bleiben, sind Sie bereit, eine andere Erfahrungsebene zu betreten. Um die tiefere Bedeutung eines Asana zu erkennen, müssen Sie Ihren Eigenwillen aufgeben und die Fähigkeit entwickeln, Ihrer Intuition zu lauschen.

Beginnen Sie damit, die psychologische Ebene zu erfor-schen. Öffnen Sie die Augen und betrachten Sie die vertraute Umgebung. Natürlich sehen Sie alles verkehrt herum. Achten Sie darauf, was Sie fühlen und denken. Wenn das Asana beendet ist, schreiben Sie auf, was Sie empfanden, als Sie die Ereignisse des Lebens mit Ihrem geistigen Auge verkehrt herum betrach-teten. Dann sehen Sie sich Ihre liebsten Überzeugungen an. Schreiben Sie sie auf. Der nächste Schritt ist, den gegenteiligen Standpunkt einzunehmen und Ihre Empfindungen zu beob-achten. Schließlich verwandeln Sie sich in Ihren Opponenten, ohne mit irgend jemandem in Streit oder Opposition zu gera-ten. Welchen Gewinn bringt diese Übung? Er liegt darin, daß Sie Ihre Grenzen erweitern, indem Sie Ihren eigenen Überzeu-gungen entgegentreten, und daß diese Erweiterung zu größe-rer Freiheit und Selbständigkeit führt.

Psychologische Aspekte

Ein anderer psychologischer Aspekt kann veranschaulicht werden, indem man den aufrechten menschlichen Körper mit einem Baum vergleicht. Die fest auf dem Boden stehenden Füße entsprechen den Wurzeln des Baumes, sie sind das Fun-dament und dienen der Nahrungsaufnahme. Das heißt, sie stehen im täglichen Leben fest auf dem Boden, um den Anfor-derungen des Lebens gewachsen zu sein. *Ihr Kopf ist im Himmel.* Das Wort »Himmel« bedeutet in diesem Fall: in Kontakt mit der Lebensenergie, mit der Weisheit jenseits des Intellekts.

Wenn Ihr Geist *im Boden des täglichen Lebens verwurzelt ist,* dann verflechten sich die Wurzeln bald in vielen Bereichen mit denen der Sie umgebenden »Bäume«; und schließlich können Sie Ihre eigenen Wurzeln von anderen nicht mehr unterschei-den. Sind Ihre Fundamente – Ihre Ansichten und Überzeugun-gen – wirklich die Ihren oder nehmen sie nur die Kraft und Energie anderer Wurzeln auf? Das Ego treibt seine Wurzeln sehr tief; es will um keinen Preis entwurzelt werden.

Der Kopfstand entspricht einem umgekehrten Baum. Der Kopf ist nicht mehr in den Wolken, sondern gut verwurzelt und im Praktischen verankert; die intellektuellen Fähigkeiten sind *geerdet.* Die Füße sind jetzt in der göttlichen Inspiration des Himmels verwurzelt. Trotzdem hat der geerdete Kopf nicht den Kontakt mit dem Himmel verloren, weil jetzt die Auf-nahme von Inspirationen möglich ist, die sich bei praktischer Anwendung bewahrheiten und das inspirative Wahrnehmungs-vermögen steigern.

Die Analogie des menschlichen Baumes kann auch für die

Mystische Aspekte

Erklärung der mystischen Aspekte des Kopfstands angewendet werden. Die Wirbelsäule, an der sich die verschiedenen Chakras befinden, ist der Baumstamm. Die höchste Stelle des Kopfes ist die höchste Blüte des blühenden Baumes: der tausendblättrige Lotos des Sahasrara-Chakra. Zwei andere symbolische Begriffe – *Nektar* und *Ambrosia* – bedeuten höchste Intuition und Erkenntnis.

Während des Kopfstands befindet sich das Muladhara-Chakra in der obersten Position. Der Sitz der Leidenschaft und des emotionalen Gebrauchs von Energie gleicht einer Flamme. Die Energie der Leidenschaft kann man benutzen, um die geistigen Fähigkeiten zu steigern und das Bewußtsein zu erweitern. Befindet sich der Körper in der normalen Position, sinken Nektar und Ambrosia – die göttlichen Inspirationen – ins Feuer der Leidenschaft und verbrennen, so daß ihre positiven Qualitäten verlorengehen. Leidenschaft ist an sich nicht böse oder schlecht, doch die Stärke leidenschaftlichen Verlangens verhindert Wahrnehmungen sehr feiner Art, so wie ein stark gewürztes Gericht die Geschmacksnerven betäubt, so daß sie einen anderen, feinen Geschmack nicht wahrnehmen können. In der Position des Kopfstands kann der Schüler diese Flamme nicht nähren. Die intuitive Wahrnehmung wird nicht mehr vom Feuer einer Leidenschaft verzehrt, sondern für die spirituelle Höherentwicklung bewahrt.

Prana-Energie

Prana-Energie ist Nektar und Ambrosia in manifestierter Form. Während dieser Asanastellung umfließt Prana-Energie den Körper, führt ihm zusätzliche Energie zu und belebt ihn. Diese Energie fließt nicht nur durch die Bereiche des Bewußtseins, sondern wird auch in der Wirbelsäule und in lebenswichtigen Organen gespeichert. Wenn der Schüler die Einnahme des Asana stets mit einem tiefen spirituellen Gedanken verbindet, nimmt er noch mehr Energie auf, die er für sein spirituelles Wachstum und die Ausweitung seiner Begrenzungen verwenden kann.

Zeit und Raum

Die Durchführung eines Asanas kann eine phantastische Erfahrung von Zeit und Raum vermitteln. Bei der Einnahme einer Haltung bewegen Sie sich durch Zeit und Raum. Während Sie die Position halten, bietet sich Ihnen die Gelegenheit, über die Bedeutung von Zeit und Raum nachzudenken und die mystischen Bedeutungen des Asanas zu ergründen. »Ich sitze drei Minuten in dieser Position. Was ist Zeit? Wer bin ich?« Wenn Sie das tägliche Bild, das Sie im Spiegel sehen, außer acht lassen und über den Körper hinausdenken können, haben Sie den ersten Schritt getan.

Der menschliche Körper ist in der Tat etwas Wunderbares. Jeden Tag sehen Sie die Wunder der menschlichen Gestalt, die herrlichen Vorrichtungen, die Sie Ihre Hände oder Augen nennen, den magischen Spiegel Ihres Geistes, die grenzenlose Kreativität Ihrer Vorstellungskraft. Tief in den mystischen Bedeutungen der Hatha-Yoga-Asanas kann der Sinn und Zweck des Lebens entdeckt werden.

Für eine ausführliche Beschreibung der Asanas siehe Swami Sivananda Radha: *Geheimnis Hatha-Yoga*, Verlag Hermann Bauer, 1991.

Drittes Kapitel

Shakti, die Göttliche Mutter

*»Der Schüler sollte sich zuerst
an die Mutter wenden,
damit Sie ihn zur Erleuchtung
oder Selbstverwirklichung
dem Vater zuführen kann.«*

Swami Sivananda Sarasvati

Shakti-Yoga-Philosophie

Worte des verstorbenen Swami Sivananda Sarasvati
(Rishikesh, Indien)

Verehrung der Mutter ist die Verehrung Gottes als Göttliche
Mutter, als Kraft des Herrn oder kosmische Energie. Die
Shakti ist also Energie. Ebenso wie man Hitze nicht vom Feuer
trennen kann, kann man die Shakti nicht vom Shakta trennen.
Shakti und Shakta sind eins. Sie sind untrennbar.

Elektrizität, Magnetismus, Kraft, Licht, die fünf Elemente
und ihre Kombinationen – sie alle sind äußerliche Manifestationen der Shakti. Intelligenz, Urteilskraft, psychische Kraft
und Wille sind Manifestationen von ihr. Sie erhält durch die
drei Gunas – Sattva, Rajas und Tamas – die Lila des Herrn.
Auch Lust, Zorn, Gier, Egoismus und Stolz sind Manifestationen von ihr. Ihre Manifestationen sind zahllos.

Schlafend ruht sie im Muladhara-Chakra in Form einer
Schlange oder einer zusammengerollten Energie, bekannt als
Kundalini-Shakti. Sie ist im Lebenszentrum des Universums.
Sie ist die Urkraft des Lebens, die allem Sein zugrunde liegt. Sie
belebt den Körper durch ihre Energie. Sie ist die Energie in der
Sonne, der Duft in den Blumen, die Schönheit in der Land-
schaft, die Gayatri oder die Heilige Mutter in den Veden. Sie ist
die Farbe im Regenbogen, die Intelligenz im Geist, die Hingabe in der Verehrung.

Die Verehrung der Heiligen Mutter bedeutet die völlige
Bejahung aller Schöpfung. Zur Errichtung des »Fundaments«,
wie es in den folgenden Kapiteln dargestellt wird, ist es notwendig, alle Abneigungen, Fehlhandlungen und Widernatürlich-
keiten zu überwinden. Alle Arten von Ablehnung, aus welchem
Grund auch immer (einschließlich der Ablehnung des Guten in
sich selbst und der Unterwerfung unter eine so negative Eigen-

schaft wie Gier), müssen überwunden werden. Zur Verfeinerung der Sinne können äußerliche Verehrung, Rituale und Zeremonien einen wertvollen Beitrag leisten, vor allem zur Zügelung intellektuellen Hochmuts.

Die Kundalini ist durch die Göttliche Mutter symbolisierte Shakti-Kraft. Sie ist reines, seliges Bewußtsein. Es ist deshalb für den Schüler vonnöten, sich zuerst der Mutter zu nähern, damit sie das spirituelle Kind dem Vater zur Erleuchtung oder Selbstverwirklichung zuführen kann. Das ist der Grund, warum Radha, Sita, Lakshmi den Yuga-Namen vorangestellt sind, wie bei Radha-Krishna, Sita-Rama, Lakshmi-Narayana.

Die Devi ist die Shakti von Gott Shiva. Sie ist Jada-Shakti und Cit-Shakti. Sie ist Iccha-Shakti, Kriya-Shakti und Jnana-Shakti. Sie ist Maya-Shakti. Die Shakti ist Prakriti, Maya, Mahamaya, Shri Vidya; Die Shakti ist Brahman selbst. Sie ist Lalita, Kundalini, Rajeshvari und Tripurasundari, Sati, Parvati. Sati manifestierte sich Gott Shiva in zehn Formen als Dasha Mahavidya, nämlich als Kali, Bagalmukhi, Chinnamasta, Bhuvaneshvari, Matangi, Shodashi, Dhumavati, Tripurasundari, Tara und Bhairavi.

Die Verehrung der Shakti, der Shaktismus, ist eine der ältesten und verbreitetsten Religionen der Welt. Jedermann auf dieser Welt wünscht sich Macht, liebt es, Macht zu besitzen. Macht begeistert ihn. Er will durch Macht andere beherrschen. Krieg ist die Folge von Machtgier. Wissenschaftler sind Anhänger des Shaktismus. Wer Willenskraft und eine anziehende Persönlichkeit entwickeln will, ist ein Anhänger des Shaktismus. In Wirklichkeit ist jeder Mensch auf dieser Welt ein Anhänger des Shaktismus.

Die Shakti ist immer bei Shiva. Sie sind unzertrennlich wie Feuer und Hitze. Aus der Shakti entstehen Nada und Nada-Bindu. Die Welt ist eine Manifestation der Shakti. Suddha-maya, Prakriti, Nada, Bindu sind nur Namen für verschiedene Aspekte der Shakti.

Die zahllosen Universen sind nur Staub von den Füßen der Heiligen Mutter. Ihr Ruhm ist unsagbar. Ihre Herrlichkeit ist unbeschreiblich. Ihre Größe ist unermeßlich. Sie überschüttet ihre ehrlichen Anhänger mit ihrer Gnade. Sie geleitet die einzelne Seele von Chakra zu Chakra, von Ebene zu Ebene und vereinigt sie im Sahasrara mit Gott Shiva.

Der Körper ist Shakti. Die Bedürfnisse des Körpers sind die Bedürfnisse der Shakti. Wenn der Mensch sich freut, dann ist

Shakta (Shiva)
Das männliche Prinzip der kosmischen Energie
(Sammlung der Autorin)

es die Shakti, die sich durch ihn freut. Seine Ohren, Augen, Hände und Füße sind die ihren. Sie sieht mit seinen Augen, arbeitet mit seinen Händen und hört mit seinen Ohren. Körper, Geist, Prana, Egoismus, Intellekt, Organe und alle anderen Funktionen sind ihre Manifestationen.

Der Shaktismus spricht von den persönlichen und unpersönlichen Aspekten der Gottheit. Brahma ist Nishkala (ohne Prakriti) und Sakala (mit Prakriti). Der Vedanta spricht vom Nirupadhika Brahman (reines Nirguna, Brahma ohne Maya) und Sopadhika Brahman (mit Upadhi oder Maya) oder Saguna-Brahman. Es ist alles das gleiche. Nur die Namen sind verschieden. Es ist Wortspielerei, intellektuelle Gymnastik. In Wirklichkeit gibt es nur eine Essenz. Nur der Lehm ist wirklich. Nur die modifizierten Formen, wie zum Beispiel ein Topf, haben verschiedene Namen. Die Nirguna-Brahma-Shakti ist potentiell, während das Saguna-Brahman kinetisch oder dynamisch ist.

Die Grundlage des Shaktismus ist der Veda. Im Shaktismus gibt es für transzendentale oder übernatürliche Dinge wie das Wesen des Brahman und so weiter nur eine Quelle und Autorität (Pramana): den Veda. Shaktismus ist Vedanta. Die spirituelle Erfahrung ist bei den Shaktas die gleiche wie bei den Vedantins.

Die Göttliche Mutter hat immer drei Aspekte. Sie ist mit drei Gunas ausgestattet: mit Sattva, Rajas und Tamas. Sie manifestiert sich als Wille (Iccha-Shakti), Tat (Kriya-Shakti) und Wissen (Jnana-Shakti). Sie ist Brahma-Shakti in Verbindung mit Brahma, Vishnu-Shakti (Lakshmi) in Verbindung mit Gott Vishnu, Shiva-Shakti in Verbindung mit Gott Shiva. Deshalb wird sie Tripurasundari genannt.

Der Wohnsitz von Tripurasundari, der Göttlichen Mutter, wird Shri Nagara genannt. Dieser herrliche Wohnsitz ist von fünfundzwanzig Schutzwällen umgeben, welche die fünfundzwanzig Tattvas (Prinzipien oder Qualitäten) darstellen. Der prächtige Chintamani-Palast befindet sich in der Mitte. Die Göttliche Mutter sitzt im Bindu Pitha im Shri-Chakra dieses wundervollen Palastes. Ebenso hat sie einen Wohnsitz im Körper des Menschen. Die ganze Welt ist ihr Körper. Die Berge sind ihre Knochen. Die Flüsse sind ihre Adern. Das Meer ist ihre Blase. Sonne und Mond sind ihre Augen. Der Wind ist ihr Atem. Agni ist ihr Mund.

Der Shakta genießt Bhukti (die Freuden der Welt) und Mukti (die Befreiung von allen Welten). Shiva ist eine Verkör-

Shakti
Das weibliche Prinzip der kosmischen Energie
(Sammlung der Autorin)

perung von Glückseligkeit und Wissen. Shiva manifestiert sich in der Form des Menschen mit einem Leben, das eine Mischung von Freude und Leid ist. Wenn du daran jeden Tag denkst, werden aller Dualismus, aller Haß, Eifersucht und Hochmut verschwinden. Du mußt jede menschliche Funktion als Verehrung oder religiöse Handlung betrachten. Die natürlichen Verrichtungen wie Urinieren, Sprechen, Essen, Gehen, Sehen, Hören werden zur Verehrung Gottes, wenn du die richtige Einstellung entwickelst. Es ist Shiva, der durch den Menschen und im Menschen wirkt. Wo gibt es dann Egoismus oder Individualität? Alle menschlichen Handlungen sind göttliche Handlungen. Ein universelles Leben pocht in den Herzen aller Menschen, sieht mit den Augen aller Menschen, arbeitet mit den Händen aller Menschen, hört mit den Ohren aller Menschen. Was für eine wunderbare Erfahrung ist es, wenn man dies spüren kann, indem man dieses kleine »Ich« zerschmettert! Die alten Samskaras, die alten Vasanas, die alten Denkgewohnheiten stehen dieser Erfahrung der Ganzheit im Wege.

Der Schüler denkt, daß die Welt identisch mit der Göttlichen Mutter ist. Er lebt in dem Bewußtsein, daß seine eigene Form die Form der Göttlichen Mutter ist und sieht so in allem die Einheit. Und er fühlt auch, daß die Göttliche Mutter identisch ist mit dem Parabrahman.

Der fortgeschrittene Sadhaka fühlt: »Ich bin die Devi und die Devi ist in mir.« Er verehrt sich selbst als Devi, statt irgendein äußeres Objekt anzubeten. Er sagt »Saham«: »Ich bin sie« (Devi, die Göttliche Mutter). Der Shaktismus ist nicht nur eine Theorie oder Philosophie: Er schreibt eine systematische Yoga-Sadhana vor, regelmäßige Übungen gemäß dem Temperament, der Fähigkeit und dem Entwicklungsgrad des Sadhaka. Er hilft dem Schüler, die Kundalini zu wecken, sie mit Gott Shiva zu vereinigen und die höchste Seligkeit des Nirvikalpa-Samadhi zu erfahren. Wenn die Kundalini schläft, ist der Mensch wach der Welt zugewandt. Er hat objektives Bewußtsein. Wenn sie erwacht, schläft er. Er verliert alles Bewußtsein der Welt und wird eins mit Gott. Im Samadhi wird der Körper mit dem Nektar ernährt, der aus der Vereinigung von Shiva und Shakti mit dem Sahasrara fließt.

Der Guru ist für das Praktizieren der Shakti-Yoga-Sadhana unentbehrlich. Er weiht den Schüler ein und überträgt die göttliche Shakti.

Körperlicher Kontakt mit einer Frau ist grobes Maithuna.
Der Grund ist Pashubhava, die animalische Neigung oder der
brutale Instinkt. Mutter Kundalini-Shakti vereinigt sich während
des Nirvikalpa-Samadhi im Sahasrara mit Gott Shiva. Das
ist wirkliches Maithuna, die selige Vereinigung. Der Grund ist
Divyabhava, die göttliche Neigung. Du mußt dich von Pashubhava
zu Divyabhava erheben – durch Satsang, Verehrung des
Guru, Entsagung und Leidenschaftslosigkeit, Unterscheidungskraft,
Japa und Meditation.

Verehrung der Heiligen Mutter mit starkem Glauben und
völliger Hingabe und Unterwerfung wird dir helfen, ihre
Gnade zu erlangen. Allein durch ihre Gnade kannst du Erkenntnis
des Unvergänglichen erlangen.

Ehre sei Shri Tripurasundari, der Weltmutter, die auch Rajarajeshvari
und Lalita Devi ist.

Mögen ihre Segnungen euch allen zuteil werden!!!

Die Frau – Dienerin der heiligen Mutter

Wo ist der Platz der Frau im Kosmos?
Was ist ihre wahre Aufgabe?
Wie kann sie sich selbst verwirklichen?

Die Frau muß ihren Platz finden, sich durch sich selbst verwirklichen.
Sie ist die Dienerin der Großen Göttin, der Göttlichen
Mutter. Die Göttin bewirkt die Erneuerung des Lebens.

Wenn der Mann seine Schöpfung vollendet hat, dann wird
sie zur Zerstörung. Der Mann richtet sich nach seinen Prinzipien,
seiner Ordnung, wie er sie sieht. Die Frau ist es, welche
die Stücke aufhebt und dem Leben einen neuen Sinn gibt.

Wenn Kulturen einen Höhepunkt erreichen, in Mittelmäßigkeit
versinken oder untergehen, setzt der weibliche Aspekt
der Schöpfung, die Göttin Shakti, einen neuen Zyklus in Gang.
Die Frau ist ihre Dienerin. Sie muß nach der Zerstörung die
Last der Erneuerung auf sich nehmen. Durch sie macht die
Göttin das kahle Land wieder fruchtbar und erfüllt die öde
Welt mit Millionen strahlender Farben ihrer Schöpfung.
Durch die Frau läßt die Große Göttin neues Leben entstehen;
ihr vertraut sie seine Pflege an. Um der Göttlichen Mutter
dienen zu können, muß die Frau, den Blick stets auf sie gerichtet,
ihre Fähigkeiten verbessern. Einmal wird die Welt mit all

ihrem bunten Tand verschwinden. Leere geht der Erfüllung voraus. Wenn die Frau sich nicht ihrer Rolle in diesem Weltendrama bewußt wird und nicht bereit ist, ihre Verantwortung zu übernehmen, dann kann sie nicht aus ihrer »Zweitrangigkeit« hervortreten und wird, was noch wichtiger ist, den Zweck ihres Lebens verfehlen.

Viertes Kapitel

Muladhara

Das erste Chakra

> *In deinem Muladhara verehre ich Ihn, der neun
> Zustände hat und – gemeinsam mit (seiner Shakti)
> Samaya, der Quintessenz des Lasya – den großen
> Tandava mit den neun Stimmungen tanzt. Aus
> diesen beiden, deren jeweilige vorherrschende Form
> voller Barmherzigkeit auf die Neigung zur Entste-
> hung (der Welt) hinabblickt, ist die Welt ins Dasein
> getreten, deren Vater und Mutter ihr seid.*
> *Mantra für das Muladhara-Chakra*

Gott: *Das Kind Brahma*   Göttin: *Dakini*

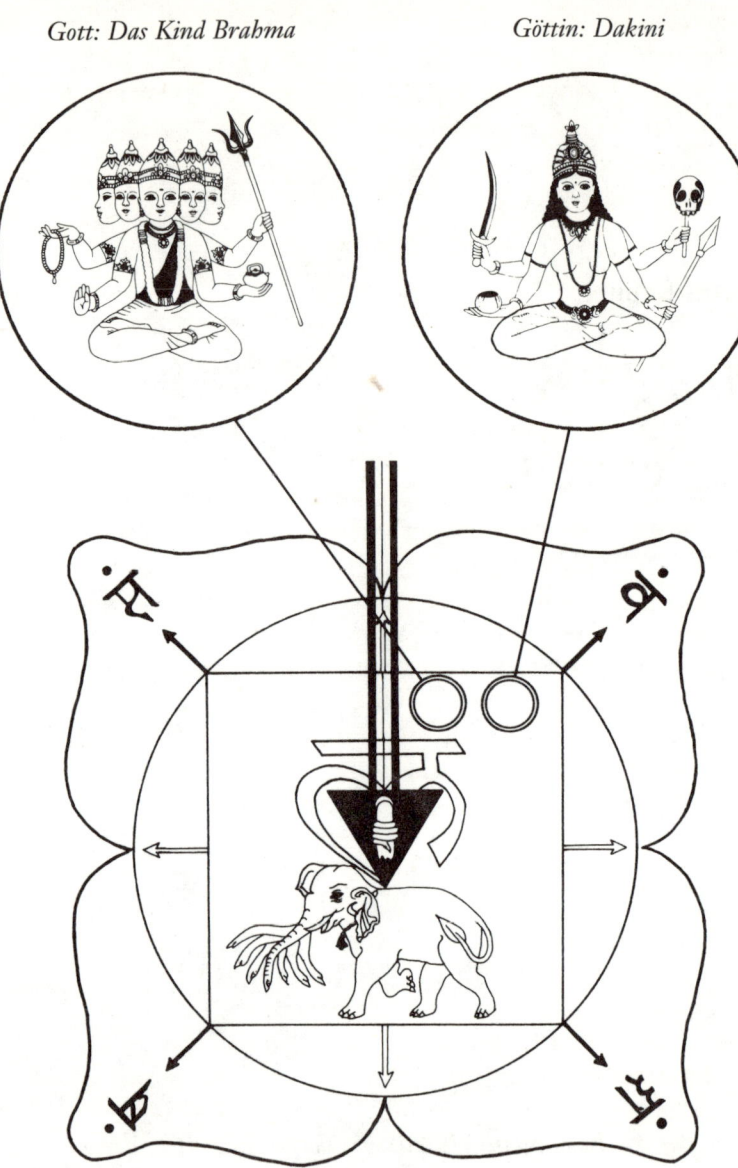

Muladhara Chakra

Muladhara

Das erste Chakra und seine Symbole

MULADHARA: Das erste Chakra (Lotos)
TATTVA: Unterscheidungsfähigkeit
56 STRAHLEN: In Verbindung mit Erde
BRAHMA: Schöpfungskraft
GANDHA – Geruch: Der durch das erste Chakra kontrollierte
Sinn
Das unentwickelte menschliche Wesen ist von den Sinnen
beherrscht und wird durch den Geruch zur Nahrung ge-
führt. Geruch erzeugt auch sexuelle Erregung. Doch wenn
man beharrlich dem Pfad folgt, kann der Geruchssinn so
verfeinert werden, daß es möglich ist, die Göttliche Prä-
senz durch einen Duft wahrzunehmen, der dem von Ro-
sen, Veilchen oder Sandelholz ähnelt.
VIER Lotosblütenblätter: die vier Richtungen der Welt
Die Lotosblume ist im Orient heilig. Krishna, Shiva oder
Buddha werden oft auf einer Lotosblume mit nach oben
gerichteten Blättern sitzend dargestellt. Das weist auf ihre
Heiligkeit hin. Sind sie in stehender Haltung dargestellt,
dann häufig zusammen mit einer auf Wasser schwimmen-
den Lotosblüte.
FARBE der Blütenblätter: Blutrot (die Farbe des Lebens)
Das Leben muß bejaht und richtig gelebt werden. Das
Leben ist kostbar. Jedes Leben ist eine Gelegenheit, latente Fähigkeiten zu entwickeln. Man muß sich selbst und
alle Angehörigen der menschlichen Familie akzeptieren.
Alle Lebensformen sind Manifestationen einer Kraft, und
deshalb ist es nötig, allem Leben Ehrfurcht entgegen-
zubringen, um Ahimsa zu praktizieren (niemanden zu verletzen).

BUCHSTABEN auf den Blütenblättern: VAṂ – ṢHAṂ – ŚAṂ – SAṂ

Bevor die Schrift entwickelt wurde, war das gesprochene Wort das Mittel des Ausdrucks und der Kommunikation. Die Sprache ist das Größte, was der Mensch hervorgebracht hat. Das gesprochene Wort besitzt Macht. Diese Macht kann positiv und negativ eingesetzt werden. Jeder trägt dafür die Verantwortung.

KREIS: Vollkommenheit

In früheren Zeiten hatte man andere Vorstellungen von Vollkommenheit als heute – Vorstellungen, die auf der andersartigen Lebensweise beruhten. Auch Rasse und Kultur beeinflussen diese Ideen. Das Maß an Bewußtheit ist bei jedem Menschen unterschiedlich, und so hängt die Vorstellung von Vollkommenheit von der jeweiligen Ebene ab.

YANTRA – Quadrat: Symbol der Erde

Dieses erste Chakra ist nicht nur das Fundament aller anderen Chakras, sondern es hat auch selbst eine Basis. Es ist wie beim Bau eines Hauses. Wenn die Pläne nicht gut gezeichnet sind, wenn das Fundament schlampig und nachlässig gelegt wurde, steht das Haus auf einer unsicheren Basis. Ebenso braucht das Leben ein gutes Fundament. Sorgsame Planung ist erforderlich. In jeder Phase muß eine bestimmte Art und Menge von Arbeit getan werden, bevor man mit der nächsten Phase beginnen kann.

PFEILE – Richtungen

Man kann ein bestimmtes Ziel verfehlen, wenn man in zu viele Richtungen läuft. Die fünf Sinne können einen drängen oder lenken; der physische Körper mit seinen Bedürfnissen kann Forderungen stellen; die ungeheure Kraft des Geistes kann ihren Einfluß ausüben – all dies kann den Menschen in verschiedene Richtungen treiben. Für jeden Schüler, ob Mann oder Frau, gibt es zahlreiche Möglichkeiten.

YONI – Dreieck: Symbol des weiblichen Geschlechts

Die Sexualität ist eine wichtige Kraft. In der Darstellung des Chakras bedeutet das nach unten deutende Dreieck, daß die Kraft von oben kommt; das heißt, daß die Kraft zur Erschaffung neuen Lebens nicht mit dem Ego verbunden ist. Die alten Yogis waren der gleichen Meinung. Jeder

Mensch ist für die Kraft, die sich in seinem Leben manifestiert, verantwortlich. Sie ist neutral, und jeder kann entscheiden, wie er sie benützt. Es ist verantwortungslos, die Energie zu vergeuden.

SVAYAMBHU – Linga: Symbol des männlichen Geschlechts
Das für die Yoni Gesagte gilt auch für das Linga.

CHITKALA – Mondsichel: Symbol für die Göttliche Quelle aller Energie
Sie befindet sich oberhalb des Linga und versinnbildlicht die Anwendung dieser Energie auf den verschiedenen Ebenen der Entwicklung.

DREIEINHALB WINDUNGEN: Auf drei verschiedene Arten ausgedrückte Energie
Sattva ist Reinheit, Rajas Aktivität und Leidenschaft und Tamas Trägheit und Dunkelheit. Die halbe Windung stellt die Kombination und das Zusammenspiel dieser drei Kräfte dar. Jeder Schüler muß sich darüber klarwerden, was ein reiner Geist ist, in welchen Kategorien er denkt und in welcher Beziehung diese zum Leben stehen.

AIRAVATA – Indras Elefant: mit sieben Rüsseln
Am Anfang ist der Mensch unbeholfen und schwerfällig wie ein Elefant und zertrampelt alles unter seinen Füßen. Das gleiche tun wir mit unseren vorgefaßten Meinungen. Die sieben Rüssel stehen für die sieben mächtigsten negativen und für die sieben mächtigsten positiven Eigenschaften. Der Elefant ist ein ungemein starkes Tier. Stärke ist erforderlich, um die Schwierigkeiten auf dem zum Ziel führenden Pfad zu überwinden. Viele menschlichen Triebe sind sehr stark, und einer der mächtigsten ist die Sexualität. Der Elefant ist auch hartnäckig, unversöhnlich und rachsüchtig. Doch das Weiß des Elefanten bedeutet, daß im Grunde jedes menschliche Wesen göttlich ist.

SHABDA – Laut: Bedeutet Sprache, das Mittel des Selbstausdrucks und der Kommunikation
In den frühen Stadien seiner Entwicklung beherrscht der Mensch die Sprache noch nicht völlig und ist in dieser Hinsicht unbeholfen wie ein Elefant. Um etwas zu verstehen, muß man still sein und auch innerlich schweigen. Die Stimme des Bewußtseins kann nur gehört werden, wenn alles andere Geschwätz verstummt. In Augenblicken des Schweigens hört sich der wahre Shabda an wie das Summen einer Biene.

BĪJA – Keimlaut: LAṂ

Manchmal wird das Bija auch Keim-Mantra genannt. Es ist der Keimlaut, aus dem sich eine bestimmte Energie entwickelt. In Verbindung mit innerer Visualisierung und Kontemplation über die verborgene Bedeutung führen Mantras den in Gedanken und die Verfolgung weltlicher Dinge versunkenen Geist zum reinen Sein zurück.

LAṂ: Das Bija oder der Keimlaut des ersten Chakras

Das Wort »Keim« weist darauf hin, daß etwas daraus wachsen kann. Im Keim oder Samen der Eiche, der Eichel, ist der zukünftige Baum bereits enthalten.

Ein Laut ist eine Schwingung. Ein tiefer und ein hoher Ton haben verschiedene Schwingungen, die unterschiedliche Wirkungen auf die Umgebung ausüben. Die Schwingungen kann man mit den kleinen Wellen auf dem Wasser vergleichen, die durch einen Impuls ausgelöst worden sind.

Das Bija LAM, der Keimlaut des Muladhara-Chakra, ist nur schwach wahrnehmbar. Die Fähigkeit, es zu hören, erwirbt man nicht durch intensive, harte Arbeit, sondern eher durch Lauterkeit, Hingabe, Demut und Unterwerfung.

PINGALA: Die Nadi in der rechten Körperhälfte

Die Nadis kann man als Nerven im feinstofflichen Körper bezeichnen. Indische Ärzte haben sie mit den Vagusnerven im menschlichen Körper verglichen, welche die willkürlichen und unwillkürlichen Nervensysteme kontrollieren. Dieser Vergleich ist zwar nicht ganz richtig, doch kann er als Stufe zu einem feineren Verständnis benützt werden, das sich durch das Praktizieren von Hatha-Yoga einstellt. *Ha* ist mit der Pingala verbunden und bedeutet Hitze, Sonne, Aktivität.

IDA: Die Nadi in der linken Körperhälfte

Tha ist mit der Ida verbunden und bedeutet Kühle, Empfänglichkeit, Mond. Heiß und kalt, Sonne und Mond sind Gegensätze. Alle Gegensätze im Menschen müssen ausgeglichen sein, bevor er versucht, die Kundalini zu erwecken. Ida und Pingala verleihen dem Hatha-Yoga seine besondere Bedeutung, denn sie sind die Kanäle, durch die Prana strömt.

SUSHUMNA: Die Hauptnadi in der Mitte der Wirbelsäule

Sie ist Sitz des OM und derjenige Kanal, durch den die

Kundalini-Energie aufsteigt. Die Sushumna verbindet die Chakras miteinander.

CHITRINI: Drei in einem, im Innern der Sushumna

Dieser Begriff ist besonders schwer zu erklären, doch vielleicht kann er so veranschaulicht werden: Der Mensch besteht aus Körper und Geist und aus Sprache, die der Ausdruck von beidem ist. Die drei in einem sind Sattva, Rajàs und Tamas.

GOTT: Das Brahma-Kind: Der männliche Aspekt der nicht manifestierten Energie

Die fünf Gesichter bedeuten fünf Dimensionen, darunter Allwissenheit, Allgegenwart und Allmacht.

Die Intelligenz auf dieser Ebene ist durch das Brahma-Kind symbolisiert.

In jedem ist Göttlichkeit, so wie die ganze Eiche in der Eichel enthalten ist. In jedem Menschen ist dieser Göttliche Funke (das Selbst). Die Menschen unterscheiden sich nur dadurch, in welchem Maß sie sich dieses Potentials und der Möglichkeit, es zu entwickeln, bewußt sind. Auch hier gibt es viele Ebenen, auf denen die Intelligenz angewandt oder ignoriert werden kann. Das Brahma-Kind hält in seinen Händen verschiedene Gegenstände. Diese Gegenstände weisen auf Methoden und Übungen hin, durch die der Schüler sich entwickeln kann.

GEGENSTÄNDE

Danda – Stab

Der Stab symbolisiert die den Körper stützende Wirbelsäule. Seit der Mensch das Tierreich verlassen hat, geht er aufrecht. Die Bewußtseinsebenen befinden sich in der Wirbelsäule, in der die Lebenskraft konzentriert ist. Der unterste Teil der Wirbelsäule ist der Sitz der Kundalini-Energie.

Kamandalu – Kürbis

Das Kamandalu ist ein meist aus einem Kürbis oder einer Kokosnußschale hergestelltes Gefäß zur Aufbewahrung von Wasser. Der Yogi hat das Kamandalu stets bei sich, um seinen Durst zu stillen und seinem Körper genügend Flüssigkeit zuzuführen.

Rudraksha-Mala – Rosenkranz

Eine Mala kann mit einem Rosenkranz verglichen werden,

doch sie hat doppelt so viele Perlen, nämlich einhundertacht. Diese Zahl wird als heilig betrachtet, denn es ist die Zahl der Namen der Göttlichen Mutter. Oft besteht die Mala aus getrockneten Rudraksha-Samen. Sie sind fünfmal unterteilt, was auf die fünf Gesichter des Brahma-Kindes und auf das in jedem Menschen ruhende Potential hinweist. Die Mala ist ein Hilfsmittel beim Zählen, wenn der Name eines göttlichen Aspekts wie Shiva oder Shakti wiederholt wird. Diese Wiederholung dient – wie das Aufsagen von Mantras – dazu, die im Geist ständig stattfindenden Selbstgespräche auszuschalten, die der Yogi geistige Hintergrundgeräusche nennt.

Abhaya-Mudra – Angst zerstreuende Geste
Das Brahma-Kind macht mit der unteren rechten Hand diese Geste. Sie bedeutet, daß alle Angst zerstreut sein wird, sobald man eine Haltung der Aufrichtigkeit, der rechten Absicht und der Demut eingenommen hat.

GÖTTIN: Dakini: Der weibliche Aspekt der manifestierten Energie.

Durch die Dakini wird die Intelligenz auf dieser Ebene symbolisiert.

GEGENSTÄNDE

Shula – Speer
Auf primitiver Ebene wurde der Speer benützt, um Tiere zu erlegen. Tiere sind Symbole verschiedener Eigenschaften des Menschen. Der Elefant symbolisiert Kraft, der Tiger das Töten, die Maus Ängstlichkeit und so weiter. Wenn man die erforderliche Geschicklichkeit erworben hat, trifft der Speer das Ziel. Der Schüler sollte sich die Frage stellen: »Welches Ziel habe ich in meinem Leben? Lasse ich mich in meinem Leben von Bewußtheit oder, wie ein Tier, von meinen Instinkten leiten?«

Khatvanga – Stab mit Schädel:
Dies ist das Symbol eines reinen oder leeren Geistes, der frei ist von vorgefaßten Meinungen, welche neue Erkenntnisse verhindern, vor allem Göttliche Einsicht, also Einsicht durch Intuition in der Meditation oder Stille. Im Gegensatz zu vorgefaßten Meinungen steht wahres Wissen: durch persönliche Erfahrung erworbenes Wissen. Fälschlicherweise werden oft Informationen für Wissen gehalten. Der Schädel ist an einem Stab (der Wirbelsäule)

befestigt. Die Energie kann also zum Sahasrara aufsteigen. Das Strömen der göttlichen Energie durch die Wirbelsäule in den leeren Schädel (den von vorgefaßten Meinungen freien Geist) ist eine Erfahrung, die den Menschen in seinen Grundfesten erschüttert. Wenn der in solchen unbeschreiblichen Momenten empfangene Göttliche Nektar ins Feuer der Leidenschaft fällt (es gibt außer der sexuellen noch viele Leidenschaften), dann verdampft er wie Wasser und ist verloren, weil der in weltlichen Illusionen gefangene Schüler zu spät erkennt, was geschehen ist.

Khadga – Schwert:
Der Khadga ist das Symbol für die Unterscheidungsfähigkeit, ohne die viele Fehler gemacht werden können. Die Einübung der Unterscheidungsfähigkeit führt zur Entwicklung eines klaren Geistes, der vernünftig urteilen kann. Unterscheidungsfähigkeit muß bereits zu Beginn des Pfades, am Anfang des spirituellen Lebens, angewandt werden. Wesentliches und Unwesentliches müssen erkannt und voneinander geschieden werden. Wird das starke Instrument der Unterscheidungsfähigkeit beim Nachdenken eingesetzt, werden Fehler schnell verringert, emotionale und mentale Schmerzen sowie mechanische Gewohnheiten reduziert. Das Leben wird in einem sehr positiven und guten Sinn erfreulich.

Chashaka – Trinkbecher:
Ist er mit Wein gefüllt, dann symbolisiert der Wein den Göttlichen Geist, der auf den Schüler, wenn er ihn trinkt, berauschend wirken kann. Man muß ihn langsam, in kleinen Schlucken trinken, mit Bewußtheit und Unterscheidungsvermögen, um den Göttlichen Nektar und das göttliche Ambrosia mit intuitivem Denken und Fühlen zu erkennen und in sich aufzunehmen.

Ist der Becher mit Wasser gefüllt, dann symbolisiert dieses das Wasser des Lebens. Durch gedankliche Assoziationen kann man seinen Durst mit diesem reinen Wasser Göttlicher Weisheit stillen.

Die Shakti – Göttin der Sprache

Die Devi

Die Devi, die in jedem Chakra lebendige Göttin der Sprache, muß als integraler Teil des Entwicklungsprozesses erkannt werden.

Die Bedeutung der Sprache

Die große Bedeutung der als Göttin personifizierten Sprache kann vielleicht nur begriffen werden, wenn man bedenkt, daß die alten Dichter, welche die Mantras und die Veden verfaßten, ihr Wissen mündlich weitergaben. Das gesprochene, dem Gedächtnis anvertraute Wort kann, da es keine materielle Form besitzt, in der Ferne der Zeit verwehen. Es ist ein Beweis für die unglaubliche Gedächtniskraft dieser alten Rishis und ihrer Anhänger, daß sie imstande waren, die heiligen Schriften vollständig zu bewahren.

Die Macht des Wortes und Lautes

Jeder Buchstabe des Sanskrit-Alphabets steht auf einem Blütenblatt des heiligen Lotos. Das bedeutet, *daß jedes Wort und jeder Laut Macht besitzt.*[2] Diese Macht ist nicht nur mit den Emotionen und den mentalen Aktivitäten verbunden, sondern auch mit dem höchsten Göttlichen Geist. Sie kann uns deshalb in ungeahnte Höhen emporheben. Die Sprache hat zwei Aspekte, den hörbaren und den unhörbaren. Unhörbare Sprache ist etwas anderes als bloßes Sprechen im Kopf; sie ist intuitive Erkenntnis. Man könnte sie auch die Sprache des Herzens nennen.

Unhörbare Sprache: Sprache des Herzens

Die Shakti: die Macht des Wortes oder Lautes

Die Macht in einem Wort oder Laut ist die Shakti; deshalb wird sie die Göttliche Mutter im Muladhara-Chakra genannt. Sie ist die Göttin der Sprache. Auf den Blütenblättern des ersten Chakras stehen die ersten vier Buchstaben. Da der Pfad der Kundalini ein Pfad der Evolution ist, nimmt mit jedem Chakra die Wahrnehmung der manifestierten Kraft, aus der alle Buchstaben hervorgehen, kontinuierlich zu.

Verfeinerung der Sprache

Den Dingen Namen zu geben ist ein Privileg des Menschen, von dem er ausgiebig Gebrauch macht, bis ihm die wahre Macht der Sprache bewußt wird. Die Sprache muß verfeinert werden. Man muß seiner Sprache gewahr werden. Derbe Sprache wird von allen spirituellen Schülern, ganz gleich auf welchem Pfad sie sich befinden, als »schlechtes Benehmen« betrachtet. Sensibilität wird nur durch Verfeinerung und Kultivierung erworben. Ebenso wie eine Pflanze kultiviert wird, muß der Mensch sich kultivieren, um auf eine positive Weise sensibel zu werden. In vielen heiligen Texten findet man Anweisungen und Äußerungen, die die Anerkennung der Macht

des Wortes voraussetzen. Die Verfeinerung und sorgsame Kultivierung der Sprache ist jedoch nicht nur in den heiligen Schriften erkennbar, sondern auch in den Dichtungen vieler Völker. Der Dichter ist, wie der Prophet, seiner Zeit oft voraus. Manche Werke der Dichtkunst sind fast prophetischer Natur.

Die Rishis, hochentwickelte Seher, waren die Dichter der alten Schriften. Durch ihre unglaubliche Intuition und Geisteskraft wurden ihnen »göttliche Erkenntnisse« zuteil. Zur Umsetzung des intuitiv Erkannten in die Sprache ist die Kraft des Geistes erforderlich. Die Seher kannten die Kräfte des Geistes und des Lautes aus eigener Erfahrung und wußten um die dem Geist innewohnende Macht und um seinen schöpferischen Drang. Die Rishis hatten die Aufgabe, mit ihren höheren Erkenntnissen die Menschheit zu führen. Heute nehmen wir oft an, daß solche Kräfte dazu dienen sollen, andere zu beherrschen. Doch die Rishis wußten, daß sie mit ihren Kräften den Menschen dienen sollten.

Kräfte: das Ergebnis von Übung

Die alten Seher erlangten ihre Kräfte durch beständiges Üben. Als die Disziplin, auch im Osten, langsam nachließ, schienen diese überragenden Rishis zu verschwinden. Ihre Geschichten scheinen keine Bedeutung mehr zu haben, und dem heutigen Menschen ist es unvorstellbar, daß jemand ein so ungeheures Gedächtnis besaß und derart intensiver Konzentration fähig war.

Mantras: Worte der Macht

Mantras sind Worte der Macht. Zu ihnen zählen heilige Schriften wie die Veden und Upanishaden, Lobpreisungen verschiedener Aspekte des Göttlichen. Auf einer unteren Ebene wird das Mantra, ähnlich wie bei einigen christlichen Religionen, als Anrufung benützt. Auf einer höheren Ebene, im Mantra-Yoga, dient es der geistigen Konzentration. Auf einer noch höheren Ebene aktiviert und verstärkt es latente Kräfte, die jeder Mensch besitzt und die kosmische Kräfte genannt werden können.

Diese Worte und Laute spricht man, um sich die ihnen innewohnende Kraft anzueignen und um in Kontakt mit der Quelle des Lauts, der »Wurzel« des Mantras, zu kommen. Der Rishi oder Seher, der zum Gefäß des Mantras wurde, hatte diesen Geisteszustand erreicht. Der echte Schüler strebt danach, die Vollkommenheit der Rishis zu erreichen und auch ein solches Gefäß zu werden.

Die Leere

Der leere Schädel (die Leere) ist für den Durchschnittsmenschen eine schreckliche Vorstellung. Der Geist sträubt sich gegen das Vakuum und tut alles, um es mit seinen eigenen Schöpfungen auszufüllen. So führt das Bestreben, den Geist in seinem natürlichen Zustand der Ruhe (reiner Geist) zu halten, zu einem ständigen Kampf. Wenn sich die mentalen Prozesse durch das Aufsagen eines Mantras schließlich selbst erschöpft haben, öffnet sich der Geist sehr subtilen intuitiven Wahrnehmungen. Es ist keine Übertreibung zu sagen, daß von einem bestimmten Punkt an Emanationen wahrgenommen werden, die von einer außerhalb des menschlichen Geistes befindlichen Quelle ausgehen. Auf die Frage, was für eine Quelle dies sei und wo sie sich befinde, gibt es für jene, die für alles einen Beweis verlangen, keine zufriedenstellende Antwort. Die Quelle eines schöpferischen Genies, wie es ein Rishi, ein Johann Sebastian Bach oder ein Leonardo da Vinci waren, kann bis heute mit wissenschaftlichen Methoden nicht nachgewiesen werden.

So wie es auf besonderer Ebene zu einer Begegnung zwischen gleichgesinnten Menschen kommen kann, ist es möglich, Kontakt mit einer Energiequelle aufzunehmen, die sich einst im physischen Körper eines Rishi oder Sehers befand, und von diesem Hilfe und Führung bei der Mantra-Praxis zu erlangen.

Führung durch einen Rishi oder Seher

Sprache: Übungen

Die Sprache ist das verläßlichste Ausdrucksmittel des Menschen, seine größte Errungenschaft, das Barometer seiner Emotionen. Zwischen einem Hilfeschrei und einem Freudenschrei gibt es eine große Skala von Lauten, mit denen auf genaueste Weise die verschiedensten Emotionen ausgedrückt werden können. Das wichtigste Instrument, mit dem man seine Persönlichkeit zum Ausdruck bringen kann, ist die menschliche Stimme. Kontrolle der Sprache ist notwendig und von großer Wichtigkeit, weil die meisten von uns dazu neigen, zuviel zu reden und Worte sowohl mit als auch ohne Verstand zu gebrauchen. Vielleicht entspringt der Drang zu reden der Furcht vor Stille oder Einsamkeit, dem Bedürfnis, mit seinen Kenntnissen zu prahlen oder zu allem »seinen Senf dazuzugeben«. Auch dem Erteilen von Ratschlägen kann eher das Bedürfnis nach Selbstdarstellung zugrunde liegen als echtes Interesse an dem Hilfesuchenden.

Sprache: Barometer der Emotionen

Um diese Motive aufzudecken, muß man sich das, was man spricht, bewußt machen.

Ring oder Münze zur Kontrolle

– Legen Sie sich einen Ring oder eine kleine Münze in den Mund, damit Sie Zeit haben, sich zu fragen, *warum* Sie etwas sagen wollen und *was* Sie sagen wollen. Dann müssen Sie die Münze nämlich erst unter die Zunge oder zur Wange schieben, bevor Sie sprechen können.

Es kann sein, daß man spricht, weil man bemerkt werden möchte oder weil man seine Handlungen rechtfertigen will. Angst kann das Motiv für das Bedürfnis zu sprechen sein. Vielleicht wollen Sie die leise Stimme in Ihrem Innern zum Schweigen bringen. »Wenn ich weiterrede, brauche ich nicht auf sie zu hören.« Die Manifestation der menschlichen Stimme kann sowohl ein Fluch wie ein Segen sein. Was steckt hinter Ihrem Drang zu sprechen?

Erforschen Sie Ihren – Wollen Sie sich rechtfertigen?
Drang zu sprechen – Wollen Sie die Zeit totschlagen?
– Wichtigtuerei?
– Wollen Sie nicht hören … auf andere, auf Ihr inneres Selbst?
– Das Verlangen, über sich selbst zu reden?
– Wollen Sie Mitgefühl erregen?

Machen Sie sich alle Redewendungen bewußt, die mit der Sprache und den Sprechwerkzeugen zusammenhängen: doppelzüngig, gelähmte Zunge, die Zähne in etwas graben, den Mund halten, die Sprache verschlagen … Lassen Sie sich weitere einfallen.

Der Ton Der Ton, in dem Sie sprechen, kann eine ganze Skala von Emotionen ausdrücken: Freude, Glück, Heiterkeit, Zweifel, Ironie, Arroganz. Jeder hört auf eine ruhige, tiefe Stimme. (Ein Trick, den oft Politiker anwenden, wenn sie sich Gehör verschaffen wollen.)

Schwierigkeiten, sich auszudrücken, können oft auf Schüchternheit beruhen. (Warum ist man schüchtern? Steckt vielleicht verkappte Arroganz dahinter?) Die Ursache kann auch sein, daß man spricht, ohne vorher nachgedacht zu haben. (Oft sagen Schüler: »Ich weiß nicht, was ich sagen will, bevor ich es sage.« Was steckt hinter einer solchen Bemerkung?)

Es ist ratsam, Schweigen (Mauna) zu üben. Ein wunderbares Beispiel hat Mahatma Gandhi gegeben, der an bestimmten Tagen mehrere Stunden lang schwieg. Niemand konnte ihn dazu bringen, sein Schweigen zu brechen. Selbst die höchsten Würdenträger durften nicht mit ihm sprechen. Mahatma Gandhi wußte, wie wichtig die Kontrolle der Sprache für ihn selbst war und welche Wirkung sie auf andere hatte. Der Schüler muß eine Zeit wählen, da das Verlangen zu sprechen besonders stark ist. Das ständige Bedürfnis sich auszudrücken, darf im Leben des Schülers keine Bedeutung haben. Jeder Drang muß unter Kontrolle gebracht, jede Entschuldigung fallengelassen werden. Die Stunden, die Dauer des Schweigens müssen vorher festgesetzt werden, um die Disziplin zu stärken. Die Ergebnisse müssen notiert werden.

Verfeinerte Sprache ist Gesang zur Lobpreisung einer Macht, die größer ist als die eigene.

Über den Geruch

Jedes Chakra kontrolliert einen der fünf Sinne; das Muladhara-Chakra den Geruch. Bei vielen Menschen ist dieser Sinn ziemlich unterentwickelt, bei anderen sehr fein. Dazwischen gibt es natürlich verschiedene Grade.

Die dreieinhalb Windungen der Kundalini-Energie sind eingeteilt in Sattva – Reinheit, Rajas – Aktivität oder Leidenschaft, und Tamas – Trägheit oder Dunkelheit. Ein Mensch, dessen Geruchssinn wenig entwickelt ist, hat sich um dessen Funktion zu wenig gekümmert. Mangel an Interesse kann man mit Trägheit oder Faulheit gleichsetzen. Doch wenn man nur ein wenig nachdenkt, wird einem klar, daß der Geruchssinn sehr wichtig ist. So kann man mit ihm zum Beispiel feststellen, ob ein Nahrungsmittel verdorben ist, – ebenso wie man auch ein köstliches Mahl am Geruch erkennen kann. *Entwicklungsstufen*

Sehr oft beruht die Anziehungskraft eines Angehörigen des anderen Geschlechts auf dessen Körpergeruch. Die Augen sind von dem, was sie sehen, vielleicht nicht befriedigt, oder die Ohren nicht erfreut über das, was sie hören, doch der Geruch kann anziehend wirken, weil er sehr eng mit dem mächtigen Sexualinstinkt verbunden ist. Der Körpergeruch mancher Menschen (der nicht immer eine Folge von Mangel an Reinlichkeit sein muß), kann jemandem, der in dieser Hinsicht empfindlich ist, Probleme bereiten. *Verbindung mit Sexualität*

Von Rajas und von Tamas bestimmte Geruchserlebnisse sind

nicht klar voneinander zu unterscheiden. Gerüche wirken auf einen Menschen zu verschiedenen Zeiten auf verschiedene Weise.

Pater Pio, ein italienischer Kapuzinermönch, einer der wenigen Menschen, die alle fünf Stigmata (Wundmale Christi) trugen, besaß die Fähigkeit der Bilokation (das heißt, er konnte an zwei Orten zugleich sein). Seine Schüler bemerkten seine Anwesenheit am Geruch von Rosen und Veilchen. Es gibt hunderte solcher Berichte, sowohl von Katholiken wie von Nichtkatholiken. Anhänger von Shiva erkannten seine Anwesenheit an einem sehr schwachen Duft von Sandelholz. Gruppen von Menschen, die gemeinsam beten und meditieren, nehmen manchmal, wenn sie ihre Persönlichkeit transzendieren, wunderschöne Gerüche wahr und fühlen sich durch ihre Geruchsempfindlichkeit in einen erhobenen Zustand versetzt. Manche empfinden dabei deutlich eine Göttliche Präsenz.

Geruch: Übungen

Ich rieche. Der Vorgang des Riechens. Was wird gerochen?

*Wahrnehmungs-
übungen*

Machen Sie sich mit dem unterschiedlichen Geruch von Obst- und Gemüsesorten vertraut. Begnügen Sie sich nicht damit, anhand des Geruchs zu beurteilen, ob ein Nahrungsmittel gut oder schlecht ist. Beobachten Sie, wie Gerüche Sie beim Essen und Trinken beeinflussen. Schmeckt Kaffee wirklich so gut wie er riecht? Fällt Ihnen ein Getränk oder Nahrungsmittel ein, das schrecklich riecht, aber wunderbar schmeckt (außer reifem Käse)? Gibt es umgekehrt etwas, das gut riecht, aber schrecklich schmeckt?

*Geruch von
Nahrungsmitteln*

Körpergeruch

Stellen Sie fest, ob Ihr Körper zu verschiedenen Tageszeiten verschieden riecht. Machen Sie sich den Unterschied zwischen dem Geruch Ihres Körpers und dem Geruch Ihres Atems bewußt, indem Sie in die Hände atmen. Riechen Sie an Ihren Kleidungsstücken, wenn Sie sie ausziehen. Wenn Sie Cremes, Salben, Kölnisch Wasser oder Parfüms benützen – finden Sie heraus, ob sie zu Ihrem natürlichen Körpergeruch passen. Der Körper riecht anders, wenn Sie Ihre Ernährungsweise ändern oder fasten. Die meisten Menschen riechen schrecklich, wenn sie fasten. Der Geruch Ihres Atems kann Ihnen sagen, ob eine Krankheit im Anzug ist. Nehmen Sie sich mehr Zeit für Atemübungen, um dem Körper zu helfen, besser mit dem Problem fertig zu werden.

Verbinden Sie sich die Augen und versuchen Sie, verschiedene Dinge nach ihrem Geruch zu identifizieren. (Sie dürfen sie natürlich nicht sehen, berühren oder schmecken.) Sprechen Sie die Ergebnisse auf Tonband und übertragen Sie sie in Ihr Übungsbuch, damit Sie Ihre Entwicklung überprüfen können. Mit etwas Übung ist man imstande, am Geruch genau festzustellen, was sich vor einem befindet. *Identifizierungs-übungen*

Der sattvische Zustand des Geruchssinns wird in einem späteren Entwicklungsstadium erreicht, wenn alle Sinne verfeinert sind und wenn der Geist die richtige spirituelle Nahrung erhalten hat.

Über die Sexualität

Die Energie dieses Chakras ist neutral, und deshalb bedeutet es für den Menschen eine große Verantwortung zu entscheiden, wie er sie anwendet. Am machtvollsten wird die Energie durch die Sexualität ausgedrückt. Der Schüler muß sich über die Bedeutung der Sexualität klar werden und begreifen, auf wie vielen Ebenen und auf wievielerlei Weise diese höchst mächtige Energie im menschlichen Leben ausgedrückt werden kann. *Die Energie ist neutral*

Die meisten Manifestationen dieser Energie finden auf der physischen und mentalen Ebene statt, während die spirituelle Ebene fast völlig außer acht gelassen wird. Der Schüler muß jetzt ein festes Fundament für sein Leben errichten. Voraussetzung dafür ist, daß er sich entscheidet, was für ein Mensch er sein will. Viele betreten den spirituellen Pfad nur, weil sein Anderssein gegenüber dem normalen Leben sie reizt, weil seine mystischen Aspekte sie anziehen oder weil sie besondere Kräfte erlangen wollen. Doch ebenso wie man kein Johann Sebastian Bach werden kann, ohne ein solides Fundament zu legen, indem man die Harmoniegesetze studiert, ein Instrument spielen lernt oder sein Gehör schult, kann man ohne eine solche Basis kein Yogi beziehungsweise keine Yogini werden. *Physische, mentale und spirituelle Manifestationen*

Was für eine Art Schüler möchte man also sein? Hinsichtlich der körperlichen Ebene ist eine klare Definition erforderlich. Das Ziel ist ein leistungsfähiger, gesunder Körper, zu dem Hatha-Yoga-Übungen verhelfen. Sehr wichtig ist eine richtige Ernährung, die dem Körper förderlich ist und nicht als Kom- *Errichtung des Fundaments* pensation oder zur Befriedigung von Emotionen benützt wird. Wenn ein gutes Fundament vorhanden ist – mit anderen Worten gute Disziplin und Selbstbeherrschung –, werden die fortgeschritteneren Übungen keine Schwierigkeiten bereiten.

Maßstäbe

Da im heutigen Leben die Sexualität, vor allem im Westen, überbetont wird, ist es wichtig, sich mit einigen ihrer Aspekte näher zu beschäftigen. Alle Fragen, die man sich stellt, sollten in der ersten Person ausgedrückt werden. Man muß die Verantwortung für seine Ansichten und Maßstäbe übernehmen. Ganz gleich, welche Ansichten man hat – es darf keine doppelten Maßstäbe geben, einen für sich selbst und einen andern für andere Menschen. (»Tu, was ich sage; nicht, was ich tue!«) Das ist destruktiv, denn doppelte Maßstäbe unterminieren die eigene Sicherheit und führen zu inneren Konflikten. Zu Beginn des Yoga-Pfades ist es notwendig, sehr sorgsam das Fundament für sein Leben zu legen. Der Schüler sollte damit beginnen, daß er seine Einstellung zur Sexualität überprüft.

Was bedeutet für Sie Sexualität?

Ist die Sexualität eine biologische Funktion, über die Sie keine Macht und Kontrolle haben, so daß Sie den natürlichen dunklen Instinkten einfach gehorchen müssen? Dient die Sexualität nur der Fortpflanzung, weil sie bei normalem Ablauf der Ereignisse zur Schwangerschaft führt? Wie stehen Sie zu Geburt und Tod? Da Geburt und Tod komplementär sind, müssen Sie sich auch mit letzterem beschäftigen. Wenn Sie eingehend über die Einheit von Geburt und Tod nachdenken, dann wird Ihre Verantwortlichkeit für den Sexualakt eine neue Dimension annehmen.

Die Ehe

Betrachten Sie unter diesen Gesichtspunkten die Ehe. Ist sie nur ein Brauch, eine gesellschaftliche Institution? Welche Rolle spielt die Sexualität in Ihrer eigenen Ehe? Wesentlich sind nicht die Ansichten anderer, sondern nur die Ihrigen. Sie sollten sich einige sehr ernsthafte Fragen stellen. Warum haben Sie den Menschen geheiratet, der Ihr Ehepartner ist? Was waren die Gründe? Was waren Ihre Hoffnungen und Erwartungen am Anfang und welche haben Sie jetzt? Waren die Gründe für Ihre Heirat zum Beispiel körperliche Anziehung, der Wunsch, das Elternhaus zu verlassen, die neue gesellschaftliche Stellung, gutes Aussehen, Geld? Haben Sie sich einen Lebenspartner gewünscht, jemanden, dem Sie vertrauen können, einen Menschen mit Charakter, der Ihnen ein wirklicher Gefährte sein würde? Alle diese Gesichtspunkte spiegeln sich in der sexuellen Beziehung wider. Wenn es Enttäuschungen gibt, wird Sex als Bestrafung und Belohnung benützt. Wenn man sich selbst bemitleidet, dient Sex als Kompensation. Waren am Anfang keine Ideale vorhanden, mangelte es der Partnerschaft an Qualität? Kann eine Scheidung Probleme lösen? Vielleicht schiebt sie die Lösung nur hinaus. Ihr Karma verfolgt Sie bis in Ihre späteren Existenzen. Eine Lektion, die Sie in diesem Leben nicht lernen, erwartet Sie in einem anderen.

Vom Standpunkt des Yoga aus ist Selbstbemeisterung, Kontrolle der elementaren Instinkte, erforderlich, wenn man ein vollentwickeltes menschliches Wesen werden will. Jemand, der höhere Werte sucht, entdeckt einen neuen Aspekt der Liebe in der Beziehung zwischen zwei Menschen. Ein Mensch mit bisexuellen Neigungen schwankt ständig hin und her, und Homosexualität kann auf einen Mangel an Anpassung bei einer Änderung des Geschlechts in einer neuen Reinkarnation zurückzuführen sein. Sexualität ohne Liebe folgt nur den Instinkten, so vergnüglich dies sein mag. Die große Bedeutung des Energieaustauschs zwischen zwei Menschen wird selten begriffen. Eine neue Dimension kann sich nur eröffnen, wenn man sich gründlich mit Sinn und Zweck der Sexualität auseinandersetzt.

Bisexualität, Homosexualität

Die überaus kostbare Energie, mit der ein neuer Mensch erschaffen werden kann, darf nicht sinnlos und nutzlos vergeudet werden. Wer Sex nur für eine vergnügliche Sache hält, ist sich der vielfältigen Folgen nicht bewußt. »Zufallskinder« oder Kinder, die von ihren Eltern nicht um ihrer selbst willen gewünscht, sondern wegen materieller Vorteile zur Welt gebracht werden, wachsen ohne die Würde und Liebe heran, auf die jedes menschliche Wesen ein Anrecht hat. Man muß die göttlichen Gesetze ebensogut kennen und befolgen wie die von Menschen geschaffenen. Unwissenheit ist keine Entschuldigung.

Die Energie ist kostbar

Für liebevolle Eltern werden selbst wenige Schritte auf dem Yoga-Pfad von Vorteil sein und sie befähigen, Gurus ihrer Kinder zu sein, denn sie kennen die göttlichen Gesetze aus eigener Praxis.

Zwei Menschen, die hochentwickelt sind und sich auf der gleichen Ebene befinden, können eine wahrhaft spirituelle Ehe führen. In einer solchen spirituellen Ehe ist Sex weder Forderung noch Pflicht, sondern von wahrer Liebe erfüllte Kommunikation.

Spirituelle Ehe

Zuviele Menschen scheinen in eine ideale Vorstellung von

der Liebe verliebt zu sein. Bedeutet das, daß sie fähig sind, wirklich zu lieben und wirklich zu geben? Die Absichten mögen die besten sein, doch man kann sich, wie in jedem anderen Entwicklungsstadium auch, leicht selbst täuschen. Bewußtheit ist eine grundlegende Voraussetzung für jede persönliche Entwicklung.

Seelengefährten

Es ist durchaus möglich, daß zwei Menschen auf einer höheren Ebene, in einem spirituellen Bereich, Seelengefährten sind. Die Idee der Dualseele tauchte schon früh in der Menschheitsgeschichte auf; doch man kann sich leicht irren. Ist es vielleicht nur ein Vorwand dafür zu tun, was man gern tun möchte?

Der Sucher und die Familie

Nach dem Höchsten zu streben und zugleich eine Familie zu haben und die damit verbundene Verantwortung zu tragen ist für einen Durchschnittsmenschen fast unmöglich. Auch in anderen Bereichen, zum Beispiel im Berufsleben, zeigt sich immer wieder, daß es kaum möglich ist, sich zweierlei Aufgaben mit gleicher Aufmerksamkeit und Hingabe zu widmen. Wenn in einer Ehe ein Partner ganz in seinem Beruf aufgeht und sich nicht um die Familie kümmert, leidet die Familie darunter. Wenn Kinder da sind, leiden auch sie darunter. Die Ehe kann sogar auseinandergehen. Es ist jedoch bekannt, daß einige große Yogis verheiratet waren. In solchen Fällen wird der eine Partner mit Freuden der »Diener« des andern – aus der Überlegung heraus, daß es ein Segen ist, einen Gefährten zu haben, der sich auf dem spirituellen Pfad befindet.

Sex: eine mächtige Lebensenergie

Da die Sexualität eine der mächtigsten Lebensenergien ist, ist ein klares Verständnis in dieser Hinsicht überaus wichtig. Unabhängig von der Einstellung, die ein Mensch gegenüber der Sexualität hat, und unabhängig von dem Niveau, auf das die sexuelle Beziehung gehoben werden kann, bleibt die Tatsache bestehen, daß Sex zur Geburt führt. Sex ist etwas Verbindendes. Der Schüler sollte sich überlegen, was es bedeutet, Schritte zu unternehmen, die die natürlich resultierende Geburt verhindern. Auch wenn man sich bemüht, die Folgen einer sexuellen Beziehung zu verhindern, werden Kinder geboren, unerwünschte Nebenprodukte eines lustvollen Erlebnisses. Einem Menschen, der auf diese Weise zur Welt kommt, dürfte es schwerfallen, Würde, Selbstsicherheit und Selbstwertgefühl zu entwickeln.

Was geboren wird, muß sterben. Deshalb sind Sexualität, Geburt und Tod eine Einheit, die nicht aufgelöst werden kann.

Schmerz: Aufstellung einer Liste

Was ist mit der Aufstellung einer Liste gemeint? Um das zu veranschaulichen, wollen wir das Wort »Schmerz« betrachten. Die Aufstellung einer Liste dient der Klärung. Die in diesem Buch enthaltenen Listen sind nur ein kleiner Anfang; sie sollen Ihnen helfen, eigenständig in dieser Hinsicht weiterzuarbeiten.

»Schmerz ist ein großer Lehrmeister«, lautet ein zeitloses Sprichwort. Aber was ist Schmerz? Wieviele verschiedene Arten von Schmerz gibt es? Die Yogis sind der Meinung, daß jeder Schmerz selbsterschaffen ist. Wie sollen wir das verstehen? Wenn man den Begriff »Schmerz« untersucht, zur Klärung der Bedeutung eine Liste aufstellt und alles notiert, was einem in den Sinn kommt, tauchen viele Ideen und Gedanken auf. Manchmal widersprechen sie sich, manchmal haben sie keinen Zusammenhang.

Schmerz

Stellen wir eine Liste auf, um den Begriff zu klären. Ich will Ihnen ein wenig helfen:

Begriffserklärung

Schmerz... körperlich... emotional... gedemütigt werden... schmerzvolle Lust... schmerzlich schlechtes Selbstbild... Schmerz, ein Märtyrer zu sein... davon loskommen... Schmerz genießen... widersprüchliche Emotionen... Unsicherheit... Schuldgefühle... unversöhnlich sein... Tod... Geburt... und so weiter.

Dies soll nur ein Hinweis darauf sein, wie man Begriffe oder Worte, ihren Gebrauch und die mit ihnen verbundenen Vorstellungen klären und ihre Macht begreifen kann.

Die Macht von Worten

Wenn Sie Schmerzen haben, nehmen Sie nicht gleich ein Mittel dagegen; so können Sie feststellen, wieviel Schmerz Sie ertragen können. Genießen Sie die Schmerzen nicht – Sie sollen ja kein Märtyrer oder Masochist werden. (Solche Abweichungen haben auf dem spirituellen Pfad keinen Platz.) In manchen Fällen ist die Trennungslinie sehr fein.

Selbsterforschung

Bei emotionalen Schmerzen versuchen Sie, in den Schmerz »hineinzugehen«. Empfinden Sie ihn so intensiv wie möglich. Lassen Sie dann los!

Wenn Sie alles aufgeschrieben haben, was Ihnen über Schmerz einfällt, denken Sie noch einmal über die Behauptung der Yogis nach, daß Schmerz selbsterschaffen sei.

Stellen Sie sich jetzt einige Fragen:
– Hat mein Freund/meine Freundin mich wirklich verletzt?
... Wollte er/sie mich verletzen?

- Warum fühle ich mich so verletzt?
- Was sind die Auswirkungen dieser Enttäuschung?
- Sind meine Pläne gescheitert?
- Hänge ich sehr an meinen Plänen?
- Fällt es mir grundsätzlich schwer, meine Pläne zu ändern?
- Kann es sein, daß ich gar nicht verletzt, sondern nur verärgert bin?
- Kann ich mich in Zukunft so lange zurückhalten, bis ich erkannt habe, ob ich wirklich verletzt oder nur verärgert bin?
- Kann ich aus meinen »Fehlern« lernen, damit ich sie nicht immer wieder begehe?
- Werden sie verschwinden, wenn ich mein emotionales Reaktionsvermögen verbessere?
- Bedeutet das, daß ich meine *Unterscheidungsfähigkeit* steigern muß? . . . Richtig!

Wieviel eingebildeten Schmerz haben Sie in sich? Überlegen Sie!

Wieviel Energie ist darin gespeichert? Können Sie vergessen und vergeben, wenn Sie alte (vielleicht eingebildete) Wunden nicht heilen lassen? Die Energie könnte besser verwendet werden.

Sexualität: Aufstellung einer Liste

Die Natur erhält sich auf zweierlei Weise am Leben. Pflanzen, Tiere und Menschen brauchen dazu Nahrung, und sie haben einen starken Fortpflanzungstrieb, der für den Fortbestand der Spezies sorgt. Im menschlichen Leben sind diese beiden mächtigen Triebkräfte stark wirksam. Hier wollen wir uns speziell mit der Sexualität beschäftigen. Die Aufstellung einer Liste wird Ihnen helfen, die yogische Einstellung zur Sexualität zu verstehen, wie sie an anderen Stellen dieses Buches zum Ausdruck kommt.

Die Bedeutung der Sexualität

Was bedeutet Sexualität für mich:
- Ist sie eine biologische Funktion?
- Dient sie nur der Fortpflanzung?
- Wieviele Formen der Sexualität gibt es? . . . Monogamie, Polygamie, Bisexualität, Homosexualität . . .
- Wie setze ich meine Sexualität ein? Zum Vergnügen? Zum

Genuß? Um Kinder zu zeugen? Als Kompensationsmittel? Zur Bestrafung? Zur Belohnung? Ganz freizügig, ohne Bindung und Verantwortung?
- Ist Sex außerhalb der Ehe Sünde?
- Ist Sünde ein kulturspezifischer Begriff? Etwas Anerzogenes? Eine christliche Vorstellung? Was hat Sünde mit Sexualität zu tun?
- Wenn Sex Liebe ist, warum gibt es dann so viele Konflikte? Wieso hängen unanständige Wörter mit Sex zusammen? Warum werden Kinder, die Frucht dieser Liebe, abgelehnt oder widerstrebend akzeptiert?
- Ist Sex ein Energieaustausch, eine Art psychische Kraft?
- Ist nur eine Ehe ohne Sex spirituell? Oder ist sie auch mit Sex möglich?
- Gibt es so etwas wie Dualseelen? Wie kann man eine Dualseele erkennen?
- Was ist eine mystische Ehe? Erfordert sie Verzicht auf Sex?
- Warum halten manche Menschen Keuschheit für wichtig? Wie denke ich darüber? Würde die Menschheit nicht aussterben, wenn alle enthaltsam wären?
- Können nur enthaltsame Menschen (Brahmacharis) kosmisches Bewußtsein erlangen?
- Ist Sexualität die Kundalini-Kraft? Was ist die Kundalini?

Über den Tod

Ebenso stark wie das Bestreben, die Zeugung zu vermeiden, ist das Bestreben, den Tod zu vermeiden. Wir haben Angst vor dem Tod. Warum? Was bedeutet Sterben – unser eigener Tod, der Tod der Menschen, die wir lieben? Der Yogi oder die Yogini erkennt, daß Sexualität, Geburt und Tod eine Einheit sind. Der Schüler muß seine persönlichen Ansichten klären, um entscheiden zu können, was das Ziel dieses Lebens ist.

Sexualität, Geburt und Tod sind eine Einheit

Es ist nicht notwendig (wie das in einigen der traditionellen Yoga-Bücher steht, die jetzt in den Westen gelangen). Nächte auf einem Friedhof zu verbringen und auf einem Leichnam zu sitzen, um über die Bedeutung von Leben und Tod nachzudenken. Es ist jedoch unbedingt erforderlich, sich über diese großen Rätsel des menschlichen Lebens Gedanken zu machen. Wie kann man sich sonst eigene Ideale, ethische Grundsätze und Maßstäbe bilden? Die Evolution ist ein Prozeß, der abläuft,

Über die Bedeutung von Leben und Tod nachdenken

ohne Rücksicht auf Unwissenheit zu nehmen. Leid kann ver-
mindert werden, wenn man Wissen erwirbt und es dann in die
Praxis umsetzt. Die praktische Umsetzung eigener Erkenntnisse macht das Leben lebenswert und verleiht ihm einen
neuen Sinn.

Die Todeszeit wissen   Man kann die Zeit seines körperlichen Todes im voraus
erfahren: durch Intuition, durch Träume oder in der Medita-
tion. Wenn alle Angelegenheiten geordnet sind, das Testament
gemacht ist und Harmonie mit den Menschen herrscht, die
man zurücklassen wird, braucht man den Tod nicht zu fürchten.
Für den Yogi oder die Yogini ist er ein Übergang in einen
anderen Existenzbereich. Das Bewußtsein drückt sich auf vielerlei Weise aus und ist nicht von einem physischen Körper
abhängig. Doch solange noch ein unerfülltes starkes Verlangen
besteht, nimmt man wieder eine körperliche Form an.

Die Anrufung des   Die Anrufung des Göttlichen Lichts, die ich in dem Kapitel
Göttlichen Lichts   über dieses Chakra noch darstellen werde, ist eine spirituelle
Übung, die im Augenblick des Todes von großer Bedeutung ist.
Worum es dabei geht, wird durch die Wendung »ins Licht
eingehen« sehr anschaulich ausgedrückt. Wenn ein Mensch ins
Licht eingegangen ist, wird es für ihn eine gute Wiedergeburt
geben.

Ursache und   Den Zusammenhang von Ursache und Wirkung kann man
Wirkung   überall, in jedem Lebensbereich, entdecken. Die Wirkung vor-
auszusehen ist eine der Methoden, die Yogis anwenden, um
Bewußtheit zu üben und die Wiederholung von Fehlern zu
vermeiden. Ein Fehler kann darin bestehen, keine gute Wiedergeburt zu haben. Starke Begierden können die Wiedergeburt beschleunigen, und ein begieriger Mensch nimmt alles auf
sich, wenn er nur schnell wieder auf den Zug des Lebens
springen und sich seine Wünsche erfüllen kann.

Wiedergeburt   Die *Bhagavad-Gita* sagt, daß man in die Familie der Yogis
hineingeboren werden kann. Von den vier 25-Jahres-Stadien
oder Ashramas soll man die ersten zwei dem Lernen und der
Pflicht (der Familie und den Kindern) widmen, das dritte dem
Studium unter der Führung eines Gurus, und im vierten soll
man ein Guru *werden*. Doch die Zeiten haben sich sehr geändert (nur wenige Menschen leben heute hundert Jahre); und so
muß nicht nur der »Geist« der Lehren lebendig erhalten werden, sondern sie müssen auch den Umständen des heutigen
Lebens angepaßt werden.

Evolution   Die Vorstellungen der Biologen von der Evolution mögen in ihrem eigenen Rahmen ihre Gültigkeit haben. Der Yogi betrachtet den individuellen Pfad der Evolution als einen Weg, der, wie die Entwicklung eines Kindes, zu körperlicher und geistiger Reife führt. Für den Yogi ist der Prozeß des Wachsens unbegrenzt, und er setzt alles daran, viele Fähigkeiten zu entwickeln und sich über Begrenzungen zu erheben.

Tod und tödliche Spiele: Aufstellung einer Liste

Der Tod hat viele Aspekte. Es ist für den Schüler überaus wichtig, alle seine Ansichten über den Tod zu überprüfen. Bei der Aufstellung einer Liste kann es hilfreich sein, zuerst um sich zu blicken und sich anzusehen, was in der Welt geschieht. Überall gibt es Stoff zum Nachdenken. Betrachten Sie zum Beispiel die ungeheuren Bemühungen der Medizin, Leben zu erhalten – vom Baby im Brutkasten bis zum alten Menschen auf dem Totenbett. Warum? Im Gegensatz zur Erhaltung des Lebens steht das Bemühen, Leben zu verhindern, etwa mit der »Pille«. Was denken *Sie* über die Pille und ihre Folgen? Fast täglich erscheinen in den Medien Berichte über Fälle, in denen Menschen der Hab- und Machtgier zum Opfer fallen. Wie paßt das zu *Ihren* Vorstellungen von Leben und Tod?

Es geht nicht darum, sich mit dem physischen Tod zu beschäftigen. Es gibt viele Arten zu sterben und zu töten. Vielleicht sollten wir uns zuerst unsere zahlreichen *tödlichen Spiele* ansehen. Beginnen wir mit etwas Naheliegendem: unserer Sprache. Hier einige Beispiele. Fügen Sie eigene hinzu:

Tödliche Spiele

- Es wäre mein Tod, wenn ...
- Ich könnte ihn/sie dafür umbringen, daß ...
- Ich könnte mich totärgern, daß ...

Überlegen Sie, welche tödlichen Emotionen durch Wendungen ausgedrückt werden wie:

- Ich hasse diese Farbe ...
- Ich hasse es, dieses Zeug zu essen ...
- Ich hasse diese Arbeit ...

Seien Sie bei der Wahl Ihrer Worte nicht so sorglos. Die Macht der Worte ist so groß, daß wir wirklich *tödliche Spiele* treiben, wenn wir unüberlegt solche Wendungen benützen. Vermeiden Sie solche unnötigen Übertreibungen. Sagen Sie, was Sie wirklich meinen. Statt »Ich würde lieber sterben, als dies oder das zu tun« sagen Sie »Ich möchte das lieber nicht tun«. Sie hassen eine Farbe nicht, sondern Sie mögen eine andere einfach lieber.

Fragen Sie sich: »Möchte ich diesen Menschen wirklich *umbringen*? Oder möchte ich der *Frustration* ein Ende bereiten, die mich erfüllt, weil ich mit einem schwierigen Menschen nicht zurechtkomme?« Und wenn Sie sagen: »Ich würde mich am liebsten umbringen«, dann denken Sie darüber nach, was Sie in sich selbst in Wirklichkeit umbringen wollen.

Liebe und Emotionen

Wenn Sie ihre Emotionen beherrschen, »töten« Sie dann die Liebe?

- Oder haben Sie dann nur Ihre gewohnheitsmäßigen Reaktionen und Ihre Selbstsucht unter Kontrolle gebracht?
- Vielleicht kann die Liebe dadurch jetzt erst richtig aufblühen?

Ihre Seele / Ihr Selbst

Haben Sie eine Seele?

- Ist Ihre Seele/Ihr Selbst lebendig oder tot?
- Oder haben Sie sie/es noch nicht entdeckt?

Philosophische Ideen

Philosophische Ideen über den Tod müssen ebenfalls untersucht werden. Man darf sie nicht als Rechtfertigung für tödliche Spiele benützen. Ideen werden oft deshalb aufrechterhalten, weil man starke Emotionen in sie investiert hat, was einen geneigt macht, den entscheidendsten Punkt zu übersehen – daß man die Verantwortung für die Folgen übernehmen müßte, wenn solche Ideen in die Realität umgesetzt würden. Man muß überprüfen, wie *realistisch* eine philosophische Idee ist.

Fragen Sie sich: Was ist real?

Wettstreit / Gewalt / Töten

Wettstreit und Gewalt sind die Glieder einer Kette, die mit körperlichem und nichtkörperlichem Töten endet. Wettstreit um Macht kann zu Aufruhr und Revolution und damit zur Tötung Unschuldiger führen. Im geschäftlichen Wettstreit kann ein Mensch einen Konkurrenten in übertragenem Sinn töten, indem er seinen Ruf ruiniert.

Fragen Sie sich, was alles getötet oder vernichtet werden kann:

- Körper, Freude, Friede, Geschäft, Ruf, Opposition, Erwartungen, Hoffnungen, Ehrgeiz, Unschuld, Zuneigung . . .

Welche Rolle spielt dabei die Macht des Geistes?

– Phantasie, Emotion, Wille, Wissen um die Folgen, Verantwortung, Selbstüberhebung, Rache, Haß ...

Aufopferung, Märtyrertum und Selbstmord haben viele Wurzeln. Wie schon erwähnt, verrät die Sprache oft, was sich im
tiefsten Innern eines Menschen verbirgt. Die Ursache von At-
tentaten ist oft eine krankhafte Selbstverherrlichung. Auch ein
Mensch, der sich selbst bemitleidet, kann zum Attentäter werden, weil er sich für einen Kämpfer gegen Ungerechtigkeit und
Unmenschlichkeit hält. Eitelkeit, Überheblichkeit und Phantasie können ebenfalls eine Rolle spielen.

Manche Gedanken sind wie Unkraut und wuchern wild im
Geist. Manche Gedanken sind wie Blumen, die sich dem Licht
zuwenden.

Gedanken: Unkraut oder Blumen

– Was wächst in Ihrem geistigen Garten?
– Was soll dort wachsen?
– Was muß vertilgt werden?

Der Garten des Geistes muß sorgsam gepflegt werden. Unerwünschte Eigenschaften muß man erbarmungslos ausrotten,
bevor das Gute verlorengeht und ein neuer Zyklus von Geburt
und Leben beginnt.

Unkraut jäten

Ein großes Talent, ein Genie, erscheint nicht plötzlich, sondern entsteht durch sorgsame Pflege, Ausbildung und Förderung während vieler Leben. Für alle negativen und destruktiven Eigenschaften, die sich in früheren Inkarnationen entwik-
kelt haben, gilt das gleiche Gesetz des Karma. Jeder Mensch ist
für seine Entscheidungen verantwortlich.

Warum müssen wir uns mit dieser dunklen Seite des Lebens
beschäftigen, wenn das Ziel genau am anderen Ende liegt? Die
alten Yogis waren der Meinung, daß man die helle Sonne nicht
schätzen würde, wenn man nicht auch die Nacht akzeptiere.
Würde man sich vom Häßlichen abwenden und so tun, als
existiere es nicht, dann würden wenig Anstrengungen unter-
nommen werden, die Erde zu einem Ort des Friedens und der
Harmonie zu machen. Es ist allzu leicht, die Arbeit an sich
selbst auf morgen zu verschieben. »Das tue ich im nächsten
Leben. In diesem möchte ich meinen Spaß haben.«

Die dunkle Seite

– Was für Spaß?
– Kann man auf Kosten anderer seinen Spaß haben?

Diese Fragen muß sich jeder stellen; ganz gleich, auf welcher Ebene er sich befindet. Alles ist zu Beginn klein und kann doch ins Maßlose wachsen. Viele unerwünschte Eigenschaften können allerdings schon im Ansatz gestutzt werden, wenn man sich durch Fragen selbst erforscht.

Zum Schluß:

- Wie gut kennen Sie sich selbst?
- Wie ist Ihre Einstellung zum Leben?

Konkurrenzkampf: Aufstellung einer Liste

Im Yoga gibt es keinen Konkurrenzkampf.

Jeder beginnt dort, wo er steht.

Wo und wie kämpfe ich?

Fragen Sie sich:

- Was bedeutet das Wort »Konkurrenzkampf« für mich?
- Bin ich von Konkurrenzdenken beherrscht?
- Auf welchen Gebieten? Im Beruf? Gegenüber meinem Mann oder meiner Frau? Aus Gewohnheit? Weil ich dazu erzogen wurde? Weil es jeder Mensch ist? Weil man nur so im Leben durchkommt?
- Worum kämpfe ich? Ums Überleben, um Anerkennung, um Ruhm, um ein besseres Selbstwertgefühl?

Dies sind wichtige Fragen, über die man gründlich nachdenken muß. *Konkurrenzkampf auf dem spirituellen Pfad ist verhängnisvoll.*

Yoga erfordert Disziplin

Yoga erfordert große Disziplin. Jede lohnenswerte Arbeit muß gut gemacht werden, mit Beharrlichkeit und Aufrichtigkeit, doch ohne mit anderen in Wettstreit zu treten. Bei den folgenden spirituellen Übungen, dem Führen eines Tagebuchs und dem Singen und Rezitieren von Mantras muß mit gleichbleibender Sorgfalt vorgegangen werden. Die oberflächliche Beschäftigung mit spirituellen Praktiken ist ein tödliches Spiel, denn es schafft Karma.

Eingefahrene Gewohnheiten: Aufstellung einer Liste

Vielleicht sind Sie sich nicht bewußt, wieviele eingefahrene *Körperlich / Geistig /*
Gewohnheiten Sie haben, in wievielerlei Hinsicht Sie sich me- *Emotional*
chanisch verhalten. Was das mit Yoga zu tun hat? Hier ein
Beispiel: Wenn Sie Autofahren gelernt haben, denken Sie nicht
mehr an die einzelnen Teilhandlungen, die dazu notwendig
sind. Sie fahren »automatisch«. Auch im täglichen Leben gibt
es dafür viele Beispiele. Sie müssen herausfinden, auf welchen
Gebieten Sie mechanisch funktionieren, ob körperlich, geistig
oder emotional. Sie müssen sich dessen bewußt werden. Fragen
Sie sich:

- Was bedeutet das Wort »mechanisch« für mich?
- Was tue ich mechanisch?

Gehen Sie Ihren Tagesablauf durch. Denken Sie an Vorgänge
wie Auto fahren, zu bestimmten Zeiten essen, eine bestimmte
Anzahl von Stunden schlafen . . . Welches sind meine mechanischen emotionalen Reaktionen?

- Ich werde immer wütend, wenn . . .
- Ich bekomme immer Kopfschmerzen, wenn . . .
- Ich habe immer Angst im Dunkeln . . .
- Ich bekomme immer automatisch Angst, wenn ich allein
  bin . . .

Welches sind meine mechanischen geistigen Reaktionen?

- Ich werde immer unruhig, wenn ich wenig oder nichts zu tun
  habe . . .
- Meine Gedanken schweifen immer ab, wenn etwas unangenehm oder langweilig ist, wenn ich nicht im Mittelpunkt der
  Aufmerksamkeit stehe.
- Ich bin geistig so erschöpft, daß ich mich nicht konzentrieren
  kann.

Liebe: Aufstellung einer Liste

Um den Begriff Liebe zu untersuchen, beginnen Sie zu notie- *Was ist für Sie*
ren, was Ihnen dazu einfällt. Wenn Ihnen nichts einfällt, stellen *Liebe?*
Sie sich Fragen wie:

Was ist Liebe?

– Kameradschaft, gebraucht werden, akzeptiert werden, verheiratet sein, Kinder haben, Gefühle, Verantwortung, Nachgiebigkeit, jemandem helfen, die Natur lieben (Bäume, Pflanzen, Tiere widersprechen einem nicht)? ...

Die Liste ist endlos, und Sie können sie selbst fortsetzen. Wenn Sie mit Ihrer Liste, zumindest für den Moment, fertig sind, fragen Sie sich, ob Sie eine Antwort darauf wissen, was Liebe ist. Vielleicht sind Sie in die Vorstellung, die Sie von der Liebe haben, verliebt. Das ist häufiger der Fall, als man annimmt, denn die meisten Menschen denken nie tiefer darüber nach.

Ich liebe dich, weil ...

Wenn Sie »Ich liebe dich« sagen, was genau meinen Sie damit? Ich liebe dich, weil:

– du mich akzeptierst
– du so freundlich, so nett bist
– du dich um mich kümmerst
– du so unterhaltsam bist
– du reich, gebildet bist, gut aussiehst
– du mir Sicherheit, gesellschaftliches Prestige gibst ...

Versuchen Sie, jedes »weil« auszumerzen. Wenn Sie das getan haben, werden Sie sich vielleicht ehrlicher und fast erleichtert fühlen und mit mehr Vernunft statt dessen sagen: »Ich mag dich (sehr)«. Wenn Sie einen Menschen aus verschiedenen Gründen mögen, dann entspricht das eher der Wahrheit, und es ist nichts Schlechtes daran. Doch viele Menschen meinen mit dem Wort »Liebe« etwas ganz Bestimmtes, das mit vielen Erwartungen verknüpft ist. Werden diese nicht erfüllt, dann ist das Ergebnis Enttäuschung und Schmerz. Wenn Sie über den Begriff Liebe gut nachdenken und sich überlegen, was Sie im Gegensatz zu seiner wirklichen Bedeutung darunter verstehen, dann werden Sie vielleicht zu folgenden Schlüssen kommen: »Wenn ich liebe, ... kann ich vergeben ... kann ich vergessen ... dann stelle ich keine Forderungen an den geliebten Menschen ... dann kann ich alles akzeptieren, wie es ist ... dann kann ich auf Lob verzichten und alle Erwartungen aufgeben. Diese Liebe ist mein einziges Glück.«
Es bleibt nur noch eine Frage: »Mit welchen meiner Sinne empfinde ich Liebe?«

Bewußtsein – Geist: Aufstellung einer Liste

Wenn es Ihnen Schwierigkeiten bereitet, eine Liste über das Thema Bewußtsein und Geist aufzustellen, dann versuchen Sie es erst mit einigen den vorigen Begriffen. Sie können jedoch auch mit diesen beginnen, indem Sie auf die gleiche Weise herauszufinden versuchen, wie Sie diese Wörter anwenden. Wann sprechen Sie von »Bewußtsein« und wann wählen Sie »Geist«?

- Wie verwende ich »Bewußtsein«?
- Wie verwende ich »Geist«?
- Sind diese Wörter für mich austauschbar?
- Wenn ja – wann und warum verwende ich das eine, wann und warum das andere?
- Was sind die Fähigkeiten des Geistes? Denken, Erinnern, Konzentrieren, Beobachten, Phantasieren, Lernen, Imaginieren . . .
- Gibt es verschiedene Ebenen des Geistes? Wie viele? Welche?
- Sind Telepathie, Hellsehen, Inspiration, Intuition Funktionen des Geistes oder des Bewußtseins?
- Wie steht es mit eingefahrenen Gewohnheiten?
- Höheres Selbst und niederes Selbst – Was verstehe ich darunter?
- Außersinnliche Wahrnehmung, Autosuggestion, Projektion, Analyse . . .

Wie verwenden Sie diese Worte?

Wenn Sie die Geheimnisse und Funktionen Ihres Geistes ein wenig besser begriffen haben, wird Ihnen klar werden, daß er eine ungeheure Macht besitzt:

Der Geist ist der Interpret aller Erfahrungen.[5]

Die Anrufung des Göttlichen Lichts

Es ist wichtig, sich entspannen zu lernen, aber auch willentlich
Spannung zu erzeugen, um beide Vorgänge zu verstehen. Die
nachstehenden Übungen dienen der Vorbereitung auf die Anrufung des Göttlichen Lichts.

Erstes Stadium

1. Stehen Sie aufrecht. Spannen Sie die Füße so fest wie möglich an. Spüren Sie jeden Grad der Spannung. Wiederholen
   Sie das mehrmals, bis Sie jeden Grad der Spannung und
   Entspannung fühlen können.
2. Lassen Sie die Arme locker herabhängen. Spannen Sie langsam die Hände an. Lassen Sie die Spannung die Arme hin-
   aufsteigen. Entspannen Sie langsam beide Arme. Achten Sie
   darauf, wie die Spannung sich auf andere Teile der Arme
   ausbreitet. Wenn Sie die Hände anspannen, spreizen Sie die
   Finger. Wiederholen Sie das Ganze mehrmals, bis Sie jeden
   Grad der Spannung fühlen können. Achten Sie auf den
   ersten Moment der Anspannung.
3. Spannen und entspannen Sie Hände und Füße zugleich.
   Wiederholen Sie dies, bis es Ihnen leichtfällt. Versuchen
   Sie, die Anspannung anderer Körperteile zu vermeiden.
4. Beginnen Sie mit den Händen und dehnen Sie die Spannung
   auf die Unterarme aus. Entspannen Sie sich nach jeder Anspannung in der gleichen Reihenfolge, das heißt, entspannen Sie zuerst die Hände, dann die Unterarme. Verfahren
   Sie ebenso mit den Füßen und Waden. Spannen Sie Hände
   und Unterarme sowie Füße und Waden zugleich an. Anspannen . . . entspannen. Anspannen . . . entspannen.
5. Beginnen Sie mit den Händen und dehnen Sie die Spannung
   zuerst in die Unterarme und dann in die Oberarme aus.
   Entspannen Sie langsam. Wiederholen Sie das gleiche mit
   den Füßen, Waden und Schenkeln. Spannen Sie Hände,
   Unterarme und Oberarme sowie Füße, Waden und Schenkel zugleich an. Entspannen Sie langsam.
6. Spannen Sie nach den Händen, Unterarmen und Oberarmen auch die Schultern. Entspannen Sie langsam. Spannen
   Sie die Füße, Waden, Schenkel und das Gesäß an. Entspannen Sie in der gleichen Reihenfolge, das heißt Füße, Waden,
   Schenkel und Gesäß. Spannen Sie Hände, Unterarme,

Oberarme sowie Füße, Waden, Schenkel und Gesäß zugleich an. Entspannen Sie langsam.
7. Spannen Sie nun den Unterleib an. Entspannen Sie. Spannen Sie den Hals an. Entspannen Sie. Spannen Sie Füße, Waden, Schenkel und Gesäß zugleich mit den Händen, Unterarmen, Oberarmen, Schultern und Hals an. Spannen und entspannen Sie langsam und in der gleichen Reihenfolge. Wiederholen Sie Anspannen und Entspannen, bis es Ihnen leichtfällt:
   a) Hände/Füße
   b) Unterarme/Waden
   c) Oberarme/Schenkel
   d) Schultern/Gesäß
   e) Hals/Unterleib
Lassen Sie das Gesicht und den Kopf während dieser Übungen stets entspannt.

Zweites Stadium

Jetzt verbinden Sie die Übungen mit kontrolliertem Atmen.
   Beim Anspannen – Einatmen
   Beim Halten der Spannung – Atem anhalten
   Beim Entspannen – Ausatmen
   Dies können Sie in mehreren Schritten erlernen. Spannen Sie sich beim Einatmen von den Händen und Füßen aus an. Beim Anhalten des Atems halten Sie die Spannung. Dann zugleich ausatmen und entspannen. Führen Sie die Übungen durch, bis Sie die Koordinierung beherrschen: Anspannen – Einatmen, Spannung halten – Atem anhalten, Entspannen – Ausatmen. Verlängern Sie allmählich das Anhalten des Atems. Während der Übungen sollten jedoch niemals irgendwelche *Ver*spannungen im Körper auftreten.

Drittes Stadium

Atmen Sie ein und spannen Sie dabei den ganzen Körper leicht an. Halten Sie die Spannung, während Sie den Atem anhalten, nur so lange, wie es Ihnen angenehm ist. Atmen Sie langsam aus und entspannen Sie sich. Machen Sie sich jeden Grad von Spannung und Entspannung deutlich bewußt.

Wenn Sie diese Übungen sorgfältig durchgeführt haben, sind Sie bereit für die Anrufung des Göttlichen Lichts.

Stehen Sie aufrecht, die Beine in Schulterbreite gespreizt. Spannen Sie den ganzen Körper allmählich an und heben Sie zugleich die Arme über den Kopf. Strecken Sie die Arme gerade nach oben und halten Sie die Spannung im Körper die ganze Zeit aufrecht. Halten Sie den Atem an. Schließen Sie die Augen und richten Sie den Blick auf die Stelle zwischen den Augenbrauen. Sprechen Sie innerlich so konzentriert wie möglich die folgenden Affirmationen:

Ich werde erschaffen durch Göttliches Licht
Ich werde erhalten durch Göttliches Licht
Ich werde geschützt durch Göttliches Licht
Ich bin umgeben von Göttlichem Licht
Ich wachse immer mehr in Göttliches Licht

Stellen Sie sich imaginativ vor, daß Sie in einem Schauer strahlend weißen Lichtes stehen, wie das Licht auf Sie niederströmt, durch die höchste Stelle ihres Kopfes in Ihren Körper eindringt und Ihr ganzes Wesen erfüllt. Dann lassen Sie die Arme langsam sinken. Jetzt spannen Sie mit herabhängenden Armen den Körper an und atmen ein. Bleiben Sie angespannt und halten Sie den Atem an. Wiederholen Sie im Geist die Anrufung. Atmen Sie langsam aus und entspannen Sie sich.

Bei der Wiederholung stellen Sie sich vor, daß das Licht warm Ihren Körper durchflutet und umhüllt. Sprechen Sie innerlich:

»Jede Zelle meines physischen Körpers ist von Göttlichem Licht erfüllt, jede Ebene meines Bewußtseins von Göttlichem Licht erleuchtet. Das Göttliche Licht durchdringt jede Zelle meines Wesens, jede Ebene meines Bewußtseins. Ich bin zu einem Kanal reinen Lichts geworden. Ich bin eins mit dem Licht.«

Die Anrufung des Göttlichen Lichts ist sowohl ein Willensakt wie ein Akt der Hingabe. Öffnen Sie sich dem Göttlichen Licht und akzeptieren Sie, daß Sie nun sein Kanal sind. Drücken Sie Ihre tiefempfundene Dankbarkeit aus. Wünschen Sie sich, dieses Geschenk mit jemandem, dem Sie helfen möchten, teilen zu dürfen. Drehen Sie Ihre Handflächen nach vorn.

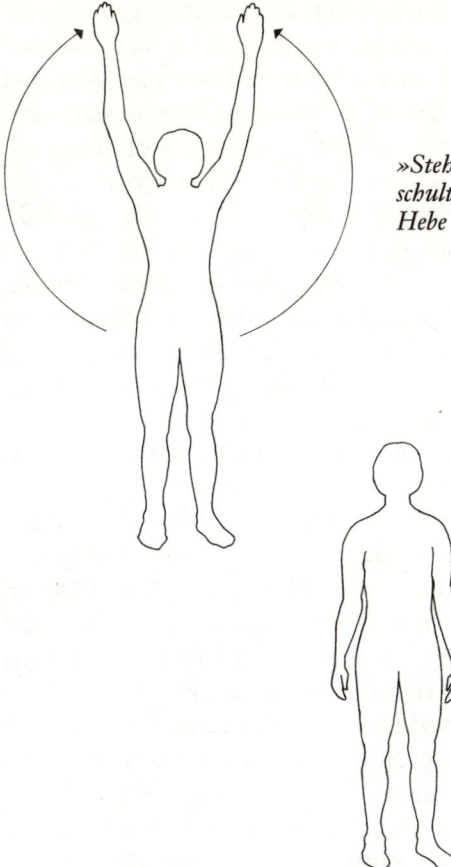

*»Stehe aufrecht, die Füße
schulterbreit auseinander.
Hebe die Arme hoch über den Kopf.«*

*»Jetzt, ohne die Arme zu heben
lasse sie an deiner Seite . . .«*

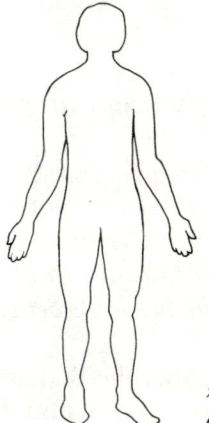

*»Öffne nun mental
die Tür zu deinem Herzen . . .«*

Sie können jetzt das Göttliche Licht mit einem Freund oder Verwandten teilen. Stellen Sie sich vor, daß er oder sie vor Ihnen steht. Öffnen Sie im Geist die Türen Ihres Herzens und lassen Sie das Licht zu den Füßen der anderen Person strömen. Das Licht umkreist im Uhrzeigersinn, immer höher steigend, den Körper und hüllt ihn völlig ein. Stellen Sie sich vor, wie die Lichtspirale hoch in den Himmel steigt und sein oder ihr Bild mit sich nimmt. Sie können dabei den Kopf heben und der Lichtspirale nachblicken, doch mit geschlossenen Augen. Wenn die Person Ihrem Blick entschwunden ist, entspannen Sie sich und danken Sie innerlich dafür, daß Sie jemandem, der sich in Not befand, helfen durften. Denken Sie daran, daß Sie, indem Sie anderen helfen, sich selbst helfen.

Wiederholen Sie immer, wenn Ihre Konzentration nachläßt, die Übungen.

Die Anrufung des Göttlichen Lichts kann auch als Mantra benutzt werden. Wiederholen Sie innerlich immer wieder die Worte der Anrufung und stellen Sie sich vor, daß Sie in Ihrem täglichen Leben von Göttlichem Licht umgeben sind. Das wird Ihnen helfen, in Kontakt mit dem Licht in Ihnen zu bleiben und das Licht in den Menschen um Sie zu sehen.

Stellen Sie sich jeden Abend vor dem Einschlafen vor, daß Ihr Körper und Ihr Bett von einer Spirale Göttlichen Lichts umgeben sind – wie von einem Kokon. Dadurch wird Ihr physischer Körper, der Tempel der Seele/des Selbst, geschützt.

Vergessen Sie nie die Bedeutung der Anrufung des Göttlichen Lichts; lassen Sie sie nie zu einer automatischen Routine werden. Ebenso wie ein rostiges Rohr durch hindurchfließendes Wasser allmählich gereinigt wird, werden Sie durch beständiges Üben zu einem immer reineren Kanal für das Licht.

Wahrnehmung und Anwendung neutraler Energie

Ich werde erschaffen durch Göttliches Licht
Ich werde erhalten durch Göttliches Licht
Ich werde geschützt durch Göttliches Licht
Ich bin umgeben von Göttlichem Licht
Ich wachse immer mehr in Göttliches Licht

Jeder Schüler muß sich über die Bedeutung zweier sehr wichtiger Begriffe klarwerden: *Macht* und *Energie*. Eine sehr gute

Möglichkeit dazu besteht darin, darüber nachzudenken, wie Macht und Energie angewandt werden, und zwar durch einen selbst.

Ein weiterer Schritt ist, ein Mantra zu benutzen und seine Macht zu erproben. Nur persönliche Erfahrung kann bestätigen, daß das, was in diesem Buch gesagt wird, richtig ist. Allein schon die Anwendung des Licht-Mantras erhöht die Macht der Konzentration, was sich im Leben jedes Menschen positiv auswirkt und in allen Bereichen zu Erfolg führt. Ohne geistige Disziplin ist eine Verbesserung der Konzentration jedoch nicht möglich. Das Licht-Mantra ist eine sehr gute Methode zur Erhöhung der Konzentration, weil sie den Übenden auf symbolische Weise mit Energie in Kontakt bringt und zur Erkenntnis führt, daß Energie nicht nur neutral, sondern auch ein Werkzeug in den Händen des Anwenders ist, der entscheidet, wie und mit welchen Wirkungen sie sich manifestiert – negativ oder positiv. Bisher wurde die Energie vor allem im sexuellen Bereich eingesetzt und diente der Fortpflanzung. Der nächste Schritt ist, sie kreativ zum Ausdruck zu bringen. Mit größerer Bewußtheit wird einem klar, daß die Energie kanalisiert und auf verschiedene Weise eingesetzt werden kann, vor allem, wie wir im Kapitel über das nächste Chakra, das Svadhishthana, sehen werden, durch Anwendung der Macht der Imagination.

Tanz ist Yoga ... Yoga ist Tanz

Shiva selbst, der Yogi der Yogis, zeigt uns, was Tanz ist. Er führt uns den »kosmischen Tanz« vor und demonstriert uns die Einheit des Seins. Er zeigt uns, daß das höchste Sein die völlige Einheit von Seele und Körper ist und daß man diese durch Tanz erlangen kann. Deshalb ist Tanz Yoga – nicht nur körperliche Akrobatik, sondern ein Mittel, Einheit im Bewußtsein zu erreichen.

Shiva, das Leben in seiner höchsten Form, tanzt. Von ihm strahlt die Essenz allen Klangs, aller Bewegung aus, welche die Macht in sich trägt, allem Ausdruck zu verleihen. Shiva tanzt zur Musik des Donners. Der kosmische Rhythmus seines Tanzes zieht die beseelte Materie zu ihm hin, und diese formt sich zur Mannigfaltigkeit dieses unendlichen und schönen Universums.

Shri Krishna, der Herr, der Paramatman, tanzt in Brindaban,

und die Gopis tanzen um ihn in dem Rasa, der Krishnalila
genannt wird. Im Rhythmus des Tanzes zieht der Paramatman
die Jivas zu sich, die sich von ihm getrennt haben. Im Rhythmus
des Tanzes entdeckt jede Gopi für sich Krishna. Der Jiva findet
wieder die höchste Quelle des Lebens, aus der alles Entfaltete
hervorgegangen ist. Dies ist der Ursprung des Tanzes, und sein
Urheber ist Bharata, der große Weise. Dieser große Rishi
lehrte den Tanz des Herrn auf sehr subtile Weise, so daß ihn
nur jene verstehen konnten, die ihre sinnlichen Wahrnehmungsfähigkeiten verfeinert hatten.

Der Tanz ist also ein Ausdruck des Unentfalteten (A-vyakta)
und des Entfalteten (Vyakta). Er ist der Geist der Ewigkeit.
Leben ist Fließen, Bewegung, die Wechselwirkung von Purusha und Prakriti, eine Manifestation der Evolution von Bewegung. Bewegung ist hier wahrhaft kreativ, die höchste Ausdrucksform des menschlichen Körpers. Sie ist der Rhythmus

»Im Rhythmus des Tanzes entdeckt jede Gopi
Gott Krishna für sich.«

des mächtigen Göttlichen Geistes. Deshalb ist es jedem Sterb-
lichen möglich, in die Fußstapfen der Götter zu treten – jeder
nach seinem Maß an Erkenntnis und doch alle vereint in Göttlicher Glückseligkeit (Ananda). Der Tanz selbst entsteht nicht

durch einen Willensakt menschlicher Wesen, sondern durch göttliche Inspiration.

Der Körper ist das spirituelle Instrument, mit dem das Allerhöchste zum Ausdruck gebracht werden kann. Liebe und Hingabe sind die Basis, von der jeder einzelne ausgeht. Durch die Bewegung des Körpers werden also die schönsten Emotionen ausgedrückt: wahre Liebe und Hingabe. Durch diesen Prozeß der Verfeinerung wird die Göttliche Gnade angezogen. Ohne diese Qualitäten kann die innere Saite in jenen, die Zeugen dieser wundervollen Darbietung sind, nicht zum Schwingen gebracht werden.

Kunst ist die höchste Ausdrucksform des Menschen, und mit ihr geht eine große Verantwortung gegenüber allen Mitmenschen einher. In der höchsten Form von Kunst erblüht die spirituelle Schöpferkraft. Aus diesem Grund dient ständige Verfeinerung dem Wohl aller Menschen. Wenn die Schöpferkraft erblüht, werden die wenigen, die den Vorzug genießen, anwesend und inspiriert zu sein, in große Höhen emporgetragen, und sie werden den Wunsch verspüren, ebenfalls einen solchen Zustand der Glückseligkeit zu erlangen.

Fünftes Kapitel

Svadhishthana

Das zweite Chakra

*In deinem Svadhishthana-Chakra preise ich Ihn als
Samvarta, ewig glückselig in Gestalt des Feuers,
o Mutter, und ebenso Samaya, die Große.
Wenn Sein zornerfülltes Auge die Welten
verbrennt, leistet Ihr barmherziger Blick diesen
kühlenden (lindernden) Dienst.*
     Mantra für das Svadhishthana-Chakra

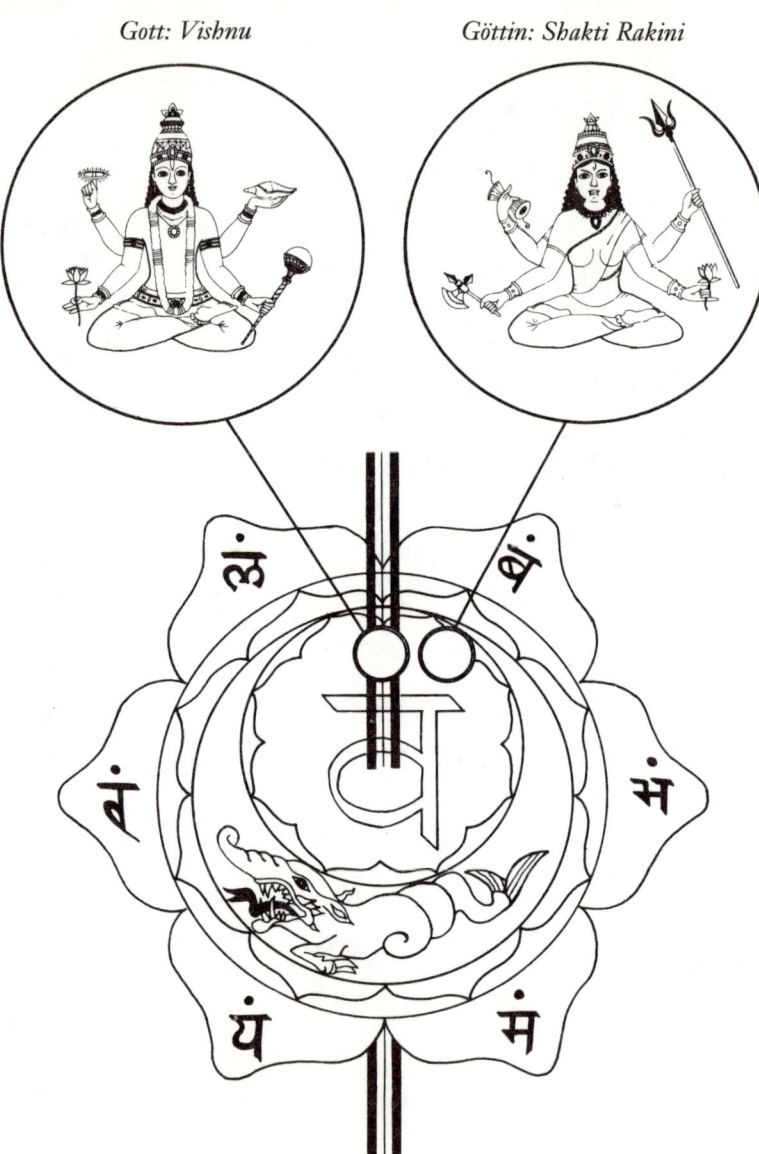

Gott: Vishnu   Göttin: Shakti Rakini

Svadhishthana Chakra

Svadhishthana

Das zweite Chakra und seine Symbole

SVADHISHTHANA: Das zweite Chakra (Lotos)

TATTVA: Unterscheidungsfähigkeit

52 STRAHLEN: In Verbindung mit Wasser (Ap)

RASA - Geschmack: Das zweite Chakra kontrolliert diesen Sinn

SECHS Lotosblütenblätter: Der Lotos ist heilig

BUCHSTABEN AUF DEN BLÜTENBLÄTTERN: BAM – BHAM – MAM – YAM – RAM – LAM. Die Sprache entfaltet sich.

LOTOS innerhalb des Lotos: Die Kunda-Blume

AMBHOJA MANDALA – Mondsichel: Leuchtend, weiß, kühl und negativ (rezeptiv, inaktiv). Symbolisiert das Wasser.

MAKARA: Sieht aus wie eine Kreuzung aus einem Alligator und einem Fisch. Mit seinem weit geöffneten Maul verschluckt er alles ohne Unterschied. Dieses Chakra beherrscht die Imagination, die Wünsche schafft, deren Erfüllung Befriedigung erzeugt, vor allem von Sinnesfreuden.

BIJA – Keimlaut: VAM

PINGALA: Die Nadi in der rechten Körperhälfte

IDA: Die Nadi in der linken Körperhälfte

SUSHUMNA: Der mittlere Kanal in der Wirbelsäule

CHITRINI: Drei in einem: (Sattva, Rajas, Tamas) Körper, Geist und Sprache

GOTT: Vishnu: Der männliche Aspekt der unentfalteten Energie. Brahma mit Vanamala (Hari Vishnu).

 Die Intelligenz auf dieser Ebene ist durch Vishnu, den Erhalter, symbolisiert, den zweiten Aspekt der hinduistischen Trinität (die zwei anderen sind Brahma, der Schöpfer, und Shiva, der Zerstörer). Der Aspekt der Er-

haltung ist für das menschliche Leben ungemein wichtig.

Der Geist drückt sich durch das physische Medium des Gehirns aus. Alle Handlungen werden durch den physischen Körper ausgeführt. Der Körper ist der Sitz der fünf Sinne. Dieses Chakra ist für den Geschmack zuständig. Außerdem ist es der Sitz der Imagination. Durch geistige und körperliche Aktivität wird Karma geschaffen, und das gesunde und richtige Funktionieren des Geistes und der Sinne ist erforderlich, um das Karma zu überwinden.

Die Mala heißt Vanamala, weil sie aus Waldblumen besteht; eine bis zu den Knien herabhängende Girlande, die auch die himmlische Girlande genannt wird. Die Benützung der Mala ist im Kapitel über das Muladhara-Chakra erklärt.

GEGENSTÄNDE

Shankha – Schnecke: Das Geräusch in einer Schnecke kann man nur hören, wenn man ganz still und aufmerksam ist. Es darf nicht durch die geschwätzige Aktivität des Geistes übertönt werden. Für die meisten Schüler, die Yoga zu praktizieren beginnen, ist es notwendig, das Gehör zu üben, indem sie verschiedenen Geräuschen lauschen, zum Beispiel Musik oder dem Läuten von Glocken. Später muß man sich auch darin üben, sorgsam und voll Aufmerksamkeit einem anderen Menschen zuzuhören. Siehe die Übungen am Ende dieses Kapitels.

Chakra – Diskus

Wenn man mit einem Diskus ein Ziel treffen will, muß man gut zielen. Körperbeherrschung und vollkommene Aufmerksamkeit sind erforderlich. Der Diskus symbolisiert den Geist; Konzentration ist das Ziel. (Konzentrationsübungen am Ende dieses Kapitels.)

Gada – Kampfkeule

Ein Gegenstand zur Tötung oder Unterwerfung. Die zahlreichen Persönlichkeitsaspekte und ihre Egos müssen unterworfen werden. (Übungen am Ende dieses Kapitels.)

Padma – Lotos

Der Lotos ist ein Symbol der Heiligkeit, des spirituellen Ziels. Der Lotos schwimmt auf dem Wasser des Geistes und ist noch mit der im Schlamm verwurzelten Knolle verbunden, der er entwachsen ist. Diese zwei verschiedenen Aspekte des Lotos sind durch den doppelten Lotos (die Kunda-Blume) symbolisiert. Die eine Blüte befindet sich über, die andere unter der Wasseroberfläche.

Das spirituelle Ziel steht allen offen, mögen sie von hoher oder niedriger Herkunft sein. Der göttliche Funke ist in allen Menschen; nur der Grad, in dem sie sich seiner bewußt sind, ist unterschiedlich. Man muß sich bemühen, in jedem diesen göttlichen Funken zu sehen.

GÖTTIN: Shakti Rakini: Der weibliche Aspekt der entfalteten Energie.

Die Shakti Rakini symbolisiert die Intelligenz auf dieser Ebene.

Die Farbe der Göttin, die den kreativen Aspekt darstellt, ist blau. Ihre drei Augen sind rot, und sie hat vorstehende Zähne, was ihr ein grimmiges Aussehen verleiht. Dieses symbolische Bild sagt dem Schüler, daß unkontrollierte und »unkultivierte« Imagination eine große Gefahr darstellt. Wer von diesem mächtigen Aspekt des Geistes gepackt wird (vorstehende Zähne), kann leicht den Verstand verlieren. Siehe Kapitel über Imagination.

GEGENSTÄNDE

Shula – Dreizack

Ein Dreizack ist ein Stock, dessen oberes Ende drei Spitzen aufweist. Dies symbolisiert die Einheit von Körper, Geist und Sprache. Die Beobachtungsgabe muß geschult werden, damit man sich des Kräftespiels zwischen Körper, Geist und Sprache bewußt werden kann. Der Stock symbolisiert die Wirbelsäule, in der die Kundalini aktiv ist.

Padma – Lotos

Die Heiligkeit des Lotos drückt sich in der entsprechenden Mudra oder dem Hatha-Yoga-Padmasana sowie in dem tausendblättrigen Lotos an der höchsten Stelle des Kopfes aus. Der Lotos symbolisiert das Streben nach Reinheit des Geistes, denn die Lotosblume wird, obwohl sie in schlammigem Wasser wächst, nicht beschmutzt. Ebenso wird das Selbst, wenngleich es verschiedenen Erfahrungen ausgesetzt ist, nicht verunreinigt.

Damaru – Trommel

Die Schwingungen der Trommel sind im Körper am leichtesten wahrzunehmen, weil sie Emotionen und sexuelle Gefühle erwecken. Die Wiederholung eines Rhythmus

löst im Körper Reaktionen aus, die mit den verschiedensten Emotionen einhergehen können. Alle derartigen Reaktionen müssen kontrolliert und verfeinert werden.

Die Trommel ist auch ein Symbol der Zeit. Es dauert eine
bestimmte Zeit, bis ein Mensch oder eine Gruppe von
Menschen die Trommel hören. Dies hängt von der Entfernung und der Lautstärke ab. Es ist für den Schüler ratsam,
äußerst vorsichtig zu sein, denn der Widerstand gegen
Versuchungen kann erlahmen. Wenn man ständig Worten
und Versuchungen ausgesetzt ist, ist es nur eine Frage der
Zeit, bis der physische Körper auf den Rhythmus reagiert
und Begierden erweckt werden, mit denen man nicht ge-
rechnet hat.

Die Trommel ist auch ein Symbol für das ständige Summen im Kopf, den stets aktiven Geist, den inneren Monolog. Der Mensch kann sich alles einreden und alles ausreden. Es ist sehr wichtig, sich dessen bewußt zu sein und
diese Fähigkeit zu seinem Vorteil zu nutzen.

Ein Trommler kann jedoch ein Virtuose sein und mit
diesem uralten Instrument inspirierende Töne und
Schwingungen hervorbringen.

Tanka – Streitaxt

Die Streitaxt ist ein Symbol dafür, daß man sich im Leben
emporkämpfen muß.

In der *Bhagavad-Gita* spornt Krishna Arjuna zum Kampf
an. Das tägliche Leben ist ein ständiger Kampf. Triebe,
automatische Reaktionen, Affekte, falscher Stolz, falsche
Bescheidenheit, Selbstsucht, Überheblichkeit, Selbstmitleid – alle diese negativen Faktoren muß der Schüler be-
kämpfen und durch positive Faktoren ersetzen, um ihren
destruktiven und leidbringenden Einfluß zu überwinden.
Dann kann das Leben an Qualität gewinnen und von Frieden, Freude und Harmonie erfüllt sein.

Die Shakti – Göttin der Sprache

*Erhöhte
Verfeinerung*

Die Devi der Sprache symbolisiert die erste Ebene des Selbstausdrucks, und im Svadhishthana, dem zweiten Chakra, ist die
erhöhte Verfeinerung bereits mit größerer Bewußtheit verbunden. Wenn man Bewußtheit als Ausdehnung des Bewußtseins
auf andere (höhere) Ebenen der Erkenntnis betrachtet, wird die

Idee einer Hierarchie dieser Ebenen verständlicher. Bei »höherer Ausdrucksweise« erhebt sich die Sprache auf eine Ebene, wo sich die Bedeutung der Wörter erweitert und diese dazu benutzt werden, um Bedeutungen auszudrücken, die sich jeder Definition entziehen. Ein Begriff wie *manasische Ebene* kann deshalb nicht mit *mentale Ebene* und *Mantra* nicht mit *Gebet* übersetzt werden. Die *Sprache der Götter* ist eine völlig andere als die »gewöhnliche Sprache« und kann nur durch intuitives Lauschen verstanden werden.

Der gleiche Grad an intuitiver Wahrnehmung wie beim Sprechen muß beim Hören entwickelt werden. Das bedeutet, daß man innerlich lauschen muß. Wenn man das tut, hört der innere Monolog auf. Es ist der Zustand, der in echter Meditation erreicht wird. Er darf nicht mit dem Zustand verwechselt werden, den wir im Westen Trance nennen und in den man in einem bestimmten Stadium intensiver Konzentration geraten kann. In der Meditation hat der Geist völlig wach zu sein, auch wenn er mit etwas anderem beschäftigt ist. Es ist, als ob ein verliebter Mann im Park auf einer Bank sitzt und ein Buch liest. Er versteht, was er liest, doch zugleich ist sein Gehör sozusagen intuitiv darauf eingestellt, die Schritte der Geliebten oder das Rascheln ihres Kleides wahrzunehmen, die ihr Nahen ankündigen. Sowie er dies hört, ist er ganz da und bereit, die Geliebte zu empfangen.

In Trance hingegen ist diese Bereitschaft nicht vorhanden. Ein Mensch in Trance verfügt nicht über die gleiche Wahrnehmungsfähigkeit wie jemand im echten meditativen Zustand. Der Mann kann so in sein Buch vertieft sein, daß er die Geliebte nicht einmal bemerkt, wenn sie vor ihm steht. Wenn empfohlen wird, ein Mantra zu singen oder zu rezitieren, heißt das also nicht, daß man sich in Trance versetzen soll. Mit so einem Beispiel kann das Unerklärbare begreiflich gemacht werden. Es zeigt, daß Worte auf einer höheren Ebene eine andere Bedeutung haben als in der »gewöhnlichen« Sprache. Der Schüler muß sein Wahrnehmungsvermögen kultivieren und das Wahrgenommene auf immer verfeinertere Art zum Ausdruck bringen. Dieser Prozeß hat nie ein Ende. Wenn die Intuition sich entwickelt, führt sie zu außergewöhnlicher Bewußtheit. Zu Beginn der musikalischen Ausbildung, zum Beispiel, lernt man den Rhythmus eines Liedes durch Zählen. Nicht so auf dem Yoga-Pfad. Intuitives Lauschen ist erforderlich, um den Rhythmus zu erkennen und sich auf die Lehren oder auf den Guru

Intuitive
Wahrnehmung

Meditation und
Trance

Intuitives Verstehen
der Lehren

einzustimmen. Es ist keine blinde Gefolgschaft, sondern ein langsames Erkennen und Begreifen des Wie und Warum. Blindes Akzeptieren hemmt nur die Entwicklung.

Der Pfad steht jedem offen

Jeder Guru oder Lehrer hat einige Schüler, die »beschränkter« als andere sind. Doch es ist nur eine Frage der Zeit, der Geduld und der Ausdauer, bis man Beschränkungen überwindet und bewußter und wahrnehmungsfähiger wird. Der Pfad steht jedem offen. Nur Hochmut, das Ego, Habgier und Überheblichkeit hindern den Schüler, intuitiv zu lauschen. Deshalb muß man den Willen einsetzen und die klare Entscheidung treffen, alles andere beiseite zu schieben, so daß nichts bleibt als volle Aufmerksamkeit, intuitives Lauschen und Hingabe. Wenn sich das Zusammenspiel zwischen Intuition und Bewußtheit entwickelt hat, wird sich das Hörvermögen verbessern. Dann steht der Schüler auf festem Boden. Aus dieser unmittelbaren persönlichen Erfahrung wird Erkenntnis gewonnen.

Ton und Resonanz

Ton und Resonanz sind beim gewöhnlichen Sprechen und Singen untrennbar und können starke emotionale Reaktionen auslösen. Auf der feinstofflichen Ebene sind Ton und Resonanz für den Durchschnittsmenschen nicht wahrnehmbar. Das Grobstoffliche ist für das Feinstoffliche nicht empfänglich.

Der Mensch glaubt, Dinge zu kennen, wenn er ihnen einen Namen gibt; und deshalb gibt es in allen Kulturen unzählige Namen für Gott. Jeder Name hat eine ihm innewohnende Kraft, denn er wurde aus dem Wunsch heraus erschaffen, einer unermeßlichen Energie eine persönliche Form zu verleihen. Der Yogi versucht, all diese Namen in dem Laut OM zu vereinigen.

Persönliche Verbindung mit dem Göttlichen

Der mit einer persönlichen Vorstellung verbundene Name stellt die Verbindung mit dem Göttlichen auf einer persönlichen Ebene her.

Sprache: Übungen

Die Schnecke

Die Schnecke (Shankha) entstammt dem Meer (Wasser). Wenn man sie ans Ohr legt, hört man ein sanftes Rauschen wie von Wellen. Es ist, als ob man der leisen inneren Stimme lauscht. Um diese Stimme zu hören, muß der Geist still sein. Die Hintergrundgeräusche des Geistes werden von den emotionalen Wellen erzeugt, die eine ungezügelte oder selbstsüchtige Imagination hervorbringt.

Das Symbol der Schnecke sagt dem Schüler, was er tun muß, um diesen leisen Laut hören zu können. Wenn Sie die Möglichkeit haben, sich eine Schnecke ans Ohr zu legen und zu lauschen, werden Sie feststellen, daß verschiedene Reaktionen auftreten: *Die Botschaft der Schnecke*

- Aufmerksamkeit, ein Gefühl der Erwartung, die Wahrnehmung einer zarten Stimme. Vielleicht halten Sie den Atem an, machen eine Geste mit der Hand, als ob Sie um Ruhe bitten, oder nehmen eine bestimmte Körperhaltung ein.

Ein Satz drückt Wortbedeutungen aus und vermittelt eine Botschaft. Ein Wort ist das Symbol eines oder mehrerer Begriffe. Wie ein Mantra kann eine Kombination von Wörtern oder ein einzelnes, doch sehr langes Wort eine komplette Botschaft beinhalten. Im allgemeinen wird nicht erkannt, daß hinter jedem Wort verschiedene Begriffe stehen und daß der Zuhörer die Freiheit hat, den ihm am meisten zusagenden auszuwählen. *Sätze, Worte und Ideen*

Das Wort ist ein ausgesprochener, hörbar gemachter Gedanke. Manchmal kann ein Gedanke fern, verschwommen sein und einem langsam klarwerden, indem man ihn ausspricht. *Das Wort: ein ausgesprochener Gedanke*

Fragen Sie sich:

- Woher kommen die Gedanken?
- Aus welcher unsichtbaren Quelle kommt die Kraft, die Geräusch in Sprache verwandelt?
- Was geschieht, wenn das gesprochene Wort zum geschriebenen Wort wird?

Ein gesprochenes Wort kann einen Menschen zum Tod verurteilen oder ein Leben retten. *Die Macht des Wortes*

Fragen Sie sich:

- Wie wende ich diese Macht in meinem Leben an?
- Was geschieht, wenn ein Wort ausgesprochen wird?
- Wie sieht der physikalische Vorgang aus?
- Welche Rolle spielt dabei der Atem?
- Wie wirkt sich verändertes Atmen auf das Gehirn aus?
- Was ist der Unterschied zwischen einem hörbar gesprochenen und einem innerlich gesprochenen Wort?

*Das
Geschmacksorgan
und die Sprache*

Beim Sprechen spielt die Zunge eine wesentliche Rolle. Die Zunge ist zugleich das Geschmacksorgan. Wie verwenden wir den Begriff »Zunge« in unserer Alltagssprache?

- doppelzüngig, gelähmte Zunge . . .
- eine messerscharfe Zunge haben . . .
- mit gespaltener Zunge sprechen . . .

Überlegen Sie, was davon auf Sie zutrifft, und setzen Sie die Liste fort.

*Wasser und
Imagination*

Wasser ist das Symbol der Imagination. Imagination, die Gabe, im Geist Bilder zu erzeugen und zu verändern, ist eine merkwürdige Fähigkeit. Betrachten Sie die folgenden mit Wasser zusammenhängenden Redewendungen und überlegen Sie, was sie mit Imagination zu tun haben:

- verwässern; jemandem das Wasser abgraben; hohe Wellen schlagen . . .
Fügen Sie eigene Beispiele hinzu.

Der heilige Lotos

Da der Lotos heilig ist, bedeutet die zunehmende Zahl von Blütenblättern eine Zunahme der Ausdrucksfähigkeit, nicht nur durch die Sprache, sondern mehr noch durch die Imagination. Wie ist diese größere Ausdrucksfähigkeit anzuwenden? Der Schüler sollte jede Handlung, jeden Gedanken und jedes Wort unter dem Gesichtspunkt von Sattva (Reinheit), Rajas (Leidenschaft) und Tamas (Trägheit) betrachten, um seine Sprache weiter zu kultivieren. Am besten ist es, stets ruhig, gelassen und aufmerksam zu sein und die Emotionen zu beherrschen (nicht zu unterdrücken), denn wenn man von hitzigen Emotionen erfüllt ist, kann es gefährlich sein, sich auszudrücken. Starke Emotionen und Maßlosigkeit sind oft mit dem Geschmackssinn verbunden (Eßgewohnheiten). Die dringende Notwendigkeit, sich zu beherrschen, wird durch den Makara mit dem gierig aufgerissenen Maul symbolisiert.

Über den Geschmack

Svadhishthana, das zweite Chakra, kontrolliert den Geschmackssinn. Eine klare Differenzierung ist zwar nicht möglich, da alle menschlichen Eigenschaften miteinander verwoben sind, doch im Verlauf der Entwicklung des Selbst findet eine allmähliche Verfeinerung und Höherentwicklung der Sinne von der tamasischen zur rajasischen und schließlich zur sattvischen Ebene statt. Man kann die Sinne mit der Tastatur eines Klaviers vergleichen. Das Ziel ist, so darauf zu spielen, daß hohe und tiefe Töne harmonisch zusammenklingen.

Wir schmecken mit der Zunge, was wir essen und trinken. Wenn man seinen Geschmack verfeinert, ist man imstande, den Eigengeschmack von Karotten und Erbsen wahrzunehmen und braucht sie nicht zu würzen. Doch der Begriff »Geschmack« hat auch noch andere Bedeutungen. So kann man seinen Geschmack für Kleidung und Schmuck sowie für Kunst kultivieren. Guter Geschmack scheint einem Menschen einen gewissen Charme zu verleihen, der ihm alle Türen öffnet und auch im Beruf von Vorteil ist. Kunstverständnis beruht zum Teil auf gutem Geschmack, zu dem auch Schönheitssinn gehört.

Geschmack und Unterscheidungsvermögen

Ein bestimmter Sinn wird schärfer, wenn man sich auf ihn konzentriert und die Wechselwirkung von Kräften erkennt, die man nur verstehen kann, wenn man seine Aufmerksamkeit auf sie richtet. Wenn man die Funktion des Geschmacks besser versteht, dann wird einem sein ständiges Stimuliertsein durch eine Kette von Reaktionen klar.

Ein Sprichwort lautet: »Der Mensch ist, was er ißt.« Denken wir einmal darüber nach. Kann man aus der Vorliebe eines Menschen für bestimmte Nahrungsmittel auf innere Eigenschaften schließen? Was sagt sie über seine geistige und emotionale Veranlagung aus? Von starkem Einfluß auf den Geschmack sind Erinnerungen. Vielleicht besteht im Moment gar kein Bedürfnis (nach Essen, Sex und so weiter), doch die Erinnerung an ein angenehmes Erlebnis löst den Wunsch nach Wiederholung aus. Andere Motive können verstärkend wirken, zum Beispiel der Wunsch, sich selbst zu belohnen.

Wenn unser Geschmackssinn noch nicht genügend verfeinert ist, können wir die Reinheit, die sattvische Qualität von Nahrungsmitteln, nicht wahrnehmen. Prana in Nahrungsmitteln ist sattvisch, wenn er nicht durch Geschmacksanreger verfälscht wird. Durch Fasten kann man erkennen, wie die Reizung des Geschmackssinns seine Reinheit beeinträchtigt und ihn rajasisch oder tamasisch macht. Beobachten Sie, wenn Sie fasten, die Wirkungen der Imagination und erforschen Sie

Sattvisch, Rajasisch, Tamasisch

Fasten und Träume   auftauchende Probleme. Achten Sie während des Fastens auf Ihre Träume. Kommen Nahrungsmittel darin vor? Welche? Träume können darauf hindeuten, daß bestimmte Nahrungsmittel nicht gut für uns sind.

Geschmack und
Imagination   Wichtig ist es auch, den Zusammenhang zwischen Geschmack und Imagination zu erkennen. Schwelgen in sinnlichen Genüssen ist wie Schwimmen in trübem Wasser von unergründlicher Tiefe, ohne daß Land in Sicht ist, ohne Hoffnung, festen Grund zu erreichen. Ist man einmal auf den Geschmack der Imagination gekommen, kann man Versuchungen schwer widerstehen.

Viele wichtige Entscheidungen im Leben (Heirat, Beruf) werden aufgrund unrealistischer Erwartungen – durch Wünsche hervorgerufener Phantasien – getroffen.

Spontaneität   Ist auf dem Weg der Selbsterforschung spontanes Handeln zu vermeiden? Keineswegs – man muß nur zwischen Zügellosigkeit und Spontaneität zu unterscheiden wissen. Die Sinne sollen nicht abgetötet oder betäubt, sondern in höchstem Maß verfeinert werden.

Geschmack: Übungen

Ich schmecke. Der Vorgang des Schmeckens. Was wird geschmeckt?
Wir wollen die Übungen mit Nahrungsmitteln beginnen. Beim Durchschnittsmenschen ist der Geschmackssinn abgestumpft; deshalb verwendet man Gewürze, um den Geschmack zu verstärken, der Zunge mehr Reize zu verschaffen und dadurch den Appetit zu steigern. Bei diesen Übungen wird nichts benützt, was den Geschmack überdecken könnte. Sie werden mit verbundenen Augen durchgeführt, damit sich kein anderer starker Sinn – das Sehvermögen – einmischen kann.

Legen Sie sich ein wenig fein geriebene Karotte oder eine Erbse auf die Zunge und nehmen Sie die Empfindungen wahr. Sie sind ganz anders als jene, die zum Beispiel ein paar Zuckerstückchen, etwas Milch oder Schokolade hervorrufen. Achten Sie auf den Drang zu beißen, zu kauen oder zu schlucken. Es ist am Anfang nicht leicht, ihm zu widerstehen; er deutet auf Gier. Die Übung sollte mit vollem Magen durchgeführt werden. Wiederholen Sie sie später mit leerem Magen.

Nahrungsmittel und Getränke (einschließlich Wasser) bieten zahllose Möglichkeiten, den Geschmackssinn zu erforschen. Sie machen dem Schüler Dinge bewußt, auf die er bisher wenig oder gar nicht geachtet hat. Wenn genügend Übungen mit verbundenen Augen durchgeführt worden sind, sollten sie auch mit offenen Augen gemacht werden, damit man erkennt, wie stimulierend das Sehvermögen wirkt. Achten Sie auf das Zusammenspiel mit dem Geruchssinn. Jedes kleine Detail ist bei den Übungen wichtig und sollte sorgsam registriert und notiert werden.

Zusammenspiel von Sehen und Riechen

- Wie riecht das Nahrungsmittel oder Getränk?
- Was ist wichtiger: Geschmack oder Geruch?

Der Geschmack von zubereiteten Nahrungsmitteln kann starke Emotionen auslösen. Gedankliche Assoziationen lassen geistige Bilder aufsteigen. Essen kann bedeuten:

Geschmack und Emotionen

- Zusammensein mit anderen Menschen unter dem Vorwand, mit ihnen teilen zu wollen
- Erlangen von Anerkennung und Akzeptanz durch gutes Kochen und besondere Rezepte
- Reaktion auf Selbstmitleid
- Selbstbelohnung

Überlegen Sie:

- Wird man mit einem bestimmten Geschmackssinn geboren oder wird dieser Sinn entwickelt?
- Ist der Geschmackssinn die Ursache ständiger Begierden?
- Welche Rolle spielt die Befriedigung von emotionalen Bedürfnissen?
- Welche Macht hat der Geschmack?
- Welche zwanghaften Bedürfnisse, die zu Zügellosigkeit führen, stehen mit dem Geschmack in Zusammenhang?
- Wenn Sie etwas geschmeckt haben, macht sich dann sofort Gier bemerkbar?

Die Göttin Rakini hat vorstehende Zähne – ein Hinweis darauf, daß Geschmack die Ursache von Gier sein kann. Wenn man versucht, auf diese Frage eine persönliche Antwort zu finden, tauchen viele weitere Fragen auf, die zu Erkenntnissen hinsichtlich des Geschmackssinns führen. Genußmittel wie Wein, Kaviar und andere Delikatessen dürfen nicht außer acht gelas-

Gier

sen werden. Dies führt zu der Frage: Was unterscheidet einen verfeinerten »Zungengeschmack« von Geschmack im höheren Sinne, an dem die Zunge nicht beteiligt ist?

Die folgende Liste hilft Ihnen vielleicht, über Geschmack nachzudenken und zu neuen Einsichten zu kommen:

- Neigungen, Vorlieben, Genuß
- Abneigungen, Abscheu
- neutral
- warme Speisen und Getränke
- kalte Speisen und Getränke
- stark gewürzte Speisen und Getränke
- Alkohol

Neigungen und Abneigungen

Fertigen Sie eine Liste Ihrer Neigungen und Abneigungen an. Wie stark sind sie? Starke unkontrollierte Neigungen und Abneigungen führen zu Abscheu, Haß, Selbstgefälligkeit, Neid, Eifersucht, Besitzgier, Arroganz, Leidenschaft, Lust, Trägheit und Faulheit. Man soll diese Eigenschaften nicht verdammen, sondern sie erkennen und sie allmählich in ihr Gegenteil verwandeln, um Ausgeglichenheit zu erlangen. Die Neigung, sie zu beurteilen, würde nur eine weitere unerwünschte Eigenschaft darstellen. Das Tagebuch, das man täglich führen sollte, kann als ein Spiegel betrachtet werden, der es einem erlaubt, Fortschritte in der Bewußtseinsentwicklung zu beobachten. Dies wirkt sehr ermutigend und sollte als Lohn für seine Bemühungen angesehen werden.

Kultivierung des Geschmacks

Die Kultivierung dieses Sinnes kann damit beginnen, daß man »Geschmack« für positive Verhaltensweisen und Handlungen im täglichen Leben entwickelt:

- guten Geschmack hinsichtlich der äußeren Erscheinung, der Kleidung, der Wohnungseinrichtung
- guten künstlerischen Geschmack
- die Fähigkeit, sich in einer heiklen Situation taktvoll zu verhalten

Geschmack mit und ohne Bezug zum körperlichen Geschmackssinn:

- verbittert sein
- sauer sein

- honigsüße Worte
- ein süßes Mädchen
- der Geschmack von göttlichen Nektar und Ambrosia

Versuchen Sie mit Hilfe einer Liste zu klären:

- Was ist für Sie geschmackvoll?
- Was ist für Sie geschmacklos?

Wenn Sie diese Übungen gemacht haben, wiederholen Sie einige davon unter den drei Leitgedanken:

- »Ich schmecke. Der Vorgang des Schmeckens. Was wird geschmeckt?«

Beantworten Sie die folgenden auf Wasser bezogenen Fragen und denken Sie sich selbst weitere aus:

Der Geschmack von Wasser

- Welche verschiedenen Geschmäcke kann Wasser haben?
- Was ist die Kraft des Wassers?
- Was ist in einem Tropfen Wasser?

Stellen Sie sich vor:

- im Regen zu stehen und die Regentropfen in den Mund fallen zu lassen
- den Geschmack von Schnee oder einem Stück Eis
- den Geschmack von Tränen (infolge Freude und Kummer)
- kann ich das Meer (göttlicher Weisheit) leertrinken?
- bin ich von Durst nach Leben erfüllt oder nach dem göttlichen Geist?

Der lachende Buddha mit dem dicken Bauch symbolisiert die Fähigkeit, lächelnd Beleidigungen zu schlucken. Er sagt uns, daß wir über Lob und Tadel erhaben sein sollten.

Nachdem wir all diese Berichte erforscht haben, müssen wir einen Geschmack für spirituelle Nahrung entwickeln. Kann diese Fähigkeit kultiviert werden? Auf welche Weise? Solange wir unseren Geschmack für die Dinge der Welt nicht unter Kontrolle haben, ist es nicht einfach, einen Geschmack für das Allerhöchste zu entwickeln.

Spirituelle Nahrung

Imagination und Wünsche

Wasser: Symbol der Imagination

Der mit dem Svadhishthana-Chakra verbundene Sinn ist der Geschmack. Der doppelte Lotos mit der Mondsichel dazwischen weist auf das Wasser hin, das wiederum die Imagination, eine Funktion des Geistes, symbolisiert. Ein noch so flüchtiges Vorstellungsbild kann einen angenehmen oder unangenehmen Geschmack hervorrufen. Die wichtigste Übung ist, den Geist mit all seinen verschiedenen Aspekten zu beobachten.

Wunsch Imagination Emotion

Wünsche sind ein Aspekt des Geistes, der sorgsam untersucht werden muß. Wie entstehen Wünsche? Woher kommen sie? Sie haben ihren Ursprung im Svadhishthana-Chakra, das die Imagination kontrolliert. Viele Impulse passieren unbemerkt den Geist. Wenn die Imagination starke Impulse empfängt, werden sie vom Geist aufgefangen und durch die Kraft der Imagination in Wünsche verwandelt. Manche sind sehr beständig. Solange sie noch amorph (ungeformt, gestaltlos) sind, können sie wie Ton durch den Töpfer in jede Form gebracht werden. Doch wenn sie eine bestimmte Form angenommen haben (das heißt, wenn sie zu Meinungen, Überzeugungen und Vorstellungen geworden sind) und im Feuer der Emotionen gebrannt und gehärtet wurden, sind sie von großer Dauerhaftigkeit.

Meinungen Überzeugungen Begriffe

Das Streben nach Erfüllung dieser Wünsche, nach Realisierung dieser Vorstellungen, hat viele Auswirkungen. Es führt zu Selbstgerechtigkeit, zur fanatischen Verteidigung von Standpunkten. Das liegt daran, daß solche Wünsche und Vorstellungen eine gewisse Sicherheit zu bieten scheinen, wobei wir uns jedoch nicht bewußt werden, daß sie der Imagination und aufgewühlten Emotionen entsprungen sind. Daraus entstehen viele Probleme. Das Beharren auf dieser starren Haltung schläfert uns ein. Unbewußt stellen wir uns selbst Fallen.

Verwirklichung von Wünschen

Hat man dies erkannt, dann wird unmittelbar einsichtig, warum der Schüler seine Wünsche sehr genau untersuchen muß. Haben diese von den Emotionen genährten Wünsche Macht erlangt, so kann es lange, vielleicht Jahre dauern, bis man ihre Folgen erkennt. Ein alter Wunsch kann plötzlich in Erfüllung gehen, wenn man ihn längst vergessen hat. Oft sehnen wir uns wie Kinder nach einem neuen Spielzeug, und wenn wir es bekommen, liegt uns gar nichts mehr daran, weil wir uns inzwischen etwas ganz anderes wünschen. Diesen Entwicklungsprozeß müssen wir uns bewußtmachen. Tägliches Nachdenken und das Führen eines spirituellen Tagebuchs sind in dieser Hinsicht sehr hilfreich, weil sie es uns ermöglichen, uns über Veränderungen und Fortschritte klarzuwerden.

Gut ist es auch, sich an frühere Wünsche zu erinnern. Durch einen klaren Beschluß kann die Energie von alten, jetzt ungewollten Wünschen, bevor sie in Erfüllung gehen, abgezogen werden, so daß sie für neue und bessere, die mit unseren jetzigen Erkenntnissen übereinstimmen, zur Verfügung steht. Es gibt eine universale Energiequelle, zu der solche ungewollten Wünsche »zurückgeschickt« werden können. Während dieses Bewußtwerdungsprozesses tauchen andere Dinge aus der Vergangenheit auf, vage Erinnerungen an Verletzungen, mißgünstige Gefühle und Ressentiments, die unerledigt geblieben sind. Alte Emotionen können ebenso wie alte ungewollte Wünsche durch neue Erkenntnisse aufgelöst werden. *Ungewollte Wünsche*

Es kann sein, daß man überrascht feststellt, daß unerfüllte Wünsche aus der Kindheit den Erwachsenen immer noch beeinflussen. Man muß erkennen, daß diese tief sitzenden Wünsche überholt sind, und muß sie aufgeben. Sie sind überflüssiges Gepäck und behindern den spirituellen Fortschritt des Schülers.

Die Idee der Entsagung bedarf einiger Worte, da sie häufig mit falschen Vorstellungen verbunden ist. Viele halten Entsagung für etwas sehr Schwieriges und Unangenehmes, doch in Wirklichkeit bringt sie dem Entsagenden eine ungeahnte Freiheit. Frei zu sein bedeutet, nichts zu besitzen und von nichts und niemandem besessen zu sein. Der Entsagende befindet sich in der Mitte der Wippe, in einer Position des Gleichgewichts, frei von emotionalen Schwankungen. Es wird im Leben eines Schülers immer einige Wünsche geben, doch es ist klug, ihnen nicht verhaftet zu sein. Es gibt auch Wünsche, von deren Erfüllung auch andere profitieren können. Das sollte man in Betracht ziehen, wenn neue Wünsche auftauchen. Leid und Enttäuschung können vermieden werden, wenn man beim Streben nach der Erfüllung von Wünschen Voraussicht walten läßt. *Entsagung*

Der Geist ist nicht nur das Schlachtfeld der verschiedenen Persönlichkeitsaspekte, sondern auch ein Spielplatz, auf dem Wachträume unendliche Möglichkeiten schaffen können. Ungezügelte Imagination kann Ängste auslösen, Halluzinationen, die verschiedensten negativen Verhaltensweisen. Gelenkte Imagination hingegen drückt sich schöpferisch aus, zum Beispiel in Form von Erfindungen oder Kunstwerken. *Kultivierte und unkultivierte Imagination*

Angst

Angst muß mit großer Sorgfalt erforscht werden, damit man feststellen kann, ob sie durch Imagination entstanden ist. Solche falschen Auswüchse der Imagination erzeugen Unsicherheit. Wenn derartige Emotionen unbeachtet bleiben, sucht sich das Ego einen Sündenbock, und es kann sein, daß man sein Leben lang immer anderen die Schuld gibt und eine ständige Verteidigungshaltung einnimmt. Einmal *muß* man die Verantwortung übernehmen, denn sonst erlangt man nie das ersehnte Gefühl innerer Sicherheit.

Urteilskraft, Bemühung, Arbeit, Zeit und Energie sind erforderlich, um zu erkennen, welche Rolle die Imagination in unserem Leben spielt und wie sie auf positive, kreative Weise nutzbar gemacht werden kann.

Imagination: Aufstellung einer Liste

Eine Quelle von Ängsten

In meinen Ausführungen über Imagination und Wünsche habe ich darauf hingewiesen, daß es notwendig ist, die Imagination zu kultivieren, weil sie zu einer Quelle von Ängsten werden kann. Es wäre für den Schüler hilfreich, jetzt eine Liste aller Ängste aufzustellen, die ihn erfüllen. Die Ursache tief sitzender Ängste sind oft frühere Fehler, mit oder ohne Vorsatz begangene falsche Handlungen und die damit verbundene Furcht vor Entdeckung. Manchmal sind sie auch die Folge überreizter Imagination; doch die Ursache der meisten Ängste ist ungezügelte Imagination. Es ist Sache des Schülers, seine Imagination in eine positive Richtung zu lenken.

Überreizte oder unkultivierte Imagination

Erforschen Sie Ihre Imagination!

Hier einige Fragen, die Sie sich stellen sollten:

- Wird Ihnen schwindlig, wenn Sie aus großer Höhe nach unten blicken?
- Haben Sie in geschlossenen Räumen Angst?
- Haben Sie Angst, vor anderen Leuten durch einen Raum zu gehen?
- Haben Sie Angst vor Ablehnung?
- Haben Sie Angst, entdeckt zu werden?
- Haben Sie Angst, bestimmten Anforderungen nicht gewachsen zu sein? Welchen?

Erkennen Sie Ihre Ängste!

Sie können diese Liste noch erweitern, doch es reicht aus, wenn Sie Ihre Ängste erkennen und Ihre Energie benützen, um sich

»neu aufzubauen«. Die meisten Ängste sind, wenn Sie sie genau betrachten, die Folge davon, daß Sie es versäumt haben, Ihre Imagination zu kultivieren. Lebhafte Imagination und starke Emotionen können von schrecklicher Wirksamkeit sein und Sie bis in Ihre Träume verfolgen. Es ist unklug, sich mit zu viel Negativem zu beschäftigen; Zeit und Energie sollten positiv eingesetzt werden.

Führen Sie jeden Tag die Anrufung des Göttlichen Lichts durch und denken Sie über den Sinn dieser Übung nach. Sie hat viele positive Wirkungen.

Positive Wirkungen der Anrufung des Göttlichen Lichts

Unkultivierte Imagination kann zu unrealistischen Vorstellungen führen, zum Beispiel dazu, daß Sie sich als »den Größten«, als einen Star, als unwiderstehlich empfinden. Welche Rolle spielen Sie in Ihren Wachträumen?

Durch Imagination geschaffene Vorstellungen

Unkultivierte Imagination kann erschreckende Selbstbilder erzeugen, so daß Sie sich als Rächer, als Angreifer, als Jäger oder Gejagten sehen.

Denken Sie über die Eigenschaften nach, die kultivierte Imagination erzeugt:

– Besonnenheit, Einfühlungsvermögen, Ehrlichkeit, Offenheit, Zuverlässigkeit und ähnliches.

Starke, durch Imagination genährte Emotionen können die Sprechweise eines Menschen sehr beeinflussen. Wenn die Imagination kultiviert und verfeinert wird, wirkt sich das auf die Sprechweise des Schülers aus.

Sprache

Wünsche: Aufstellung einer Liste

Fertigen Sie eine Liste Ihrer Wünsche an, in der Reihenfolge ihrer Wichtigkeit und Priorität.

Wünsche führen dazu, daß man Pläne zu ihrer Erfüllung macht. Damit zusammenhängende Entscheidungen sollten mit sorgsamer Überlegung getroffen werden. Die Göttin mit den vorstehenden Zähnen weist uns auf symbolische Weise darauf hin, daß Emotionen stärker sein können als unsere Vernunft. Man muß sich über die Macht der Emotionen klarwerden, damit man ihnen die Energie entziehen kann, denn sonst richtet sich diese auf die Erfüllung und Verwirklichung des Wunsches. Wünsche, die entstanden sind, als man sich noch in

Imagination löst Wünsche aus

Visualisierung

einem sehr unreifen Zustand befand, müssen aufgelöst werden, weil sie unsere weitere Entwicklung behindern können.

Visualisierung ist Lenkung der Imagination durch die Schaffung innerer Bilder. Ungelenkte Imagination ist nur ein Träumen im Wachzustand und führt zu nichts. Wir müssen uns jetzt der gelenkten Imagination bedienen, um die Vorstellungen von Menschen und Ereignissen, die wir aus der Vergangenheit in uns tragen, zu untersuchen und herauszufinden, ob diese Vorstellungen noch Gültigkeit haben.

Frühere Wünsche

Blicken Sie auf Ihr Leben zurück und machen Sie eine Liste der Dinge, die Sie sich früher gewünscht haben. Ordnen Sie sie nach ihrer Priorität. Wie wichtig sind sie Ihnen heute noch? Haben sie noch Macht über Sie? Hier einige Beispiele:

Ich wollte:
- ein berühmter Pianist werden
- geschäftlichen Erfolg haben
- Macht über andere erlangen

Oder vielleicht wollten Sie eine perfekte Ehefrau/Mutter oder ein perfekter Ehemann/Vater sein? Wie stellen Sie sich »Perfektion« bei einer Ehefrau, einem Ehemann oder bei Kindern vor? Was versteht man überhaupt unter Perfektion?

Wenn Sie Ihre früheren Wünsche aufgelistet und notiert haben, welchen Einfluß sie auf Ihr Leben hatten, wird es Ihnen nicht schwerfallen, die Wirkungen der Emotionen und der Imagination zu verstehen und einzusehen, daß es notwendig ist, sie zu kultivieren und zu lenken.

Ein inneres Bild hervorrufen

Wählen sie nun unter Berücksichtigung Ihrer Liste eine bildliche Vorstellung, die eine Eigenschaft symbolisiert, die Sie zu entwickeln wünschen. Stellen Sie sich das Bild innerlich vor und konzentrieren Sie sich auf seine symbolische Bedeutung. Diese Übung dient vor allem dazu, Ihre Imagination zu kultivieren. Der nächste Schritt ist, Ihr Leben auf die Idee auszurichten, die das Bild symbolisiert.

Imagination und Visualisierung: Übungen

Die folgenden Übungen können Schwierigkeiten bereiten, weil manche Menschen eine Abneigung dagegen haben, ein Bild zum Objekt der Anbetung zu machen. Dies ist eine typisch westliche Einstellung. Jeder, der ein Foto seiner Frau oder seines Kindes auf dem Schreibtisch stehen hat, weiß jedoch, daß es sich nur um ein Stück Papier mit dem Bild eines geliebten Menschen handelt. Was ist also gegen ein Bild einzuwenden, das eine Idee der Schöpfung symbolisiert, die so groß ist, daß sich der Geist nicht längere Zeit darauf konzentrieren kann?[6]

a) Wählen sie ein Bild, das Ihnen besonders zusagt. Betrachten Sie es als Symbol des Vollkommenen, des Höchsten und Schönsten. Denken Sie daran, daß dieses Bild den männlichen Aspekt, die *nicht entfaltete* kosmische Energie darstellt. *Das Bild*

b) Stellen Sie sich jetzt an der Stelle des Herzlotos die weibliche Entsprechung, die *entfaltete* kosmische Energie in all ihrer Schönheit und Pracht vor.
Wenn sie den Buddha wählen, stellen Sie sich die Barmherzige Mutter in seinem Herzen vor.
Wenn Sie Krishna wählen, stellen Sie sich Radha in seinem Herzen vor.
Wenn Sie Shiva wählen, stellen Sie sich Parvati in seinem Herzen vor.
Wenn Sie Jesus wählen, stellen Sie sich die Jungfrau Maria in seinem Herzen vor.

c) Nehmen Sie jetzt eine andächtige Haltung ein und geben Sie sich einem Gefühl der Dankbarkeit hin. In Kontakt mit den Heiligen Lehren zu kommen sollte einen mit Dankbarkeit erfüllen. Wenn man sich bei spirituellen Übungen solchen Gefühlen hingibt, werden sie mehr und mehr verfeinert.

Ich habe bereits darauf hingewiesen, wie mächtig der menschliche Geist ist und wie schnell seine Konzentrationsfähigkeit verbessert werden kann. Wiederholen Sie die obige Übung und führen Sie anschließend die Anrufung des Göttlichen Lichts durch, so daß das imaginierte Bild in weißes Licht gehüllt ist. Das visualisierte Licht wird mit der Zeit alle imaginierten Formen durchdringen. Durch die Anrufung des weißen Lichts kann der Schüler die Energie erkennen, die sich in so vielen Formen manifestiert. *Anrufung des Göttlichen Lichts*

1. Nehmen Sie eine Meditationshaltung ein – Lotos- oder Schneidersitz. Legen Sie die Hände, mit den Handflächen *Füllen Sie Ihren Körper mit Licht*

nach oben, auf den Schoß. (Die Übung kann jedoch auch im Stehen durchgeführt werden.)

2. Richten Sie den Blick auf die Stelle zwischen den Augenbrauen.
3. Stellen Sie sich selbst ohne Körper oder Gesicht vor – mit anderen Worten: nicht so wie Ihr Spiegelbild.
4. Stellen Sie sich vor, daß Ihr Körper leer wie eine Glasflasche ist.
5. Visualisieren Sie einen dünnen weißen Lichtstrahl (etwa in der Dicke eines Zwirnsfadens), der in Sie eindringt und Füße, Beine, Rumpf, Arme, Hals und Kopf füllt.
6. Bald werden Sie die verschiedenen Körperteile nicht mehr unterscheiden können. Die Form, die Sie Ihren Körper nennen, ist jetzt eine Wolke von Licht.
7. Halten Sie dieses Bild (eine Wolke von Licht in der Form Ihres Körpers) so lange wie möglich fest. Wiederholen Sie diese Übung, bis sie Ihnen völlig vertraut ist.

Bevor Sie weitermachen, sehen Sie alle Notizen durch, die Sie sich nach den Übungen gemacht haben. Sollten irgendwelche negativen Gefühle aufgetreten sein, stellen Sie sofort alle Übungen ein. Der Schüler darf mit den Übungen erst fortfahren, wenn sich sein körperliches und psychisches Befinden entschieden gebessert hat. Innere Störungen sind ein Hinweis dafür, daß unbedingt persönliche Anleitung erforderlich ist.

Kultivierung von Ausdauer und Geduld

Lassen Sie keine Übung aus. Trainieren Sie Ihre Ausdauer. Jeder Mensch muß mehr lernen, als es auf den ersten Blick den Anschein hat. Da Geduld nicht jedem angeboren ist, muß sie kultiviert werden.

Inzwischen dürfte jedem klargeworden sein, daß der im Kapitel über das erste Chakra dargestellten »Errichtung des Fundamentes« viel Sorgfalt und Zeit gewidmet werden muß. Die genaue Befolgung der Anweisungen ist überaus wichtig. Wenn Schwierigkeiten auftreten, dann sollte man die Hindernisse im Ego suchen, das seine intellektuelle Macht geltend macht und unbegründeten Stolz zeigt. Die besten Mittel gegen Stolz sind Hingabe und Demut.

Selbstbild und Persönlichkeitsaspekte

Daß der Garuda-Vogel mit dem Aspekt der Erhaltung (Vishnu) verbunden ist, sagt dem Schüler, daß Gedanken Flügel haben. Wohin möchten Sie fliegen? Machtvolle Gedanken können Sie zu Schönheit, Inspiration und Seligkeit tragen oder zur Selbstzerstörung und zur Zerstörung anderer. Sie haben die Wahl. Woher kommt die Kraft dieser Gedanken? Wir können sehen, wie sie sich manifestiert; doch welcher Quelle entstammt sie?

Gedanken haben Flügel

Viele Menschen haben ein negatives oder schlechtes Selbstbild. Die Gründe dafür sind nicht so wichtig, denn wenn man sie kennt, leidet man vielleicht weniger, doch die Vorstellung, die man von sich hat, wird dadurch noch lange nicht besser. Verändern kann man das Selbstbild nur durch einen systematischen Prozeß, der einem hilft, die Imagination zu kultivieren. Dieser Prozeß macht einem bewußt, wie groß die Macht der Imagination ist. Ein schlechtes Selbstbild kann durch regelmäßiges, gewissenhaftes Praktizieren der Anrufung des Göttlichen Lichts korrigiert werden.

Selbstbild und Imagination

Anrufung des Göttlichen Lichts
Die Vorstellungskraft

Wenn man die Macht der Vorstellungskraft untersucht, muß man sich verschiedene Prozesse, die ohne Wissen des Schülers ablaufen, in aller Deutlichkeit bewußtmachen. Lassen Sie nie zu, daß jemand Sie auf ein Vorstellungsbild reduziert, aufgrund dessen Sie dann handeln. Und Ihr eigenes Bewußtsein muß klar genug sein, um Sie daran zu hindern, dies mit anderen zu machen. Eine solche Reduzierung ist ein krasser Verstoß gegen die Würde des Menschen. Doch besteht auch die Möglichkeit, in einen gefährlichen Narzißmus zu verfallen, der nichts gelten läßt als das eigene aufgeblähte Ego, das ein verborgenes Minderwertigkeitsgefühl durch eine solche Herabsetzung anderer zu kompensieren versucht.

Auch gewohnheitsmäßige, auf früheren Erfahrungen beruhende Reaktionen beeinflussen unser Selbstbild, ohne daß wir dies bemerken.

In Wachträumen auftauchende Bilder müssen aufmerksam untersucht werden, denn sie lösen oft Angst und Unsicherheit aus – Gefühle, die eine starke Wirkung auf das Selbstbild ausüben.

Wachträume

Jeder Mensch hat viele verschiedene Persönlichkeiten, die wie Schauspieler in verschiedenen Situationen in den Vordergrund treten. Die zahlreichen Persönlichkeitsaspekte sind in der Yoga-Symbolik der Staub, der auf dem wunderbaren Selbst

Persönlichkeitsaspekte: der Staub auf dem Selbst

liegt. Der in der westlichen Psychologie häufig verwendete Begriff »Rollenspiel« bezeichnet im Grunde das gleiche. Die Teilnehmer an rituellen Tänzen tragen oft Masken und tauschen diese manchmal aus. Diese Tänze werden bei Festen häufig zur Unterhaltung aufgeführt, doch zugleich sollen sie den Zuschauern bestimmte tiefe und wichtige Wahrheiten vermitteln. Spirituelle Tänze dienen dem gleichen Zweck auf einer höheren Ebene. Sie haben eine subtile Wirkung auf den Geist und die Emotionen der Zuschauer und können manche dazu bringen, die Verfeinerung ihrer Sinne anzustreben.

Der Wert der Persönlichkeitsaspekte

Sie müssen sich über alle Ihre Persönlichkeiten und deren verschiedene Aspekte klar werden. Die beste Methode besteht darin, sie aufzulisten und zu entscheiden, welchen Wert sie für Sie haben. Einige werden Sie sicher ablegen müssen. Sie sind unnütze Anhängsel aus der Vergangenheit und oft die Ursache von Eitelkeit, Stolz und falscher Bescheidenheit. Andere brauchen Sie zur Selbsterhaltung und zum Überleben.

Was bedeutet Überleben?

Fragen Sie sich, was Überleben bedeutet. Schreiben Sie auch das nieder, denn die Frage wird noch einmal auftauchen. Dann können Sie Ihre Notizen vergleichen und feststellen, was für Fortschritte Sie gemacht haben.

Shakti Rakini: das Selbstbild

Die Liste all dieser Persönlichkeitsaspekte wird Ihnen helfen zu erkennen, welche Macht sie besitzen und welchen Einfluß sie auf Sie und andere ausüben. Das Gesicht der Shakti Rakini symbolisiert das Selbstbild. Viel Übung ist erforderlich, damit Sie sich selbst ohne das vertraute Gesicht sehen können, das Ihnen im Wasser oder in einem Spiegel entgegenblickt. Sie sind nicht imstande, sich selbst ohne Gesicht zu sehen. Die vorstehenden Zähne der Shakti Rakini weisen darauf hin, daß es sehr verderblich ist, von zügellosen Emotionen beherrscht zu werden. Wenn sie mit dem Selbstbild zusammenhängen, dann kann sich dies verheerend auswirken, weil das Ego nach Kompensation sucht. Unehrlichkeit, Anmaßung und andere Aspekte der Persönlichkeit werden in dem Maß ausgedrückt, wie man der Macht der Emotionen gestattet, sich zu manifestieren.

Bewußtheit, Verantwortung und Kontrolle

Wenn der Schüler sich dieser Umstände bewußt wird und die Verantwortung und die Kontrolle übernimmt, wendet sich alles zum Besseren.

Selbsthypnose

Bestätigt man sich die Vorstellung, die man von sich selbst hat, immer wieder, so kann das Auswirkungen haben, die an Selbsthypnose grenzen. Es ist schwierig, dieser Falle zu entrinnen, doch es ist möglich. Denken Sie immer daran, daß die regelmäßige Durchführung der Anrufung des Göttlichen Lichts eine ausgezeichnete Methode zur Verbesserung des Selbstbildes ist.

Das Selbstbild: Aufstellung einer Liste

Wie sieht Ihr jetziges Selbstbild aus? Nur wenn Sie die Notwendigkeit erkennen, es zu verändern, können Sie in dieser Hinsicht etwas tun. *Die Notwendigkeit der Veränderung*

Wie andere auf Sie reagieren und mit Ihnen umgehen, hängt von dem Bild ab, das Sie ihnen von sich zeigen. Noch lange, nachdem Sie sich geändert haben, können andere weiter gewohnheitsmäßig reagieren, so daß die durch das alte Bild hervorgerufenen Schwierigkeiten schwer zu überwinden sind. Viel guter Wille ist erforderlich, damit Ihre Umgebung die Veränderungen in Ihnen akzeptiert und sich darauf einstellt. Doch die neuen Reaktionen werden Sie ermutigen, an der Überwindung schlechter Selbstbilder weiterzuarbeiten. *Die Überwindung alter Vorstellungen*

Um sich über Ihr Selbstbild klar zu werden, beantworten Sie bitte folgende Fragen: *Erkennen des Selbstbildes*

- Wie sehe ich mich selbst?
- Habe ich ein richtiges Selbstbild?
- Ändere ich auch mein Selbstbild, wenn ich mich ändere?
- Verändert sich mein Selbstbild, wenn ich mir andere Ziele setze?
- Welche Perspektiven ergeben sich für mich durch meine neuen Ziele?
- Verbessern die zur Verfolgung meiner neuen Ziele aufgewandte Energie und Disziplin mein Selbstbild?
- Versuche ich, meinen Eigenwillen durchzusetzen (tägliche Überlegung)?
- Welche regelmäßig durchgeführten Visualisierungen könnten nützlich sein?

Diese Liste sollte der Schüler erweitern, um sie als Grundlage für die nötigen Veränderungen verwenden zu können.

Die Persönlichkeitsaspekte: Aufstellung einer Liste

Persönlichkeits-veränderungen Bewußtseins-erweiterung als Ziel

Es ist unmöglich, die Persönlichkeit durch reine Willenskraft oder Suggestion zu verändern. Die Anstrengung wäre so groß, daß man sie nicht längere Zeit ertragen könnte. Doch das Ziel der Bewußtseinserweiterung erfüllt Sie mit zusätzlicher Energie. Wenn Sie sich darin üben, sich mit der Energie (dem Selbst) zu identifizieren, und Ihr Vertrauen auf die Übung setzen, ist Veränderung unvermeidlich. (Selbst auf einer viel tieferen Ebene, auf der der Mensch noch sinnliche Genüsse sucht, finden Veränderungen entsprechend der Stärke des Verlangens statt.) Schließlich wird das Erlernte zur zweiten Natur.

Eine Liste der Persönlichkeits-aspekte

Als erstes sollte der Schüler eine Liste Ihrer Persönlichkeitsaspekte aufstellen. Sie sollte sich nicht auf die üblichen beschränken wie etwa:

– Vater, Ehefrau, Arzt, Geschäftsmann, Krankenschwester . . .

sondern auch Charakterzüge enthalten wie:

– Manipulant, Spieler (im weiteren Sinne), Menschenfreund, Schwätzer, Intellektueller . . .

Dies sind nur ein paar beliebige Vorschläge. Fertigen Sie eine eigene Liste an. Versuchen Sie, Klarheit über sich zu gewinnen. Vermeiden Sie jegliche Beurteilung. Denken Sie daran, daß es keinen Persönlichkeitsaspekt gibt, der spezifisch männlich oder weiblich ist.

Das Selbst besitzt keinen Persönlich-keitsaspekt

Bedenken Sie auch, daß das Selbst keinen dieser Persönlichkeitsaspekte besitzt. Jeder hat sein eigenes Ego, das ihn eher unglücklich als glücklich macht. Diese Manifestationen sind nicht von Dauer. Ihr Erscheinen ist von der Stärke der sie verursachenden Emotionen abhängig, und auf diese übt die Imagination einen unmittelbaren Einfluß aus.

Ein kleines Beispiel wird Ihnen helfen, dies besser zu verstehen: Wenn Ihr Blinddarm entfernt werden müßte und der Chirurg sich mit Ihren Schmerzen identifizierte, würde seine Hand zu zittern anfangen, und er würde Schaden anrichten anstatt Ihnen zu helfen. Nur indem er sich völlig distanziert, kann er seine Aufgabe, Ihnen zu helfen, erfüllen und die Operation durchführen. Das von Ihnen erwünschte Mitgefühl drückt er durch seine Handlung aus. Auf die gleiche Weise muß der Schüler eine Identifikation mit den Persönlichkeitsaspekten vermeiden, um das Notwendige tun zu können.

Die Anrufung des Göttlichen Lichts, zur rechten Zeit durchgeführt, wird dem Schüler helfen, das Göttliche Selbst zu erkennen.

Beobachtung des Geistes

Jeder Yoga-Pfad hat das gleiche Ziel: die Befreiung von allen Begrenzungen. Sie müssen sich selbst entschließen, die Arbeit zu beginnen – und Sie müssen sie selbst tun. Niemand anders kann sie für Sie erledigen. Ein wichtiger Teil dieser Arbeit besteht darin, den Geist zu beobachten, um zu erkennen, wie er funktioniert.

Konzentration bedeutet, eine Vorstellung im Bewußtsein zu halten, ohne irgendeinen anderen Gedanken zuzulassen. Je länger Ihnen das gelingt, um so besser werden Sie Ihren Geist und seine Fähigkeit, sich zu konzentrieren, kennenlernen. Diese Übung wird dadurch erleichtert, daß man mit Hilfe der im letzten Kapitel geschilderten Mala ein Mantra eine bestimmte Anzahl von Malen wiederholt und dadurch alle anderen Gedanken ausschließt. Verschiedene geistige Bilder werden benützt, um die Konzentration zu verstärken. Wenn Sie gelernt haben, lange Zeit regungslos dazusitzen, können Sie Ihren Geist beobachten und den Denkprozeß begreifen. Was für geistige Bilder tauchen dabei auf? Der Geist arbeitet sehr schnell, und deshalb muß man sich bemühen, ihn zu verlangsamen. Sind die auftauchenden Bilder konkret oder abstrakt? Beides ist weder richtig noch falsch, doch Sie können auf diese Weise herausfinden, welche Art von Bildern für Sie zur Konzentration am besten geeignet ist. Der Schüler wird bald erkennen, was für Finten der Geist anwendet, um das Konzentrationsobjekt durch Assoziation mit allen möglichen anderen Dingen zu verbinden, so daß es schwierig sein kann, ihn dazu zu bringen, wieder zu dem Objekt zurückzukehren und nur daran zu denken. Es ist wichtig, die Tendenz des Geistes, immer wieder neue Muster zu weben, zu erkennen. Kultivierte Imagination kann ein Genie hervorbringen, doch ohne Kontrolle führt sie zu Zersplitterung, die den Geist davon abhält, sich auf das Meditationsobjekt zu konzentrieren.

Konzentration auf ein geistiges Bild

Aufsagen eines Mantras

Der Denkprozeß

Konkrete und abstrakte Bilder

Beobachtung des Geistes: Übungen

Schritte zur Meditation

Konzentration

1. Wählen Sie eine Anzahl verschiedener Objekte aus. Konzentrieren Sie sich auf jedes drei Minuten lang. (Sie werden einige Zeit üben müssen, bis es Ihnen gelingt, sich so lange ununterbrochen zu konzentrieren.) Es müssen verschiedenartige Objekte sein – zum Beispiel ein Stück Holz, ein Glas

Wasser, Holz, Bilder

Wasser, das Bild eines bekannten und das eines unbekannten Menschen, das Bild eines Ihnen sympathischen und das eines Ihnen unsympathischen Menschen, das Bild eines Vogels, eines Insekts, eines wilden Tieres, einer süßen kleinen Katze oder eines Hundes.
2. Setzen Sie sich zehn Minuten lang still hin, beobachten Sie Ihren Geist und notieren Sie dann:
   - welche Bilder und
   - welche gedanklichen Assoziationen aufgetaucht sind
   - welche Bilder konkret und welche abstrakt waren
   - welche Wirkung die konkreten und welche Wirkung die abstrakten Bilder auf die Meditation hatten.

Dehnen Sie dann die Zeit um fünf Minuten aus – bis zu einer halben Stunde und schließlich bis zu einer Stunde. (Anfangs können Sie innerhalb der einen Stunde den Geist jeweils zehn Minuten lang beobachten und sich dann Notizen machen, bis Sie imstande sind, die Beobachtung auf eine halbe oder ganze Stunde auszudehnen und *anschließend* die Notizen zu machen.) Die Notizen sollten immer wieder verglichen werden. Wenn

Mit Problemen auseinandersetzen

bestimmte Aspekte sich wiederholen und auf ein Problem hindeuten, sollten Sie sich durch Selbstbefragung damit auseinandersetzen.

Durch diese Übungen werden Sie mit der Zeit erkennen, wie der Geist auf alle möglichen Anreize reagiert. Achten Sie darauf, was geschieht, wenn Sie aus alter Gewohnheit heraus zulassen, daß die Anreize sich manifestieren, oder wenn Sie sie mit Hilfe Ihrer neuerworbenen geistigen Disziplin »ausrotten«, sobald sie als Gedanken auftauchen. Es ist, als ob eine Million winzig kleiner Samen zugleich »keimen«. Dies geht so schnell vor sich, daß der Schüler sie kaum erkennen kann. Doch wenn man die Kontrolle erlangt hat, sterben diese Gedanken schnell ab, und die Energie kann auf jene gelenkt werden, die erwünscht sind. Diese Übung beseitigt die innere Ruhelosigkeit, die es unmöglich macht, sich auf einen einzigen Gedanken oder ein einziges Objekt zu konzentrieren. Der Geist kann jetzt zu einem offenen, aufnahmefähigen Behälter werden.

Ruhelosigkeit

Die Notizen ermöglichen es, sich Einzelheiten ins Gedächtnis zurückzurufen und zu überprüfen, ob man sie richtig in Erinnerung hat. Diese Übung bewirkt eine Stärkung des Gedächtnisses und, was noch wichtiger ist, eine Schärfung des Unterscheidungsvermögens.

Wenn man gelernt hat, sich zu konzentrieren und den Geist leerzumachen, kann man versuchen zu meditieren, denn der Geist ist jetzt wie ein leeres Gefäß und kann Gedanken göttlicher Art aufnehmen. Schon am Anfang können Einsichten von großer Bedeutung kommen, doch wenn die Intuition sich entfaltet, gelangt man zu ganz anderen, regelrecht göttlichen Erkenntnissen. Wenn diese Erkenntnisse in den Geist einfließen, durchströmen ihn zuvor oft strahlend blaue Wellen. Den Meditierenden erfüllt ein allumfassendes Gefühl von Frieden und Harmonie. Schon das allein wird zu einem wichtigen Anreiz, regelmäßig weiterzuüben. Bald wird es mehr sein als ein Anreiz: eine tiefe Sehnensucht wird im Herzen entstehen. Es kann sein, daß man dann nicht mehr Farben sieht, sondern ein Gefühl des Friedens empfindet.

Meditation ist jetzt möglich

Einsichten

Strahlend blaue Wellen

Ein Gefühl des Friedens

Ein »göttliches Bild« ist für den Zweck der Meditation wirkungsvoller als ein bedeutungsloses. Das Bild, das man gewählt hat, kann man sich anfangs in kunstvoll ausgeschmückter Form vorstellen, doch es muß nach und nach in seine reinste Form überführt werden. Hat man zum Beispiel Krishna als Vorstellungsbild gewählt, müssen alle Verzierungen wie Girlanden, Blumen und Pfauenfedern allmählich verschwinden, denn diese stellen nur Symbole von Eigenschaften dar.

Zusammenfassend kann man sagen: *Wenn die Wünsche sich verringern und das Streben nach ihrer Erfüllung aufhört, kann man ohne große Mühe meditieren.* Die Yogis nennen dies die Erlangung eines *reinen Geistes*.

Ein reiner Geist

Gedanken über das Wasser

Das Wasser kann man als Symbol des Geistes betrachten: Fließt es unkontrolliert, kann es zerstörerisch sein; wird es gelenkt, ist es von großem Nutzen. Der Kamandalu, ein Gefäß, versinnbildlicht die Kontrolle des Wassers und damit die Kontrolle des Geistes. Es ist deshalb ratsam, den Geist zu beobachten, die auftauchenden Bilder und Gedanken zu betrachten und sowohl über die Ergebnisse der Übungen wie über die Ereignisse des Tages nachzudenken. Gedanken müssen zu Ende gedacht werden, und die gewonnenen Erkenntnisse müssen Grundlage des Handelns sein. Emotionen darf man sich nicht hingeben. Das erfordert Reife.

Was bedeutet Wasser? Welche Rolle spielt es in meinem Leben?
Wasser reinigt
Wasser löscht Durst und Feuer
Wasser wird zum Kochen und zum Verdünnen benützt
Wasser schmeckt unterschiedlich, abhängig von seiner Quelle
Wasser kann Freude, Vergnügen und Aufregung (Bootfahren) bereiten
Wasser ist an einem heißen Tag erfrischend
Wasser ist lebenswichtig (Wachstum)
Wasser trägt (Abfälle, Boote und Schiffe)
Wasser kann viele Formen annehmen und leere Räume ausfüllen
Wasser ist in kleinen Mengen weich und sanft
Wasser kann Täler und Städte zerstören
Wasser kann gefährlich sein, wenn es nicht eingedämmt wird
Wasser kann reguliert werden
Wasser reagiert auf den leisesten Lufthauch
Wasser kann den härtesten Stein zerstören (durch ständiges Tropfen)
Wasser kann als Regen, Hagel oder Schnee vom Himmel fallen
Wasser spiegelt den Himmel wider

Was fällt *Ihnen* sonst noch alles zu Wasser ein? Welche gedanklichen Assoziationen gehen Ihnen durch den Kopf, nachdem

Sie nun das Spiel des Geistes und seine Kreativität beobachtet haben?

Gleicht Ihr Geist dem Wasser?

Löst ein leichter Anreiz endlose Gedankenketten aus?

Ist das Wasser Ihres Geistes trüb?

Schwimmen darin viele Abfälle herum?

Können sie Ihren Geist lenken oder strömt er wie ein reißender Fluß dahin?

Steter Tropfen höhlt den Stein.

Sehen Sie einen Zusammenhang zwischen diesem Sprichwort und Ihren spirituellen Übungen?

Ruhiges Wasser spiegelt den Himmel wider.

Können Sie Ihren Geist so beruhigen, daß er göttliche Gedanken widerspiegelt?

Der Geist ist in vielerlei Hinsicht von Nutzen – doch nicht in jeder. Manchmal übernimmt er die Herrschaft, ohne dazu befugt zu sein. Wer gibt ihm diese Befugnis? Ebenso wie Wasser aus tiefen Schichten der Erde können unterdrückte Gedanken aus tiefen Schichten Ihres Wesens an die Oberfläche kommen. Lassen Sie das zu und sehen Sie sich an, was da zum Vorschein kommt. Entfernen Sie, was Sie nicht wollen. Behalten Sie, was Sie wollen, und setzen Sie sich damit auseinander.

Können Sie sich über Wasser halten?

Inzwischen ist dem Schüler sicher klargeworden, daß es keine »eindeutigen« Anweisungen gibt, sondern nur Hinweise, wie das Denken in neue Bahnen gelenkt werden kann. Alles hängt von *Ihnen* ab. Denken Sie daran, täglich alles, was Ihnen wichtig erscheint, in Ihr Tagebuch zu schreiben. Es wird zu ihrer Schatztruhe werden.

Sechstes Kapitel

Manipura

Das dritte Chakra

*In deinem Manipura diene ich Ihm als einer
dunklen Wolke – der einzigen Zuflucht (der Welt) –,
die den von Hara, der Sonne, versengten drei Welten
Regen spendet, die Indras Bogen (den Regenbogen)
trägt, mit mannigfachen funkelnden Juwelen
geschmückt, und an der Blitze aufflammen,
wenn Seine Shakti durch die umhüllende Finsternis
(der Wolke) hervorbricht.*
                    Mantra für das Manipura-Chakra

Gott: *Vishnu*   Göttin: *Lakini*

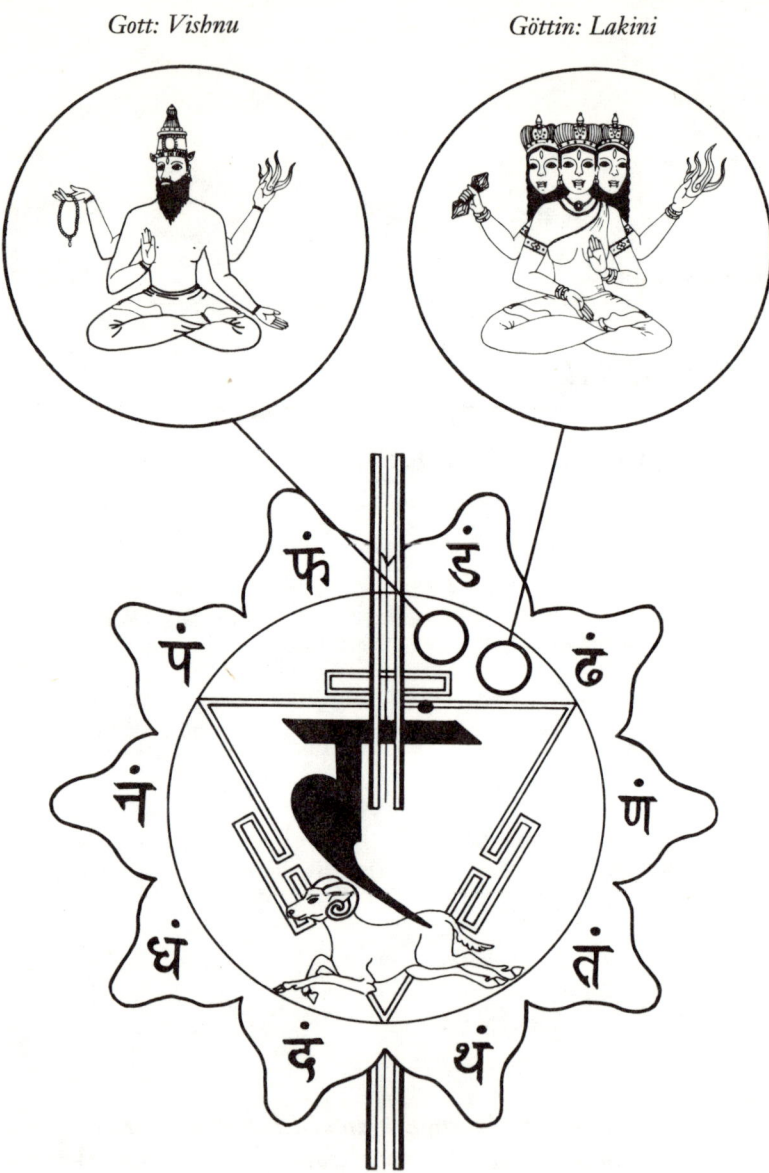

Manipura-Chakra

Manipura

Das dritte Chakra und seine Symbole

MANIPURA: Das dritte Chakra (Lotos)

TATTVA: Unterscheidungsfähigkeit

62 STRAHLEN: In Beziehung zum Feuer

AGNI: Sehvermögen (Emotionen): Das Manipura-Chakra kontrolliert diesen Sinn

ZEHN Lotosblütenblätter: Der Lotos ist heilig

FARBE der Blütenblätter: Die Farbe schwerer Regenwolken. Die klare Sicht wird durch Wolken versperrt

BUCHSTABEN auf den Blütenblättern: DAM – DHAM – NAM – TAM – THAM – DAM – DHAM – NAM – PAM – PHAM

AGNI-MANDALA: Dreieck, abwärtsweisend, mit glückverheißenden Zeichen an den drei Seiten. Feuerrad. Farbe: rot

WIDDER: Das Tier in diesem Chakra ist der Widder. Er symbolisiert die Beharrlichkeit starker Emotionen, die die klare Sicht versperren

BIJA – Keimlaut: RAM

PINGALA: Die Nadi in der rechten Körperhälfte

IDA: Die Nadi in der linken Körperhälfte

SUSHUMNA: Der mittlere Kanal in der Wirbelsäule

CHITRINI: Drei in einem (Sattva, Rajas, Tamas). Körper, Geist und Sprache

GOTT: Vishnu. Der männliche Aspekt der nicht entfalteten Energie. Der Erhalter des Lebens (Rudra).
Die Intelligenz auf dieser Ebene ist durch Vishnu (Rudra) symbolisiert, den Aspekt mächtiger Emotionen.
Der Mensch muß den Körper erhalten,

durch den er die Kundalini nach oben führen kann. Wenn der Schüler alle Meditationsübungen durchgeführt hat, erlangt er die Macht, Welten zu erschaffen. Damit sind die geistigen Welten gemeint, denn man hat jetzt Macht über die Imagination und die Emotionen.

OBJEKTE

Rudraksha-Mala – Rosenkranz
Mächtige Emotionen müssen zum Ausdruck gebracht werden. Dies geschieht zum eigenen Nutzen am besten, indem man sie zur Verehrung seiner Ishtadevata einsetzt.
Shakti – Feuerwaffe: So genannt, weil das Feuer der sich manifestierenden Emotionen ein Teil der Shaktikraft ist.
Geste: Vara(da) – Gewährung von Gunst
Abhaya-Mudra – Zerstreuung von Ängsten

GÖTTIN: Lakini (Lakshmi): Der weibliche Aspekt der entfalteten Energie.

Die Intelligenz auf dieser Ebene wird durch die Göttin Lakini symbolisiert. Sie hat drei Gesichter und in jedem Gesicht drei Augen. Das Gesicht ist der Sitz aller fünf Sinne. Das dritte Auge symbolisiert die erhöhte Fähigkeit der inneren Sicht, die erlangt werden kann (Hellsichtigkeit).

Vajra – Donnerkeil: Der Donnerkeil ist ein Symbol der Macht, der mächtigen Ausdruckskraft der Natur, die Blitze und damit Feuer erzeugen kann. Der Schüler muß entscheiden, ob er sich vom Feuer der Begeisterung entzünden lassen und nach Erfolg und Ruhm streben will, oder ob er vom Feuer des Strebens nach dem Allerhöchsten verzehrt werden will. Wiederum ist es nicht möglich, zwei Herren zu dienen oder zwei Ziele zu verfolgen. In diesem Chakra ist das Feuer der Leidenschaften stark und mächtig, wie man am nächsten Objekt sieht.
Shakti – Feuerwaffe: Ihr wohnt die Kraft der Zerstörung inne.
Geste: Vara(da) – Gewährung von Gunst
Abhaya-Mudra – Zerstreuung von Ängsten.

Die Shakti – Göttin der Sprache

Die Kraft der Sprache, mit der wir uns in den vorhergehenden Kapiteln beschäftigt haben, kann sich jetzt in zwanghaftem Reden, zwanghafter Kritik und in der zwanghaften Befriedigung der sogenannten »Bedürfnisse« äußern. Man muß sich bewußt sein, daß der Mensch fünf Entwicklungsstadien durchläuft: Mineral-Mensch, Pflanzen-Mensch, Tier-Mensch, Mensch-Mensch und Gott-Mensch. Für Menschen der ersten drei Gruppen ist es angemessen, ihre Bedürfnisse zu befriedigen, doch der Mensch-Mensch, der sich aus eigenem Entschluß auf die Suche nach dem Pfad begeben hat, muß sich diese Bedürfnisse anschauen und sie auf das unbedingt erforderliche Maß reduzieren. Bedürfnissen nachzugeben, die abgelegt werden sollten, kann einen sehr hohen Preis kosten.

Zwanghaftes Verhalten

»Bedürfnisse«

Die Sprache hat ihren Ursprung im Unbewußten. Der Drang, sich auszudrücken, kommt aus dem Unbewußten. Hinter vielen Wörtern steht eine ganze Skala von Vorstellungen, so daß sie auf vielerlei Weise interpretiert werden können. So sind die Wörter »Zeit« und »Raum« mit unterschiedlichen Vorstellungen verbunden, je nachdem ob sie eine Hausfrau, ein Architekt, ein Naturwissenschaftler, ein Sozialarbeiter oder ein Psychiater benützt. Angehörige jedes Berufes haben zur Kommunikation untereinander eine besondere Sprache.

Sprache

Vorstellungen hinter Worten

Wenn wir krank sind, erkennen wir leicht, daß mit nutzlosem Geschwätz Energie vergeudet wird, denn dann spüren wir, daß unsere Kraft schnell erschöpft ist. Andererseits verlangen die gesellschaftlichen Konventionen von uns, ständig zu reden, meist über nebensächliche oder wertlose Dinge. Was ist der Unterschied zwischen nutzloser Energievergeudung durch Reden und durch Sex? Wenn wir durch größere Bewußtheit erkennen, wie kostbar Energie ist, aber dennoch keine bessere Verwendung für sie finden, dann fahren wir fort, sie zu verschwenden. Deshalb müssen wir Übungen zur Beobachtung des Geistes durchführen, um zu erkennen, wie er funktioniert, und um unsere Bewußtheit zu steigern.

Energievergeudung durch Reden, durch Sex

Innere Veränderungen bleiben oft unbemerkt. Sie werden jedoch deutlich, wenn wir darauf achten, wie wir mit der Sprache und den Wörtern umgehen. Wenn unsere Bewußtheit wächst, gelangen wir auf höhere Bewußtseinsebenen. Im Lauf unserer Entwicklung müssen wir Übertreibungen, Superlative und derbe Ausdrucksweisen hinter uns lassen; nach einiger Zeit

Umgang mit der Sprache

Persönlicher
Magnetismus

fallen sie einfach von uns ab. Die Stimme wird zu einem Magneten, der andere anzieht – der Magnetismus der Persönlichkeit wird wirksam.

Sprache ist weiblich

In den heiligen Schriften ist von der Devi der Sprache die Rede. Die Sprache wird deshalb als weiblich betrachtet, weil die Buchstaben des Alphabets die Wörter, den Lautkörper der Sprache gebären. Sie sind Lautsymbole.

Komplizierte mathematische Formeln sind für den ungeschulten Geist unverständlich. Ebenso verhält es sich mit der Bedeutung höherer Sprachformen wie Mantras.

Mantras

Durch das Rezitieren von Mantras wird ein elektromagnetisches Feld erzeugt. Wer Mantra-Yoga treibt, kennt seine positiven Wirkungen. Töne haben eine Wirkung auf den Körper im allgemeinen und im besonderen auf bestimmte Glieder und innere Organe.

Zuerst kommt der Laut oder das Wort, dann die Bedeutung und schließlich die Manifestation des Unausgesprochenen (Vak). Das ist Mantra, Nada-Brahman (das Absolute als Laut). All dies bringt die jeweilige Gottheit zum Ausdruck. Ein Mantra besteht nicht nur aus den Buchstaben, sondern auch aus ihrer hörbaren Schwingung, die durch die Aussprache entsteht.

Sprache: Übungen

Die Macht des
gesprochenen Wortes
und der Gedanken

In diesem Kapitel über das Manipura-Chakra möchte ich mich mit der Macht des gesprochenen Wortes beschäftigen und klarmachen, daß sich die Macht der Sprache in verschiedener Hinsicht nicht von der Macht der Gedanken unterscheidet.

Stellen Sie sich folgende Fragen:

– Was ist Sprache?
– Wie spreche ich?
– Klar? Undeutlich?
– Möchte ich gehört werden?
– Fürchte ich, gehört zu werden?
– Sind meine Gedanken klar?

Wenn Sie sich diese Fragen gestellt und möglichst viele eigene hinzugefügt haben, müssen die kurzen Antworten, die Sie wahrscheinlich im ersten Moment gegeben haben, näher untersucht werden.

– Sehe ich das Tageslicht?
– Wenn ja, was genau sehe ich?

Tageslicht, Sonnenlicht, Mondlicht – alle diese Wörter enthalten den Begriff »Licht«.

Der Begriff »Sehen« in der Sprache

In vielen Redewendungen und Begriffen der Alltagssprache spielt das Sehvermögen (in übertragenem Sinn) eine Rolle:

– wie ich die Sache sehe . . . (nach meiner Ansicht)
– ein Auge auf etwas werfen
– das Auge ist der Spiegel der Seele
– etwas ins Auge fassen
– etwas im Auge behalten
– die Augen offenhalten
– Voraussicht
– kurzsichtig

Lassen Sie sich weitere Wendungen und Begriffe einfallen.

Ein weiterer Schritt zur Kultivierung der Sprache ist die Anwendung von Mantras. Die Macht des Klanges, die Macht der Vibration, kann jedoch nur wirksam werden, wenn der Schüler darauf bedacht ist, das Mantra nicht mechanisch aufzusagen. Wenn jemand »Ich liebe dich« sagt, dann legt er möglichst viel Gefühl in seine Worte. In gleicher Weise müssen beim Mantra die Stimme (die Sprache) und die Emotion zusammenwirken.

Kultivierung der Sprache

Die Macht des Klanges

Die ausgedrückten Emotionen können die Hoffnung, die Sehnsucht, die Entschlossenheit oder das Verlangen sein, die mit dem Mantra verbundene Macht zu erlangen und zu erfahren, daß die Macht des Klanges auf andere ebenso wirkt wie auf einen selbst. Das lange Rezitieren von Mantras (mehrere Monate lang täglich einige Stunden) erfüllt den Körper mit den dem Mantra innewohnenden Vibrationen. Der Schüler muß in dieser Zeit jegliches Verlangen nach Resultaten aufgeben. Das Ziel – die Erlangung des Mantra-Bewußtseins – ist dann erreicht, wenn die Macht des Mantras sich während des Schlafs manifestiert, das heißt, wenn man beim Aufwachen nicht einen Traum im Kopf hat, sondern das Mantra.

Ausdruck von Emotionen

Die Macht des Mantras

1. Rezitieren Sie ein Mantra Ihrer Wahl und achten Sie dabei auf den Atem. Auf diese Weise werden die Emotionen mit dem Klang verbunden, und Sie können die Emotionen in

Die eigene Stimme hören

Ihrer Stimme wahrnehmen. Dadurch können Sie sich von der durch die Emotionen verursachten Unruhe befreien.

2. Führen Sie ein eingebildetes Gespräch mit jemand anderem und lassen Sie dabei Ihren Emotionen freien Lauf.
Wiederholen Sie das Gespräch und beherrschen Sie dabei Ihre Emotionen.
Nehmen Sie das Ganze auf Band auf, spielen Sie es dann ab und achten Sie auf die Emotionen in Ihrer Stimme.

Die eigene Sprache hören

Wenn Sie sich sprechen hören, achten Sie auf folgende Dinge:

– Sprechen Sie leise, weil Sie fürchten, etwas Falsches zu sagen? Oder weil Ihr Selbstbild schlecht ist?
– Ist Ihre Stimme kraftvoll?
– Ist die Entschlossenheit herauszuhören, sich über andere hinwegzusetzen?
– Oder ist Ihre Stimme klar und kraftvoll, weil der Geist und die Emotionen klar sind?

Dies sind wieder nur einige Hinweise, die Sie beachten sollten. Jeder Schüler muß selbst herausfinden, was für ihn wichtig ist, und sich weitere Fragen stellen, die für ihn persönlich von Bedeutung sind.

Über das Sehvermögen

Das Tattva dieses Chakras ist das Sehvermögen. Wenn wir uns mit dem Sehvermögen beschäftigen, müssen wir die verschiedenen Manifestationen dieses Sinnes in sattvischer, rajasischer oder tamasischer Ausprägung erkennen. Es ist erforderlich, unsere Gedanken über das Sehvermögen zu klären.

Wie wäre Ihr Leben, wenn Sie nicht sehen könnten? Betrachten Sie Ihr Sehvermögen als etwas Selbstverständliches?

Schauen und Sehen

Ist »Schauen« etwas anderes als »Sehen«? Was ist Sehen? Sind Ihre Augen genauso leistungsfähig wie ein Fotoapparat? Analysieren Sie den Prozeß des Sehens. Wenn Sie »schauen«, »sehen« Sie dann? Welche Rolle spielt dabei das Bewußtsein? Kann das Sehvermögen kultiviert werden?

Alle fünf Sinne müssen geübt werden, damit sie ihre größtmögliche Effizienz erreichen. Wenn Sehen nicht nur ein physischer, sondern auch ein mentaler Prozeß ist, dann ist die Frage

»Wie sehe ich?« besonders wichtig. Ist »klares Sehen« überhaupt möglich, wenn die Augen den visuellen Eindruck registrieren und der Geist ihn interpretiert? Was ist die Basis der Interpretation? Was verhindert die klare Sicht? Die Emotionen? Der Geist ist als Interpret vielleicht nicht so zuverlässig, wie man oft meint (vor allem, wenn man Logik für eine seiner Eigenschaften hält), denn die Emotionen schieben ihre verschiedenfarbigen Filter dazwischen. Ein gutes Beispiel dafür ist, auf wie verschiedenartige Weise mehrere Zeugen ein und denselben Vorfall sehen. Die persönlichen Filter, bestehend aus früheren Erfahrungen, Neigungen und Abneigungen und auch aus den Gedanken, die der Betreffende kurz vor dem Ereignis im Kopf hatte, beeinflussen die Wahrnehmung. Klare Sicht ist sattvisch: ungefärbte Wahrnehmung.

Interpretation durch den Geist

Das Sehvermögen muß auf die gleiche Weise wie die bereits behandelten Sinne erforscht werden, damit man versteht, was es bedeutet und wie es funktioniert, und damit man erkennt, was vor sich geht, wenn man etwas sieht. Nahrungsmittel zum Beispiel werden mit den Augen ausgewählt, wobei ihr Aussehen und ihre Frische beurteilt werden. Wenn man eine appetitliche Speise sieht, läuft einem sofort das Wasser im Mund zusammen. Jeder kennt das Sprichwort »Die Augen sind größer als der Magen«. Es ist sehr nützlich zu wissen, welcher Sinn durch Nahrungsmittel am meisten gereizt wird und welche Rolle das Sehvermögen dabei spielt.

Die Rolle des Sehens beim Essen

Ein rascher Blick auf die Umgebung informiert einen über die Gegebenheiten, worauf der Geist schnell beurteilt, ob sie günstig oder ungünstig sind. Wenn man sieht, daß etwas im Weg ist, entfernt man es oder weicht ihm aus. War der Blick abgewandt, dann stolpert man wahrscheinlich darüber.

Informationen über die Umgebung

Wenn der Schüler die auf den folgenden Seiten dargestellten Übungen durchführt, wird er feststellen, daß schon die erlangte Kontrolle eine Macht ist und daß seine Fähigkeit zur Meditation, Konzentration und Kontemplation sich verbessern wird. Die Auswirkungen der Konzentrationsfähigkeit auf das Leben von Yogis sind offensichtlich, doch auch Menschen, die im täglichen Leben erfolgreich sind, verfügen über sie. Im Kundalini-Yoga weiß man von Yogis, die über Siddhis (besondere Kräfte) verfügen und phänomenale, ans Wunderbare grenzende Leistungen vollbringen.[7]

Konzentration Meditation Kontemplation

Einem westlichen Menschen mag es schwerfallen, so etwas zu glauben. Ungewöhnliche Dinge, die ein anderer vollbringt, haben jedoch längst nicht so viel Beweiskraft wie das, was man selbst erreicht. Die Konzentrationsfähigkeit verbessert sich, und wenn man nach mehrjährigem Üben intensiver Konzentration fähig ist, muß man sich klarmachen, daß man noch immer nicht den höchsten Grad erreicht hat. Die Fähigkeit kann immer weiter, in einem unglaublichen Ausmaß gesteigert werden.

Die Dinge so sehen, wie sie sind

Die Dinge so zu sehen, wie sie sind, erhöht das Selbstvertrauen und macht den Menschen stärker. Wenn man nicht das sieht, was man zu sehen wünscht, sondern das, was wirklich ist, fügt man sich selbst viel weniger Schmerz zu. Die Forderung, Illusionen aufzugeben, mag grausam erscheinen, doch wenn man an ihnen festhält, gibt es eines Tages unweigerlich ein schreckliches Erwachen. Das Ergebnis ist Schmerz, und dieser ist selbsterschaffen.

Sattvische, rajasische und tamasische Eigenschaften

Innere Sicht

Die sattvischen, rajasischen und tamasischen Eigenschaften sind für das Sehvermögen ebenso von Bedeutung wie für die Emotionen. Beide müssen kultiviert werden. Das physische Auge entwickelt ein inneres Sehvermögen, das sich zu gegebener Zeit manifestieren wird. Rohe und machtvolle Emotionen müssen durch die innere Sicht (Einsicht) in kultivierte Emotionen verwandelt werden. Die Sensibilität bezüglich der eigenen Emotionen und des eigenen Ego muß verbessert werden, bis man auf andere mit Feinfühligkeit und Verständnis reagiert und schließlich die Ebene des Mitgefühls erreicht – des Mitgefühls für andere. Jede Selbstentwicklung muß dazu genützt werden, anderen zu helfen, wenn man eine höhere Bewußtseinsebene und das Ziel der Befreiung erreichen will.

Nachdem wir das Sehvermögen und die innere Sicht untersucht haben, wollen wir uns dem dritten Auge zuwenden, das sich zwischen den Augenbrauen befindet. Es ist kein physisches Auge, sondern das Sehzentrum im Gehirn, der Sitz des Sehvermögens.

Die Macht, die das Auge erschaffen hat, kann sehen.

Intuition

Dies gilt auch für alle anderen Sinne. Intuition ist die aufs höchste verfeinerte Ausprägung eines Sinnes, in diesem Fall des Sehvermögens. Wie das Blut durch den Körper, so fließt die Energie in mehr oder weniger starkem Maß durch alle Sinne.

Sehvermögen: Übungen

Ich sehe. Der Vorgang des Sehens. Was wird gesehen?

Sie können diese Untersuchung mit der Frage beginnen: »Sehe ich mich? Wie sehe ich mich?« Wenn Sie sich diese Fragen zum ersten Mal stellen, sollten Sie die Antworten aufschreiben. Stellen Sie sich die Fragen nach einiger Zeit erneut, werden die Antworten infolge der inzwischen gewonnenen »Einsichten« wesentlich anders ausfallen. *»Wie sehe ich mich und die anderen?«*

Setzen Sie diese Selbsterforschung mit Fragen fort wie etwa: »Wie sehen mich die anderen – mein Mann, meine Frau, mein Sohn, meine Tochter, meine Mitarbeiter?« »Identifiziere ich mich mit anderen? Wie sehe ich sie? Sehe ich mich in anderen? Womit soll ich mich identifizieren? Wie kann ich mich selbst sehen? Was projiziere ich auf andere? Was möchte ich nicht an mir sehen? Warum nicht?«

Man muß herausfinden, in welcher Hinsicht man sich absichtlich blind stellt, wie und warum man sich vor Dingen abschirmt, die man nicht sehen möchte. Jede Emotion errichtet eine Abschirmung und verhindert die klare Sicht. *Absichtliche Blindheit*

Versuchen Sie herauszufinden, welche abschirmenden Emotionen in folgenden Wendungen zum Ausdruck kommen: *Abschirmende Emotionen*

- Ich sah einfach rot und wußte nicht, was ich tat
- Ich kann mir nicht vorstellen, ohne diesen Menschen oder diese Sache zu leben

Etwas zu sehen, was nicht da ist, bedeutet, nicht klar sehen zu können, was da ist.

Überprüfen Sie die gewohnte Sichtweise, mit der Sie die Dinge betrachten. Finden Sie heraus, in welchen Fällen Sie das Gesehene nicht zur Kenntnis nehmen – mit dem inneren und mit dem physischen Auge. *Gewohnte Sichtweise*

Alle diese Untersuchungen sollten unter dem Motto stehen: »Selbsterkenntnis macht frei.« Im Manipura-Chakra ist das Wechselspiel zwischen dem Sehvermögen und den Emotionen besonders intensiv. *Wechselspiel zwischen Sehvermögen und Emotionen*

Übungen:
1. Drei Minuten
ein Objekt
betrachten

Betrachten Sie drei Minuten lang ein lebloses Objekt wie ein Stück Holz, ein Glas Wasser, ein Stück Stoff, ein Blatt Papier und registrieren Sie die Gedanken, die Sie daran hindern, Ihren Blick auf das Objekt zu konzentrieren. Jetzt betrachten Sie das Foto eines geliebten oder von Ihnen verehrten Menschen, das Bild einer Gottheit oder das Bild eines Kindes, eines Vogels oder eine Blume. Vergleichen Sie danach Ihre Notizen und Ihre Konzentrationsfähigkeit bei den verschiedenen Objekten.

2. Jemand anderem
in die Augen blicken

Setzen Sie sich jemand anderem gegenüber und blicken Sie sich gegenseitig eine bestimmte Zeit in die Augen, ohne sich zu bewegen oder zu sprechen. Versuchen Sie, nicht zu zwinkern. Beobachten Sie die Aktivität des Geistes und der Emotionen und notieren Sie später diese Beobachtungen.

3. Mit dem
geistigen Auge sehen

Lassen Sie vor Ihrem geistigen Auge ein Bild oder eine Skulptur erstehen oder stellen Sie sich eins der Bilder aus der ersten Übung vor. Beobachten Sie wieder, was geschieht, wie lange Sie imstande sind, sich zu konzentrieren, und auf welches der Objekte Sie sich am längsten konzentrieren können.

4. Den Geist
beobachten

Ruhig dazusitzen und den Geist zu beoachten ähnelt dem Sehen mit dem geistigen Auge: Sie betrachten dabei, was auf dem geistigen Bildschirm erscheint. Von Zeit zu Zeit sollten Sie sich Notizen machen, Ihre Aufzeichnungen später durchsehen und sich damit auseinandersetzen. Sie werden dadurch viel über Ihren Geist und über gedankliche Assoziationen lernen, was sich als überaus nützlich und aufschlußreich erweisen wird. Mit Problembereichen, die immer wieder auftauchen, müssen Sie sich auseinandersetzen, weil sie sonst störend wirken und zu einem fast unüberwindlichen Hindernis bei der Meditation werden. Die für diese Übung aufgewandte Zeit kann anfangs zehn Minuten betragen, später das Doppelte oder Dreifache.

5. Einen Stein
betrachten

Betrachten Sie mindestens drei Minuten lang einen gewöhnlichen Stein. Tun Sie dann das gleiche mit einem Halbedelstein oder Edelstein und finden Sie heraus, welche symbolische Bedeutung er für Sie hat.

6. Betrachten von
Farben

Betrachten Sie die Farben in Ihrem Zimmer. Richten Sie den Blick jeweils ein paar Minuten auf eine Farbe. Finden Sie heraus, welche Bedeutungen die Farben für Sie haben.

Sehen Sie vor Ihrem geistigen Auge eine Flamme. Verbrennt sie etwas? Oder taucht etwas aus der Flamme auf? Visualisieren Sie jetzt Ihr Herzzentrum. Stellen Sie sich darin eine blaue Flamme auf einem Altar vor. Stellen Sie sich die Flamme auf den Köpfen von Freunden und geliebten Menschen vor. Schreiben Sie auf, was Ihnen während dieser Visualisierung in den Sinn kommt.

7. Visualisierung einer Flamme

Rezitieren Sie innerlich das AUM. Dann visualisieren Sie das Wort so deutlich wie möglich in Großbuchstaben.

8. Visualisierung von A-U-M

Malen Sie einen etwa ein bis zwei Zentimeter großen farbigen Punkt auf ein leeres Blatt Papier. Fixieren Sie den Punkt, ohne zu zwinkern, bis Ihre Augen zu tränen beginnen. Machen Sie diese Übung regelmäßig und dehnen Sie dabei die Zeit aus.

9. Trataka

Während Sie auf den Punkt blicken, atmen Sie ein, halten Sie den Atem an, spannen Sie die Hände an, atmen Sie aus und entspannen Sie Ihre Hände. Schreiben Sie auch hier alle Beobachtungen auf.

Vergleichen Sie die Konzentration auf den Punkt mit Übung II (jemand anderem in die Augen blicken).

Setzen Sie sich bequem hin und denken Sie an Ihren Nabel. Richten Sie den Blick auf die Stelle zwischen den Augenbrauen. Stellen Sie sich deutlich eine silberne Scheibe (den Mond) auf Ihrem Nabel vor. Wenn das Bild deutlich ist, stellen Sie sich vor, wie die kühle Scheibe Ihren Nabel umkreist und wie sich die Kühle angenehm mit Ihrer Körperwärme vermischt. Wenn Gedanken auftauchen und Sie von der Konzentration auf die silberne Scheibe und die Kühle ablenken, stellen Sie sich vor Ihrem geistigen Auge ein Wort in Großbuchstaben vor, zum Beispiel LIEBE, FRIEDEN, GOTT oder LICHT.

10. Konzentration auf eine silberne Scheibe

Sitzen Sie in bequemer, aufrechter Haltung, entspannen Sie Nacken und Schultern und atmen Sie regelmäßig. Visualisieren Sie den Buddha oder eine andere Gestalt Ihrer Wahl. Richten Sie Ihre ganze Aufmerksamkeit auf dieses Bild. Jetzt stellen Sie sich vor, daß diese Gestalt auf Ihrem Kopf sitzt und daß sich Ihre Wirbelsäule in der Wirbelsäule dieser Gestalt fortsetzt. Imaginieren Sie sich, daß sie als menschliche Verkörperung der Vollkommenheit mit gekreuzten Beinen auf Ihrem Kopf sitzt. Notieren Sie alles, was geschieht.

11. Visualisierung einer Gestalt auf dem Kopf

12. Betrachtung des Spiegelbilds

Betrachten Sie Ihr Gesicht in einem Spiegel, der so groß ist, daß Sie auch Hals und Schultern sehen. Was sehen Sie? Ein Gesicht, das Ärger oder Schmerz ausdrückt? Ist es das Gesicht eines Menschen, dem man vertrauen kann? Sieht es verschlagen aus oder scheint das innere Licht durch? Was für ein Gesicht sehen Sie?

Sehen Sie Ihr Gesicht zwei oder drei Minuten lang an, schließen Sie dann die Augen und visualisieren Sie es. Machen Sie sich kurze Notizen. Betrachten Sie Ihr Gesicht das nächste Mal doppelt so lange und visualisieren Sie es, bis Sie imstande sind, das Bild mit geschlossenen Augen längere Zeit vor sich zu sehen.

Projizierung des Bilds in den Himmel

Wenn es Ihnen gelingt, Ihr Spiegelbild längere Zeit deutlich vor Ihrem geistigen Auge zu sehen, dann projizieren Sie es in den Himmel.

13. Anrufung des Göttlichen Lichts

Führen Sie weiterhin die Anrufung des Göttlichen Lichts durch und legen Sie jetzt mehr Betonung auf die bildliche Vorstellung (Visualisierung) und auf das Gefühl.

Ein tieferes Verständnis des Sehvermögens ist ohne diese Übungen nicht möglich; und sie sind nur ein Anfang. Denken Sie bei jeder Übung: »Ich sehe – Der Vorgang des Sehens – Was wird gesehen?« Dies wird es Ihnen erleichtern, das Sehvermögen und seine Wirkungen zu verstehen.

Über Imagination, Geist und Energie

Die Energie ist formlos

Die Wirkung von Imagination und starken Gefühlen

Der Schüler sollte sich bei den Übungen stets bewußt sein, daß die Energie ursprünglich form- und gestaltlos ist und daß er für die Imagination, die er einsetzt, um sie zur Manifestation zu bringen, verantwortlich ist. Die vom Muladhara-Chakra über das Svadhishthana aufgestiegene Energie befindet sich nun im Manipura-Chakra, wo Imagination und starke Gefühle sie gemeinsam mit dem Sehvermögen in Wünsche verwandelt haben. Die aufsteigenden Bilder sind wie weicher Ton, so daß ihre Form noch verändert werden kann. Doch im Brennofen der Gefühle werden sie durch den Eigenwillen gehärtet, und wenn sie dort bleiben, können sie im Lauf der Zeit hart wie Stein werden und ihre einmal notwendige Zerstörung beträchtlich erschweren.

Leidenschaft ist nicht auf die Sexualität beschränkt. Man kann auch in bezug auf Vorstellungen und Ansichten von Leidenschaft erfüllt sein.

Leidenschaft

Auf dieser Ebene entstandene Ansichten können mit Tonfiguren verglichen werden, die im Brennofen der Emotionen im Feuer der Leidenschaft gebrannt werden. Wir lieben unsere Ansichten, und sie nehmen in unserem Leben großen Raum ein. Solche geistigen Muster erlangen mit der Zeit eine fast hypnotische Macht. Manchmal erscheint es unmöglich, ihnen zuwiderzuhandeln, so sehr die Vernunft auch dazu raten mag. Aus früheren Zeiten der Entwicklung scheinen uns einige Anhängsel geblieben zu sein, alte Gewohnheiten, die uns ständig in Schwierigkeiten bringen, wie Unentschlossenheit, Minderwertigkeitsgefühle und der Wunsch, sie zu kompensieren.

Ansichten

Bis der Schüler mit der Kundalini-Yoga-Praxis beginnt, haben sich im Lauf seines Lebens viele Gewohnheiten herausgebildet: gewohnheitsmäßiges Denken und Fühlen, gewohnheitsmäßige Abwehr von Dingen, die man nicht hören will, gewohnheitsmäßige Handlungen und Reaktionen, Zwänge und das Hin und Her der Gegensatzpaare. Zwei sehr wichtige Gegensätze sind positives und negatives Denken. Negatives Denken übt eine starke Macht aus, weil es durch die vom Ego kontrollierten Emotionen genährt wird. Positives Denken muß durch wiederholte (kultivierte) Visualisierung von idealen Reaktionen auf bestimmte Situationen genährt werden. Was damit gemeint ist, wird einem durch Beobachtung des Geistes klarer.

Gewohnheiten

Positives und negatives Denken

Allmählich wird der Schüler erkennen, daß alle unsere Erfahrungen und Erlebnisse durch den Geist interpretiert werden. Dieses Bewußtsein verdankt er der Verfeinerung und Kultivierung der Sinne, welche die Türen und Fenster zur Welt sind. Eine solche Verfeinerung bringt uns in sensibleren Kontakt mit den Menschen um uns, denn kein Mensch ist eine Insel. Die einzelne Körperzelle funktioniert in Verbindung mit allen anderen Zellen; ja, ihre Existenz hängt von der Zusammenarbeit mit allen anderen Zellen ab. Auf ähnliche Weise ist jeder einzelne Mensch eine Zelle des großen kosmischen Körpers. Selbstüberhebung führt zu Absonderung, und deren Folge ist Isolation.

Interpretation durch den Geist

Da Traumbilder gleichfalls ein Produkt der Imagination sind, müssen auch sie beobachtet werden. Das Wissen um sie und ihren Einfluß ist sehr wichtig, wenn man die Macht des

Traumbilder

Geistes kennenlernen will. Man muß wissen, was der Geist produziert, wenn das Bewußtsein durch Schlaf getrübt ist. Es bedarf großen Mutes, diese Botschaften zu akzeptieren, da sie dem Träumenden oft eine unangenehme, aber für ihn sehr wichtige Wahrheit vermitteln. Eine Kombination von Demut, Gebet und Mut verhilft zu sehr klaren und leicht zu deutenden Träumen.

Demut, Gebet und Mut verhelfen zu klaren Träumen

Es gibt viele Schulen der Traumdeutung, doch es ist, vor allem für den Anfänger, ratsam, verschiedene geistige Richtungen nicht zu vermischen.

Imagination, Geist und Energie: Aufstellung einer Liste

Sie erschaffen Ihre Welt

Wie sieht die von Ihnen erschaffene Welt aus? Sind Sie mit ihr zufrieden? Wenn nicht, können Sie sie zerstören und eine neue erschaffen?

Gewohnheits- mäßige Einstellung

Die gewohnheitsmäßige Einstellung, mit der Sie Dinge und Menschen, Gruppen und Individuen betrachten, gehört zu den Schablonen, die Sie blind machen. Fertigen Sie eine Liste an, mit deren Hilfe Sie herausfinden können, welche Ihrer Sichtweisen, Illusionen und Überzeugungen solche Schablonen sind.

Betrachten Sie Ihre Überzeugungen

Betrachten Sie Ihre Überzeugungen:

– Woher stammen sie?
– Worauf beruhen sie?
– Wieviel daran ist Wunschdenken und wieviel wirkliches Wissen?
– Was geschieht, wenn Sie den gegenteiligen Standpunkt einnehmen?
– Beunruhigt Sie das?

Betrachten Sie die Tatsachen

Wenn es Ihnen gelingt, klar und deutlich die Tatsachen zu sehen, dann werden keine Emotionen mehr in Ihnen aufflakkern, sobald jemand anderes Ihren Überzeugungen widerspricht – denn Sie haben es ja dann bereits selbst getan. Diese Selbsterforschung kann Sie von einem Ende der Wippe näher zur Mitte bringen. Von dieser neuen Position aus können Sie neue Erkenntnisse gewinnen.

Eine Liste der Gewohnheiten

Am besten ist es, wenn Sie bei der Aufstellung einer Liste Ihrer Gewohnheiten und Schablonen getrennt vorgehen. Lassen Sie im Geist den Tag an Ihnen vorüberziehen und finden Sie heraus, was Sie alles gewohnheitsmäßig tun.

- Essen Sie immer zu bestimmten Tageszeiten beziehungsweise an bestimmten Tagen der Woche bestimmte Nahrungsmittel?
- Tun Sie manche Dinge nur zu bestimmten Zeiten?
- Nehmen Sie sich für manche Tätigkeiten nicht genug Zeit, so daß Sie in Eile geraten?
- Erledigen Sie Routineaufgaben, ohne daß Sie sich dessen bewußt sind, was Sie tun?

Denken Sie an Ihre Verhaltensweisen und Reaktionen.
- Reagieren Sie abwehrend, wenn man Sie kritisiert?
- Lösen bestimmte Eigenheiten bei Ihnen feindselige Gefühle aus?
- Lassen Sie sich von bestimmten Leuten einschüchtern?
- Beeinflußt das Aussehen eines Menschen Ihre gefühlsmäßige Reaktion auf ihn?
- Neigen Sie dazu, auf bestimmte Situationen emotional zu reagieren?

Mechanisches Verhalten

Sie können diese Listen selbst erweitern. Sie werden Ihnen zu größerer Selbsterkenntnis und erhöhter Bewußtheit verhelfen, indem sie Sie aus dem »Schlafwandler«-Zustand erwecken.

Die Errichtung des Fundaments geschieht hauptsächlich in den ersten drei Chakras, und sie ist deshalb sehr wichtig, weil jeder eingebildete Mangel eine Imagination, also nur eine Vorstellung oder Ein*bild*ung ist. Die intensive Erforschung des Geruchs-, Geschmacks- und Gesichtssinns zeigt bereits, welche enorme Arbeit ein Yogi vollbracht hat, der auch nur ein geringes Maß an Selbstverwirklichung erreicht hat. Jeder Schritt erscheint ungeheuer schwer, und oft wird man versuchen, an nur in der Vorstellung existierenden Umständen und Bedingungen oder an Wünschen und Hoffnungen festzuhalten. Alle Träume im täglichen Leben sind nur Illusionen, und das Erwachen aus solchen Träumen ist manchmal schrecklicher als alle Beschwernisse des Yoga-Pfads. Wer die Dinge so sieht, wie sie wirklich sind, gewinnt an Selbstvertrauen und Stärke. Wenn man sieht, was ist, und nicht, was man zu sehen wünscht, gibt es viel weniger selbsterschaffenes Leid.

Das Fundament

Sehvermögen
Emotionen
Imagination
Wünsche

Klares Denken

Klar zu denken bedeutet, geradlinig zu leben – den Umständen gemäß zu handeln, anstatt sich einzubilden, daß sie anders sind, und sich durch vernebeltes Denken selbst zu täuschen oder gar nichts zu tun und zu hoffen, daß die Probleme oder Sorgen sich von selbst lösen werden.

Inneres Sehen
Einsicht

Inneres Sehen ist eng mit Konzentration verbunden. Gute Konzentrationsfähigkeit ist der Schlüssel zum Erfolg in allen Lebensbereichen sowie zur Kultivierung und Entwicklung aller körperlichen, geistigen und emotionalen Fähigkeiten, die jedem möglich sind.

Konzentration: Mit dem geistigen Auge bewußt ein Objekt betrachten

Konzentration ist die Fähigkeit, ein gewähltes Objekt eine bestimmte Zeit bewußt mit dem geistigen Auge zu betrachten. Der Schüler muß herausfinden, wie lange er sich konzentrieren und auf welche Objekte er seine Aufmerksamkeit am längsten richten kann und bei welchen ihm dies nur kürzere Zeit gelingt.

Abstrakte oder konkrete Bilder

Es ist wichtig, daß sich der Schüler, bevor er mit seinen Konzentrationsübungen beginnt, entscheidet, ob er ein konkretes oder ein abstraktes Bild visualisieren möchte. (Können Sie sich, zum Beispiel, sich selbst ohne Ihr körperliches Erscheinungsbild vorstellen? Können Sie sich als eine Masse von Licht sehen, als einen vollkommen immateriellen Körper aus Licht?) Das Tagebuch, in das Sie täglich die Geschehnisse, die Übungen und Ihre Gedanken darüber sowie Ihre Träume und deren Deutungen eintragen, gibt Ihnen Aufschluß darüber, wie Ihr Geist arbeitet. Sorgsames Studium wird Ihnen zeigen, wie

Kontakt mit dem inneren Selbst

Sie Schritt für Schritt in Kontakt mit jenem innersten Wesen kommen, das Ihre weitere Entwicklung lenkt. Es wird auch zu einer Energiequelle, die Sie mit dem Enthusiasmus und dem Elan erfüllt, die Sie brauchen, um diese gewaltige Aufgabe ständiger Selbstentwicklung zu bewältigen.

Richten Sie Ihre Aufmerksamkeit auf folgende Punkte:

Dunkle Wolken

1. Wo sind meine dunklen Wolken?
2. Wie entwickeln sich diese dunklen Wolken?
3. Kann ich sie schon im Entstehungsstadium entdecken?
4. In welchen Bereichen handle ich unter dem Zwang von Emotionen?
5. Lasse ich mich mehr von Emotionen leiten als von der Vernunft?
6. Welcher Leitsatz könnte mir dabei helfen, Veränderungen herbeizuführen?

Leitsatz

Beispiel: Erst denken, dann handeln.

Weitere wichtige Punkte:
1. Verzögerungstaktiken des Geistes – Emotionen
2. Vom Geist gestellte Fallen – Emotionen
3. Gewohnheitsmäßiges Kritisieren und Beurteilen –
   Emotionen

Verzögerungstaktiken und Fallen:
- alles auf morgen verschieben
- Dinge, mit denen man sich jetzt auseinandersetzen sollte, in
  die Vergangenheit oder in die Zukunft abschieben
- sich absichtlich blind stellen, um nicht handeln oder Entscheidungen treffen zu müssen

Wo wende ich Verzögerungstaktiken an?
- im Beruf, beim Studium, Saubermachen, Aufräumen?

Möglichkeiten, bewußter zu werden:
- Achtsam sein
- Beobachtungen, Träume aufschreiben, Tagebuch führen
- körperliche Übungen (Hatha-Yoga)
- geistige und emotionale Übungen (Yoga)
  ... den Geist beobachten
  ... sich auf ein Objekt konzentrieren
  ... über die Ereignisse des Tages nachdenken
  ... über die Bedeutung von Worten, Ideen und so weiter
      nachdenken.

Denken Sie bitte daran, daß die Aufstellung von Listen zur
Selbsterforschung nicht zu der Gewohnheit führen darf, nach
Schlupflöchern zu suchen. Es gibt zahlreiche Möglichkeiten
der Entwicklung, und klares Denken ist erforderlich, um die für
Sie wichtigen und richtigen herauszufinden. Es ist unmöglich,
sich mit allem, wozu der Geist und die Emotionen imstande
sind, zu beschäftigen. Auch hier ist es ratsam, den Prozeß der
Selbsterforschung allmählich auszuweiten.

Emotionen, Geist und Energie

Lange Zeit scheinen Emotionen den Schüler immerwieder aus
dem Gleichgewicht zu bringen, wodurch die Beobachtung
durch Eitelkeit, Stolz oder falsche Bescheidenheit erschwert

*Emotionen
erschweren die
Beobachtung*

Rivalität

wird. Eine kritische Einstellung gegenüber sich selbst und anderen und die daraus entstehenden Emotionen sind die Ursache für den Drang, mit anderen zu rivalisieren. *Im Leben eines Schülers darf es keine Rivalität geben.* Er sollte sein wie eine Blume auf dem Feld. Sie wächst und vergleicht sich nicht mit anderen Blumen derselben oder einer anderen Art.

Nachdenken

Nachdenken über die Ereignisse des Tages dient dazu, das eigene Verhalten in allen Bereichen zu überprüfen. Ohne Nachdenken würde man nicht wissen, wann Schmerz unvermeidlich ist und wann er selbsterschaffen ist. Es liegt an unserer eigenen Einstellung, ob bestimmte Situationen für uns förderlich oder abträglich sind. Wenn man sich weh tut, indem man sich in den Finger schneidet, dann hat man sich diesen Schmerz

Schmerz ist ein großer Lehrmeister

durch Mangel an Aufmerksamkeit selbst zugefügt. Schmerz ist ein großer Lehrmeister. Vielleicht hat man in früheren Existenzen schmerzhafte Erfahrungen gemacht, die sich, da man sich damals nicht mit ihnen auseinandergesetzt hat, im jetzigen Leben wiederholen.

Entwicklung latenter Kräfte

Es kann sein, daß der Durchschnittsmensch nie mit latenten Kräften in Berührung kommt noch von der Möglichkeit erfährt, sie zu entwickeln, doch wie bei menschlichen Gesetzen schützt auch beim göttlichen Gesetz Unwissenheit vor Strafe nicht. Dem Unwissenden erscheint das Leben oft erbarmungslos; er fühlt sich hilflos, wie ein Blatt im Wind, hierhin und dorthin geweht. Die Möglichkeit der Selbstbemeisterung auf körperlicher und geistig-emotionaler Ebene scheint solchen Menschen verborgen zu bleiben. Ein östlicher Lehrer definiert ein Geheimnis als etwas, das man nicht weiß. Der Durchschnittsmensch glaubt, daß es etwas, das er nicht weiß, nicht gibt.

Sitz der Emotionen

Das Manipura-Chakra, das sich in der Gegend des Nabels befindet, ist der Sitz der Emotionen. Der mächtige Einfluß dieses Zentrums auf den Körper muß untersucht und verstanden werden. Der Schüler dürfte sich der hypnotischen Wirkung, die negative Emotionen auf ihn ausüben, bereits bewußt sein. Durch positives Denken in konkreten Bildern kann diese Kraft konstruktiv eingesetzt werden. Emotionen können so verschiedenartig sein wie Feuer und Wasser. Wenn man »rot sieht«, sind die Emotionen so mächtig, daß sie die klare Sicht verhindern. Später, wenn man nachgedacht hat, wird einem klar, was geschehen ist. Durch folgerichtiges Denken kann dann das Gleichgewicht wiederhergestellt werden.

Eine Übung, mit der man solche störenden Emotionen besser unter Kontrolle bekommen kann, besteht darin, sich drei Minuten lang auf Wasser zu konzentrieren. Ein Wassertropfen ist wie eine schwache Emotion: Da er so klein ist, kann er leicht weggewischt werden. Wenn man einen Eimer Wasser verschüttet, macht das Aufwischen viel mehr Arbeit. Stellen Sie sich vor, daß ein See die Emotionen symbolisiert. Wie tief ist er? Wenn das Wasser trüb ist, kann man nicht bis auf den Grund sehen. Wasser breitet sich auf unvorhersehbare Weise aus, wenn es nicht kontrolliert und reguliert wird.

Wasser: ein Tropfen, ein Eimer voll

Stellen Sie sich vor, Sie blicken zum Himmel auf. Ein paar Wolken verdecken die Sonne. Fragen Sie sich: »Wie ist das mit den Wolken meines Geistes? Woraus bestehen sie? Aus Emotionen? Wenn Emotionen mir die Sicht versperren können, dann muß ich mich, wenn ich nicht ›blind‹ sein will, mit den Emotionen beschäftigen.« Wenn man körperlich blind ist, dann übernehmen andere Sinne zum Teil die Aufgaben der Augen und werden schärfer. Emotionale Blindheit jedoch bedeutet, daß man nicht sehen *will*. Wenn Sie klarer sehen wollen, dann sagen Sie sich: »Ich will mich mit einigen meiner Emotionen beschäftigen, wie Eifersucht, Besitzstreben, Selbstmitleid, und mit alten Gewohnheiten wie Unentschlossenheit, meiner Neigung, mich zu rechtfertigen, und so weiter.«

Wolken, Emotionen, Blindheit

Emotionen, Geist und Energie: Aufstellung einer Liste

Die Vorstellung Gottes dient folgenden Zwecken:

Die Gottesvorstellung

1. der Sammlung der Aufmerksamkeit bei längerer Konzentration,
2. der Entwicklung oder Verfeinerung bestimmter Emotionen, wie Dankbarkeit, Einfühlungsvermögen oder Loyalität, durch Verehrung und

Verfeinerung von Emotionen

3. der Durchbrechung der Monotonie spiritueller Übungen, was einem ermöglicht, seine »Zeitgrenze« (die Grenze seiner Neigung) zu überschreiten. Das heißt, am Anfang ist der Schüler eine Zeitlang von Begeisterung erfüllt, doch wenn diese erschöpft ist, muß er dazu inspiriert werden, entweder von neuem zu beginnen oder bei der Konzentration und der Verfeinerung der Sinne immer höhere Ziele anzustreben.

Austausch des Bildes gegen das Licht

Der nächste Schritt bei der Kultivierung der Emotionen besteht darin, das konkrete Gottesbild gegen die Vorstellung reinen Lichts auszutauschen. Die Visualisierung des Lichts ist wesentlich schwieriger und erfordert größere Bewußtheit und Unterscheidungsfähigkeit sowie ein tiefes Gefühl der Dankbarkeit.

Gegensätze

Jede Emotion, die man empfindet, hat ihren Gegensatz. Denken Sie sich möglichst viele Emotionen aus und nennen Sie deren Gegensatz. Überlegen Sie, auf welche Weise Sie negative Emotionen in positive verwandeln können. Hier einige Beispiele:

Traurigkeit – Heiterkeit
Versetzen Sie sich in heitere Stimmung, indem Sie ein fröhliches Lied singen.
Machen Sie einen Spaziergang (eventuell nur in Ihrer Vorstellung).
Stellen Sie sich einen schönen Garten vor; betrachten Sie die Blumen.

Ärger, Wut – Liebe, Barmherzigkeit
Stellen Sie sich vor, welchen Einfluß ein Mensch voller Liebe und Barmherzigkeit auf das Leben vieler anderer haben kann.

Kritiksucht – Gelassenheit
In den Augen der Shakti sind alle wertvoll.

Bilden Sie selbst ähnliche Leitsätze.

Abhängigkeiten

Es gibt viele Abhängigkeiten. Fertigen Sie eine Liste davon an. Dann machen Sie sich klar, daß der Prozeß des Denkens vom Gehirn abhängt. »Ich« (als Person) hänge von der Fähigkeit zu denken ab. Ohne zu denken existiere »ich« nicht, gibt es kein Bewußtsein. »Ich« (als Person) bin auf meine Unterscheidungsfähigkeit angewiesen, wenn ich Illusionen erkennen will.

Übungen: Silberscheibe

Wiederholen Sie die Übung mit der Silberscheibe aus dem vorigen Kapitel und konzentrieren Sie sich diesmal auf das Gefühl.

»Ich lebe aus meiner Mitte«

Gehen Sie im Zimmer umher und beschreiben Sie dabei mit den Armen einen Kreis, indem Sie sie in Brusthöhe seitlich ausstrecken, sie bis zur Höhe des dritten Chakras sinken lassen und wieder bis zur Brust heben. Sagen Sie laut »Ich lebe aus meiner Mitte«, und horchen Sie dabei auf Ihre Stimme. Durch das Zuhören wird die Wirkung wesentlich verstärkt. Wiederholen Sie dies zehnmal und führen Sie diese Übung mindestens einmal am Tag durch. Dies wird Sie, wenn Sie in irgendeiner Situation aus dem Gleichgewicht geraten, daran erinnern, daß Sie immer in Ihre Mitte zurückkehren können – Sie brauchen es nur zu wollen.

Visualisieren Sie eine ästhetisch unangenehme oder gar widerliche Szene, die Sie zum Beispiel im Fernsehen gesehen haben, oder eine Szene, in der eine starke Emotion wie Rachsucht oder Haß gegen einen anderen Menschen eine Rolle spielt. Stellen Sie sich vor, was Sie tun würden, wenn Sie den Mut dazu hätten. Beobachten Sie die aufsteigenden Emotionen. Wiederholen Sie dies einige Male und beobachten Sie alle anderen Emotionen wie etwa Befriedigung über das, was Sie getan haben. Machen Sie sich klar, welch destruktiver Emotionen man fähig sein kann und daß sie nicht gerechtfertigt sind. Bedenken Sie, daß sich solche Emotionen auch gegen Sie richten könnten und was Sie dann empfinden würden. *Visualisierung*

Durch diese Übung können Sie die Quelle in Ihrem Innern erkennen, die negative Kräfte hervorbringt.

Um das Gleichgewicht wiederherzustellen und die richtige Erkenntnis zu erlangen, müssen Sie danach eine freudige und erhebende Situation visualisieren. Anstatt eines Empfängers des Negativen gibt es nun also einen Empfänger des Positiven. Wählen Sie einen geeigneten »Partner« und beobachten Sie die in dieser Situation auftretenden Emotionen.

Der Zweck dieser zweiteiligen Übung ist, die gegensätzlichen Emotionen auszugleichen. Zur Herstellung dieses Ausgleichs, ist auch intensive Beschäftigung mit dem Tagebuch erforderlich. Das angestrebte Ergebnis ist, die Dinge so zu nehmen, wie sie sind, und den Emotionen möglichst wenig Macht einzuräumen. *Ausgleich der Emotionen*

Für diese Übungen können auch Personen, die man kennt, und Situationen, die man in der Vergangenheit erlebt hat oder die man in der Zukunft erwartet, visualisiert werden.

Der Schüler muß für die Kultivierung seiner Emotionen die volle Verantwortung übernehmen. Sein höheres Selbst wird nur dann kooperieren, wenn wirklich der Wille und das Verlangen vorhanden sind, einen höheren Bewußtseinszustand zu erreichen. *Volle Verantwortung*

Dankbarkeit

Es ist notwendig, Dankbarkeit zu entwickeln. Sie muß zu einem natürlichen Gefühl werden, das ganz von selbst entsteht. Der Schüler sollte eine Liste aller Menschen in seinem Leben aufstellen, denen dankbar zu sein er Anlaß hat.

Verzicht auf Erfüllung von Bedürfnissen

Schreiben Sie auch alles auf, was Sie für andere Menschen getan haben und wofür diese *Ihnen* Ihrer Ansicht nach dankbar sein sollten, damit Sie Ihr Bedürfnis danach untersuchen können. Der Verzicht auf die Erfüllung der eigenen Bedürfnisse muß richtig verstanden werden. Es geht nicht um die Unterdrückung von Bedürfnissen, sondern darum, von der Erfüllung dieser Bedürfnisse nicht abhängig zu sein. Eine Klärung kann die zwanghafte Abhängigkeit von Bedürfnissen verringern. Heutzutage wird häufig die Erfüllung aller Bedürfnisse befürwortet, und es ist wichtig, nicht in diese Falle zu gehen. Wer dafür eintritt, müßte seinen Kindern alles geben, was sie haben wollen. Was auf menschlicher Ebene für das Kind gilt, gilt auch für das spirituelle Kind. Urteilskraft, Selbstkontrolle und Disziplin sind von großer Wichtigkeit.

Träume

Verstehen von Träumen macht unabhängig

Im Traum können wir Kontakt mit dem höheren Selbst, dem inneren Guru, aufnehmen. Das Verstehen der eigenen Träume und die daraus erwachsende Disziplin haben überaus nützliche Folgen, die der Schüler bald an sich selbst feststellen wird: Unabhängigkeit von der Kritik anderer, Freiwerden von gewohnheitsmäßiger Selbstbewertung und Erkennen einer neuen Dimension, die mehr und mehr zugänglich wird.

Sich an Träume erinnern

Damit Sie sich an Ihre Träume erinnern können, legen Sie Papier und Bleistift neben Ihr Bett und vergewissern Sie sich, daß Sie bei Bedarf schnell Licht machen können. Kurz vor dem Einschlafen sagen Sie mehrmals: »Ich werde mich an meinen Traum erinnern und ihn aufschreiben.« Wenn Sie dies mit Überzeugung sagen und mindestens zweimal wiederholen, werden Sie feststellen, daß Sie sich tatsächlich immer besser an Ihre Träume erinnern können. Schreiben Sie alles auf, was Ihnen einfällt, selbst wenn es nicht vollständig ist, denn auch Fragmente eines Traums können eine Botschaft enthalten. Machen Sie Ihre Notizen sofort nach dem Aufwachen. Wenn Sie sich an keinen Traum erinnern, schreiben Sie Ihren ersten Gedanken auf. Darunter schreiben Sie eine kurze Deutung, selbst wenn sie unvollständig sein sollte. Nützlich ist es, auch zu notieren, was sich ereignet hat, bevor Sie den Traum hatten, oder womit Sie sich vorher geistig beschäftigt hatten.

So kann das Tagebuch, in das Sie die täglichen Geschehnisse eintragen, durch ein »Traumtagebuch« ergänzt und zusammen mit diesem ausgewertet werden.

Achten Sie darauf, wie der Geist im Schlafzustand funktioniert, wie sich die Wahrnehmung von Zeit und Raum – manchmal sehr schnell – verändert. Es ist wichtig, über die Bedeutung von Zeit und Raum und über den Wechsel der Geschehnisse nachzudenken, denn auch im täglichen Leben bewegen wir uns im Geist ständig von einer Sache zur andern, ohne daß uns das bewußt wird.

Funktionieren des Geistes im Schlaf

Nützlich ist es, wenn Sie sich ein eigenes Traumlexikon anlegen und die in Ihren Träumen erscheinenden Symbole eintragen. Sie sollten jedoch keine Traumbücher zu Rate ziehen noch sich einer bestimmten Schule verschreiben, sondern selbst entdecken, wie dieser Teil des Geistes Ideen immer wieder auf eine für den Träumenden sehr persönliche Weise in Symbolen ausdrückt. Mit einiger Praxis werden Sie feststellen, daß es auch bei Träumen verschiedene Ebenen gibt und daß Ihre nächtlichen Vorstellungen immer klarer und verständlicher werden.

Traumlexikon

Verehrung und Anbetung

Die Verwandlung emotionaler Kräfte in spirituelle Energie geschieht durch Verehrung und Anbetung. Durch die Anbetung höherer Wesen in Tempeln und Kirchen werden rohe Emotionen und ihre mächtigen Manifestationen zu Gefühlen von hoher Qualität sublimiert. Beten und Verehrung haben für den Menschen heute nicht mehr die gleiche Bedeutung wie in früheren Zeiten, doch das angeborene Bedürfnis danach wird nur zum Teil durch intellektuellen Hochmut unterdrückt und zeigt sich in vielen Verkleidungen – zum Beispiel als Anbetung von Macht und Geld. Viele Menschen verehren Fußballhelden, Boxer, Filmstars; selbst Intellektuelle verehren Menschen mit Macht, gesellschaftlichem Prestige oder großen akademischen Verdiensten.

Verwandlung emotionaler Kräfte

Wenn Verehrung in einer Religion zur Routine wird und die Ideale verlorengehen, erstirbt das Feuer der Begeisterung, und

Gefahren von Routine und Reglementierung

Korruption ist die Folge. Werden in einer Kirche oder einem religiösen Zentrum alle Aktivitäten reglementiert, um Disziplin und Harmonie zu gewährleisten, so entsteht unweigerlich eine Atmosphäre, in der persönliche Erfahrungen keinen Raum mehr haben.

Es ist für den Schüler ratsam, Bewußtheit und Unterscheidungsvermögen einzusetzen, um nicht in eine der zahlreichen Fallen zu gehen, in die Verehrung der falschen Macht führen kann. Am Anfang ist Verehrung ein wunderbarer Weg, Emotionen zu kultivieren und sie in verfeinerte Gefühle von hohem Niveau zu verwandeln, die zu einem Quell spiritueller Energie werden. Egoistischer Hochmut, der einen so notwendigen Schritt wie demutsvolle Hingabe verhindert und dadurch bewirkt, daß diese wichtige Sprosse der spirituellen Leiter übersprungen wird, kann zur Katastrophe führen – zur Verehrung falscher Götter.

Ein Bild als Gedächtnisstütze

Bei der Verehrung kann ein Bild oder die bildliche Vorstellung einer Gottheit, also eine Verkörperung der höchsten Intelligenz wie Shiva oder Parvati, als Erinnerungshilfe benutzt werden. Die meisten von uns neigen zu Vergeßlichkeit, und deshalb sollte ein ernsthafter Schüler von solchen Hilfsmitteln, die die Erinnerung wachhalten, Gebrauch machen.

Verehrung durch Singen

Es gibt eine Alternative zur Verehrung durch die Augen in Verbindung mit den Emotionen, und zwar die Verehrung durch Sprechen und Hören in Verbindung mit den Emotionen – also das Singen (Chanten). Wut und Schmerz, Lachen und Flehen, Kummer und Frieden, Dankbarkeit und Demut können auf wunderbare Weise durch die Stimme zum Ausdruck gebracht werden. Wenn Dankbarkeit und Bewunderung für die kosmische Intelligenz in ihren Manifestationen sich vermischen, dann ist man höheren Erkenntnissen nahe. Auf dieser Ebene wird man nie mehr Genugtuung empfinden, wenn ein anderer stolpert oder stürzt, nie mehr unglücklich oder neidisch sein, wenn ein anderer Erfolg hat.

Durch Verehrung und Anbetung wird der Mensch an die ihm innewohnende Herrlichkeit Gottes gemahnt. Jeder Schüler hat das Recht, eine ganz persönliche Weise der Verehrung und Anbetung des Göttlichen zu entwickeln.

Weitere Gedanken über die Sexualität

Nach den bisherigen Darlegungen ist es erforderlich, sich noch einmal mit der Sexualität zu beschäftigen. Die Zwanghaftigkeit und Leidenschaftlichkeit, mit der sie sich manifestiert, steht in krassem Gegensatz zu der Spontaneität der verfeinerten Gefühle, in welche die machtvollen Emotionen umgewandelt wurden.

Emotionen führen zu zwanghaften Handlungen und damit zu Problemen. Im Gegensatz zu zwanghaftem Handeln steht die Spontaneität. Dieser Unterschied muß einem völlig klar sein, weil sonst Mißdeutungen möglich sind. Spontaneität kann plötzlich aus kultivierten Gefühlen wie Güte oder Selbstlosigkeit entstehen.

Zwanghafte Handlungen

Spontaneität

Nachdem Sie bereits einen Teil Ihrer Vorstellungen und Gedanken über Sexualität erforscht haben, denken Sie bitte über folgendes nach:

- Von selbst entstehende oder durch andere hervorgerufene sexuelle Erregung.
- Wie kann Sexualität in Kreativität umgesetzt werden?

Sagen Sie ehrlich, aber ohne viele Worte, was Sie darüber denken.

- Welches sind die Folgen, wenn sexuelle Verführung als Spiel betrieben wird:
  ... von Männern
  ... von Frauen
- das Sexspiel des Eroberers, des Jägers, des Verführers
- Was ist Sex ohne Zuneigung?
- Was ist Zuneigung ohne Sex?
- Heilt Sex durch Ablehnung erlittene Wunden?
- Sind Sexualität und Spiritualität etwas völlig Verschiedenes?
- Sind Sexualität und Spiritualität zwei Ausdrucksformen derselben Energie?
- Kann höheres Bewußtsein erlangt werden, wenn man seinen sexuellen Regungen nachgibt?

Kundalini, Gott und Energie

Wenn Gott oder die Vorstellung von Gott Schöpfungen des Geistes sind, dann müssen wir uns eingehender mit diesem beschäftigen und uns fragen: Was ist der Geist? Wir müssen auch klären, ob Geist und Bewußtsein etwas Verschiedenes sind oder ob diese beiden Begriffe das gleiche bedeuten. Lassen wir die möglicherweise unterschiedlichen Meinungen darüber erst einmal beiseite und einigen wir uns, um einen Ausgangspunkt zu haben, darauf, daß Bewußtsein Energie ist.

Wie kann man Energie erkennen? Das Vorhandensein von Energie erkennt man an ihren Manifestationen. Die alten Yogis waren der Ansicht, daß Energie und ihre Manifestationen un-

trennbar sind. In einigen Texten wird die Energie mit dem Begriff »Licht« umschrieben, in anderen als Mutter bezeichnet – sie gebiert das Kind. Alles Erschaffene ist aus Energie hervorgegangen. Sie ist die Große Mutter. Als Mutter von allem wird sie Shakti genannt. Damit wird auf einfache Weise etwas erklärt, was in Worten, die zur alltäglichen Kommunikation benützt werden, nicht gesagt werden kann. Es ist Poesie, und Poesie ist die Sprache der Inspiration.

Yoga ist das Streben nach Befreiung von allen Begrenzungen. *Der Beginn des Weges ist für jeden dort, wo er gerade steht.* Die Triebe des Menschen und seine innere Ruhelosigkeit sind Gegebenheiten, doch wenn man beherzt seine alten, festgefügten Meinungen aufgibt und einen neuen Standpunkt einnimmt, kann sich alles verändern. Neue Wege des Denkens können sich auftun. Es kann sein, daß man sie zuerst nicht deutlich erkennt, doch gerade diese Unklarheit bringt den Menschen dazu, sich auf die Suche nach höheren Werten zu machen. Vielleicht hat alles, was geschieht, ob gut oder schlecht, einen Sinn. Auf jeden Fall lohnt es sich, das herauszufinden.

Könnte es sein, daß die Energie eine alles Entfaltete durchdringende Kraft ist? Vielleicht sind all die Bemühungen, zu spezifizieren, zu klassifizieren, zu organisieren und zu registrieren, gar nicht notwendig und dienen nur der Selbstbefriedigung, der Selbstbestätigung.

Holen Sie jetzt tief Luft und beschließen Sie, sich auf die Suche zu machen. Machen Sie einen Schritt nach dem andern, damit Sie sich bei der Erforschung des neuen Gebiets sicher fühlen. Es ist so, als ob Sie in ein neues Land auswandern. Sammeln Sie so viele Informationen wie möglich; planen Sie mit Umsicht und

Überlegung, vermeiden Sie jede Hast. Die alte Gewohnheit, zu spezifizieren, zu organisieren und zu registrieren, ist in diesem neuen Land von großem Nutzen, doch sie dient jetzt dem Zweck, über alle Ideen und vorgefaßte Meinungen Klarheit zu gewinnen.

Spezifizieren
Klassifizieren
Organisieren
Registrieren

Arroganz und Blindheit, gepaart mit Unempfindlichkeit für innere und äußere subtile Kräfte, sind Hindernisse auf diesem Weg, die überwunden werden können. Der Kundalini-Yoga ist eine präzise und sichere Methode, die bei Befolgung bestimmter Instruktionen bestimmte Resultate bringt. Die Aufzeichnungen unserer Gedanken und Träume sowie der täglichen Ereignisse und vor allem die Übungen und ihre Ergebnisse spiegeln wider, wo wir uns befinden, so daß wir den nächsten Schritt voraussehen können und ermutigt werden, den Pfad weiterzuverfolgen.

Kundalini-Yoga:
Ein sicherer Weg

Auf diese Weise kann der Schüler persönliche Schlüsse ziehen und erkennen, daß auch diese sich während des weiteren Prozesses ständig verändern. Man sollte nie glauben, die endgültige Antwort gefunden zu haben. Das würde bedeuten, etwas Unbegrenztes zu begrenzen. Der Kundalini-Yoga bezieht alle Aspekte und Merkmale des menschlichen Wesens ein. Das Göttliche ist in uns allen; wesentlich ist, in welchem Maß wir uns dessen bewußt sind. Das Ziel des Kundalini-Yoga ist die Erlangung größeren Bewußtseins.

Das Ziel des
Kundalini-Yoga: die
Bewußtmachung des
Göttlichen Selbst

Und das Unglück, die Verwirrung, die Tragödien in dieser Welt? Wir müssen erkennen, daß alle Freude und alles Leid im menschlichen Leben nur der Erweiterung des Bewußtseins dienen, der Bewußtmachung des unvergänglichen Göttlichen Selbst.

Wer Lesen und Schreiben gelernt hat, hat Macht über jene, die nicht lesen und schreiben können. Jede Macht kann mißbraucht werden. Wer Geld hat, hat Macht über die Armen. Wer Bewußtsein hat, hat Macht über die Schlafwandler. Jede Macht ist eine Versuchung. Ein innerlich schwacher Mensch wird durch Macht korrumpiert, ganz gleich, welcher Art diese ist.

Macht als
Versuchung

Wenn das Gleichgewicht der Kräfte in der Weltpolitik verlorengeht, sind Angriffskriege die Folge. Auch in unserem eigenen Leben ist es wichtig, daß unsere positiven und negativen Eigenschaften und Ambitionen das Gleichgewicht halten. Das ständige Wechselspiel der Kräfte zwischen den Sinnen und den Bewußtseinsebenen muß kontrolliert werden, damit die Macht weise eingesetzt werden kann – für unsere eigene Entwicklung und für den Dienst an Nächsten.

Gleichgewicht

Wechselspiel der
Kräfte

Genaue Befolgung der Instruktionen

Die Warnungen, Kundalini-Yoga nicht ohne Anleitung durch einen erfahrenen Lehrer zu betreiben, sind begründet. Unvorsichtigkeit kann gefährliche Folgen haben. Wer ein Gewehr reinigt, ohne es vorher zu entladen, kann jemanden umbringen. Nichtbeachtung der Verkehrszeichen kann zu Unfällen führen. Nichtbefolgung der Instruktionen führt auf jedem spirituellen Weg zu Problemen. Wenn Kundalini-Yoga jedoch unter Anleitung eines erfahrenen Lehrers geübt wird oder wenn jede Anweisung in diesem Buch gewissenhaft befolgt wird, braucht man keinerlei Befürchtungen zu haben.

Das Absolute, die Kundalini, Gott

Solange man sich nur theoretisch mit den verschiedenen Aspekten der Kundalini oder Gottes beschäftigt, wird das Absolute unerreichbar bleiben. Es ist so, als ob man in der Ferne einen ungeheuren Berg sähe, dessen schneebedeckter Gipfel einen mit Ehrfurcht und mit dem Verlangen erfüllte, ihn zu besteigen. Wenn man zu klettern beginnt, ist die Sicht auf den Gipfel bald versperrt. Das Gefühl, sich verirrt zu haben, kann in Angst umschlagen. Man muß darauf vertrauen, daß der Pfad zum Gipfel führt. Auch ein erfahrener Bergsteiger wird hin und wieder Angst verspüren. Mut fällt einem nicht in den Schoß.

Mut und Vertrauen sind erforderlich

Mut wächst durch Überwindung der Angst. Vertrauen stellt sich nur ein, wenn man bereit ist, die Finsternis zu akzeptieren.

Wenn man die Kundalini nur durch Erfahrung kennenlernen kann – um welche Art von Erfahrungen handelt es sich dabei? Wie bereits erwähnt, sind solche Erlebnisse höchst privater Natur, und Worte reichen nicht aus, um sie zu beschreiben. Sie können jedoch dazu inspirieren, sich auf den Weg zu eigenen Erfahrungen zu machen.

Erfahrung: Anrufung des Göttlichen Lichts

Eine wichtige Übung wie die Anrufung des Göttlichen Lichts bringt eine einzigartige Erfahrung. Doch zuerst müssen die »Rillen« der alten geistigen »Schallplatten« verändert werden, damit das Nervensystem sich auf eine andere Schwingungsrate einstellen kann – ebenso wie man lernen muß, in einer höheren Tonlage zu singen. Die Stimme muß ausgebildet werden, damit sie so flexibel wird, daß sie ihre jetzige Begrenzung überschreiten und die hohen Töne erreichen kann.

Die Frage, was die Kundalini, diese kosmische Kraft, ist, muß sich jeder selbst beantworten. Die Antwort hängt von der Erkenntnisebene ab, auf der die Frage gestellt wird, und sie erfolgt in der dem Fragenden eigenen Sprache. Sie fällt deshalb unterschiedlich aus, ebenso wie für den einen Gott das allerhöchste Wesen ist, für den anderen die Energie im Atom.

Der Körper als Garten

Eine Betrachtung

Im Garten des Körpers gibt es viele Wege.
Wähle einen.
Die Augen schweifen über diesen schönen Garten.
Sieh mit dem Auge des Lichts.
Ein Drang zu berühren
Einfühlsam zu berühren.
Ein tiefer Atemzug, ein Duft in der Nase.
Ein tiefer Atemzug ist Sichweiten – ohne Ende.
Was ist dieser Duft?
Wer nimmt ihn wahr?
Ich? Wer ist das: Ich?

Auf dem See des Geistes
schaukelt ein kleines Blatt.
Wohin treibt es?

Frag nicht – laß es ziehn.
Ergib dich.
Ein treibendes Blatt widersetzt sich nicht.
Es läßt sich tragen.
Ein Fluß von Gedanken – wo fließen sie hin?
In ein großes Meer?
Ein Gedanke fällt wie ein Tropfen
ins Meer
und zergeht.
Was ist Wirklichkeit? Was ist Geist?
Ein überwältigender Schwall von Gedanken,
kaum entrinnend dem Feuer
im Brennofen der Gefühle.
Entzündest du das Feuer im Brennofen deiner Gefühle?
Kannst du es, wenn du willst, ausblasen?
Kannst du es mildern?
Kannst du kühl bleiben im lodernden Feuer
der Gefühle eines andern?
Läßt du dich von ihm entzünden?
Versuche das Feuer zu löschen –
mit dem Wasser deiner Augen.
Schließe die Augen.
Sieh, wie der rote Schleier die Farbe wechselt.
Blaßrot ist Liebe ohne Leidenschaft.
Liebe, die Mitte des Seins,
Liebe, die Mitte des strahlenden Lichts –
andere berühren,
andere berühren und sich ausdehnen.
Das Herz voller Liebe, die Lungen voll Luft;
Atem ist sanft, Atem ist Leben.
Lebenskraft – atmet den Atem des Lebens.
Göttliches Licht einatmen.
Verzweiflung ausatmen.
Im Rhythmus von Atem und Leben schwingen.

Laß die Luft von selbst einfließen.
Warte und halte den Atem an – aber wie lange?
Nichts ist von Dauer, alles fließt.
Ein Gedanke segelt auf dem See des Geistes.
Musik der Wellen.
Riech ihren Duft,
spür ihre Schwingung.
Spüre den Atem im Klang deiner Stimme.
Sieh, wie der Duft der Blume
durch die Luft schwebt,
im hellen Licht der Sonne,
das die Wolken trüben, tanzt;
spür, wie die Wärme dich sanft berührt.
Wirbelndes Licht, wirbelnde Luft – Schwingungen,
innen und außen.
Alle Energie schwingt im Einklang.
Liebe ohne Leidenschaft.
Liebe ohne Feuer.
Strahlendes Licht, das in Tautropfen glitzert
auf dem tausendblättrigen Lotos.

Siebentes Kapitel

Anahata

Das vierte Chakra

*Ich verehre (bete an, bediene hingebungsvoll) diese
zwei Wildgänse, die im Geist des Großen
schwimmen und sich vom einzigartigen Nektar des
Lotos (Herz), dem Aufbrechen der Erkenntnis,
ernähren. Ihr Schnattern führt zur Entwicklung
der achtzehn Arten von Wissen, mit deren Hilfe
man aus Fehlern alle Tugenden gewinnt – wie die
Milch aus dem Wasser.*
       Mantra für das Anahata-Chakra

Gott: Ishu

Göttin: Kakini

Anahuta Chakra

Anahata

Das vierte Chakra und seine Symbole

ANAHATA: Das vierte Chakra (Herzlotos)
  (Der himmlische Wunschbaum)
  Der Ton des Shabda-Brahman (der Ton der Glocke) wird
  gehört.
TATTVA: Unterscheidungsfähigkeit
54 STRAHLEN: In Beziehung zur Luft (Vayu)
SPARSHA – Tastsinn (Gefühle): Sitz der Barmherzigkeit (spiritu-
  eller Erfahrungen)
ZWÖLF Lotosblütenblätter: Der Lotos ist heilig
FARBE der Blütenblätter: Zinnober
BUCHSTABEN auf den Blütenblättern: KAM – KHAM – GAM –
  GHAM – ṄAM – CAM – CHAM – JAM – JHAM – ÑAM
  – ṬAM – ṬHAM
SHATKONA: Zwei Dreiecke. Eins nach oben, eins nach unten
  gerichtet. Das nach oben gerichtete symbolisiert den Auf-
  stieg des Schülers zur größeren Macht
ANTILOPE: Schwarz. Die Antilope ist ein sehr scheues, schnelles
  und sich anmutig bewegendes Tier. Hier symbolisiert sie
  jene spirituellen Erfahrungen, die sich verflüchtigen, be-
  vor das Selbst sie erfassen und begreifen kann, und sich
  schnell dem Auge des Ego entziehen.
BIJA – Keimlaut: YAM
PINGALA: Die Nadi in der rechten Körperhälfte
IDA: Die Nadi in der linken Körperhälfte
SUSHUMNA: Der mittlere Kanal in der Wirbelsäule
CHITRINI: Drei in einem (Sattva, Rajas, Tamas). Körper, Geist
  und Sprache
GOTT: Isha: Der männliche Aspekt der nicht entfalteten Ener-
  gie (Hamsa, Wildgans, »Schwan«, auch die Sonne)

Die Intelligenz auf dieser Ebene wird durch Isha symbolisiert, den Gott der Sprache auf einer schwarzen Antilope. Die Ishtadevata wird im Herzen verehrt

OBJEKTE
    Geste: Vara(da) – Gewährung von Gunst
    Abhaya-Mudra – Zerstreuung von Ängsten in den drei Welten (Vergangenheit, Gegenwart und Zukunft)
GÖTTIN: Kakini: Der weibliche Aspekt der entfalteten Energie

Die Intelligenz auf dieser Ebene ist durch die Göttin Kakini, ebenfalls auf einer schwarzen Antilope, symbolisiert
OBJEKTE
    Pasha – Gefangensein in der Erwartung spiritueller Erfahrungen
    Schädel: Reiner Geist
    Geste: Vara(da) – Gewährung von Gunst
    Abhaya-Mudra – Zerstreuung von Ängsten
    Die schwarze Antilope symbolisiert Flüchtigkeit; spirituelle Erfahrungen sind flüchtig
ANANDAKANDA-LOTOS: Unter dem Herzchakra ist die Ebene der mentalen Verehrung. Der dort befindliche Kalpataru (der himmlische Wunschbaum) erfüllt alle Wünsche und führt zu Moksha (Erlösung).

Die Shakti – Göttin der Sprache

Die Chakras entsprechen verschiedenen Bewußtheitsebenen und repräsentieren dynamische Prozesse im Menschen.

Wirkung des Atems (der Luft) auf die Sprache

    Das Anahata-Chakra hängt mit der Luft und mit dem Tastsinn zusammen. Es ist wichtig, sich klarzumachen, wie Sprache zustandekommt. Einem Menschen, der außer Atem ist, fällt es sehr schwer zu sprechen. Sprechen ohne Luft ist unmöglich, denn die Luft oder die Art und Weise, wie man atmet, beeinflußt die Lautstärke und die Melodik der Sprache. Durch Sprechen versetzen wir die Luft in Schwingung, und für diese Schwingung sind wir verantwortlich. Auf die Entwicklung von

Das erste Chakra
Muladhara

Das erste Chakra – Muladhara
Kind Brahma

Das erste Chakra – Muladhara
Shaki Dakini

Das zweite Chakra
Svadhishthana

Das zweite Chakra – Svadhishthana
Vishnu

Das zweite Chakra – Svadhishthana
Shakti Rakini

Das dritte Chakra
Manipura

Das dritte Chakra – Manipura
Vishnu (Rudra)

Das dritte Chakra – Manipura
Shakti Lakini

Das vierte Chakra
Anahata

Das vierte Chakra – Anahata
Isha

Das vierte Chakra – Anahata
Shakti Kakini

Das fünfte Chakra
Vishuddha

Das fünfte Chakra – Vishuddha
Sadashiva

Das fünfte Chakra – Vishuddha
Gauri

Das sechste Chakra
Ajna

Das sechste Chakra – Ajna
Shakti Hakini

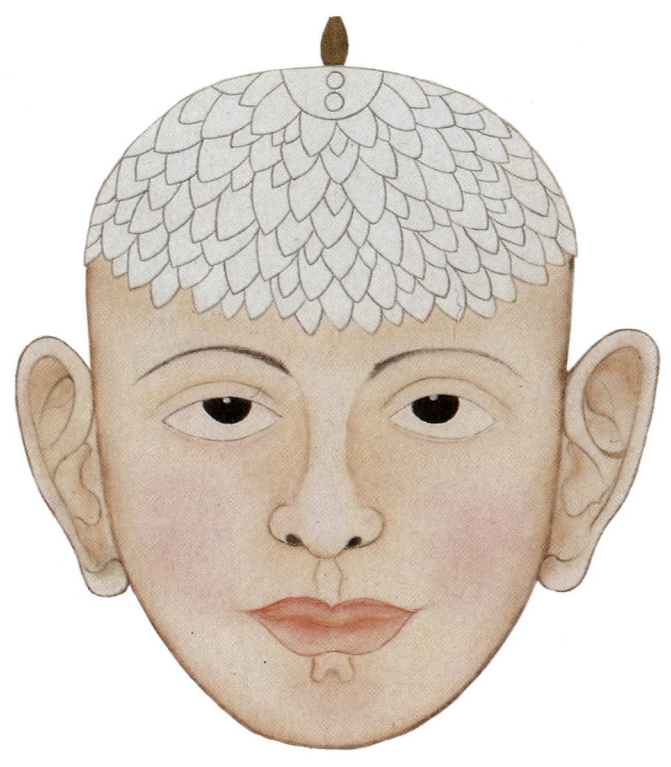

Das Saharara-Chakra

Tamas, Rajas und Sattva muß mit großer Aufmerksamkeit geachtet werden.

Die Devi hält eine Schlinge in der Hand. Dies ist eine Warnung: Wir können uns nicht nur von unseren Emotionen beim Sprechen einfangen lassen, sondern auch von der Sprache selbst. Es kann sein, daß wir uns nur allzugern reden hören und uns damit selbst betören. Der Schüler muß beim Sprechen und Denken auf Wahrhaftigkeit bedacht sein.

Die Schlinge der Devi

Die Klärung der Bedeutung von Begriffen muß fortgesetzt werden, und in diesem Chakra müssen wir Termini wie »Bewußtsein«, »übersinnlich« und »spirituell« definieren. Eine solche Definition ist nicht unbedingt eine Begrenzung, denn auf verschiedenen Erkenntnisebenen gibt es unterschiedliche Bedeutungen.

Klare Definitionen

Die Verfeinerung der Sinne findet in der Sprache ihren Ausdruck in der Poesie und manchmal in der prophetischen Dichtung, weil jetzt nicht mehr die Zunge spricht, sondern das Herz. Es ist wie ein tiefer Brunnen, aus dem Wasser nach oben steigt. Man wird sich dieser Quelle nur in Augenblicken der Hingabe, der Stille und des Lauschens auf die tiefste Intuition bewußt.

Verfeinerung der Sprache: Dichtkunst

Hier kann sich dem Schüler leicht der Göttliche Geist offenbaren – durch die Dichtkunst oder durch einen Reisegefährten auf dem Weg des spirituellen Lebens. Hier ist der Schüler nur noch einen Schritt von der Kommunikation von Selbst (Seele) zu Selbst, zu der es keiner Worte bedarf, entfernt.

Kommunikation der Selbste

Wenn die Sinne diesen Grad an Verfeinerung erlangt haben, empfindet man grobe Sprache als schmerzhaft, ja fast als unerträglich. Die Devi der Sprache (Shakti) ist die Macht des Wortes. *Das Mantra ist ihre höchste Ausdrucksform.* Der Klang der Stimme und seine Schwingung durchdringen den Bereich, in dem das Mantra gesprochen wird. Nach einiger Zeit reinigt das Mantra den Geist und den unmittelbaren Umkreis, der sich mit fortschreitendem Üben vergrößert. Schließlich wird die Kraft des Mantra zu einer sich aus sich selbst erneuernden Energie.

Die Kraft des Wortes Mantra

Es heißt, daß sich an diesem Punkt die Devi, die Göttliche Mutter, manifestiert. Wogen der Freude und des Friedens durchströmen den Schüler, und er spürt einen starken Energiezuwachs, der sich in überaus zarten und sanften Gefühlen der Hingabe und Ergebenheit äußert. Der Treffpunkt ist das Herz, und einige ihrer göttlichen Gaben werden hier empfangen. Wenn sie gut gehütet und geheimgehalten werden, zeigt sich

Die Göttliche Mutter manifestiert sich

die Göttin äußerst großzügig. Setzt sich jedoch das Ego auf den Thron, der ihr gebührt, dann hat die »Göttliche Liebesbeziehung« ein Ende. Um dies zu verhindern, ist eine Haltung natürlicher Demut erforderlich, völlige Hingabe an die Göttliche Mutter. Diese Hingabe wird erreicht, indem man den Geist zum Schweigen bringt, damit man ihre göttlichen »Botschaften« durch intuitive Wahrnehmung empfangen kann.

Der Herzlotos ist, wie Ihr ganzer Körper, Ihr persönlicher Tempel. Lassen Sie Ihren Geist die Atmosphäre erschaffen, lassen Sie Ihre Gefühle diese Stimmung zum Ausdruck bringen. Ziehen Sie sich in die Einsamkeit zurück, um sich in Ihrem Herzen der Verehrung hinzugeben. Dieses Chakra wird auch der Sitz der Barmherzigkeit genannt. Barmherzige Gefühle sind niemandem von Nutzen, wenn sich diese Barmherzigkeit nicht auch in Worten und Taten ausdrückt. Barmherzigkeit ist aus dem Herzen kommendes Verzeihen und Verstehen. Wenn wir sie anderen zuteil werden lassen, so wird sie auch uns zuteil. Das Gesetz des Karma schafft vollkommene Ausgewogenheit.

Der Kalpataru, der Wunschbaum, befindet sich im Anandakanda unterhalb des Herzlotos. Die Früchte des Wunschbaums – süße Worte der Wahrheit – können wir pflücken. Dieser kleine Lotos wird als Innenhof des Anahata-Chakra betrachtet. Er führt zum Allerheiligsten, dem man sich in einer Haltung der Dankbarkeit, der Ehrfurcht und des Staunens nähern kann – ein Symbol für den Prozeß der Entdeckung des Göttlichen im Menschen und der Geheimnisse und ungeheuren Kräfte des Geistes. Der Innenhof repräsentiert also die Erfahrung der Manifestation psychischer Energie, während das Anahata-Chakra der Sitz des Allerheiligsten ist, aus dem sich die spirituellen Energien manifestieren.

Berühren

Das vierte Chakra wird Herzlotos genannt. Luft und Berührung sind die Ausdrucksformen dieses Chakras. Luft ist gleichbedeutend mit Leichtigkeit und Flüchtigkeit; man kann sie nicht fassen und festhalten. Der Atem ist für den Menschen lebenswichtig. Eine Berührung, die so leicht ist wie ein Atemhauch, ist nur möglich, wenn man auf jede Befriedigung eigensüchtiger Wünsche verzichtet. Anfassen ist etwas anderes als Berühren.

Berührt man ein seidenes Tuch, so spürt man seine Weichheit, und berührt man einen Stein, so spürt man seine Härte. Wir wissen, wie es ist, wenn wir die Haut eines Menschen berühren und die Weichheit, die Wärme und das pulsierende Leben spüren, oder wenn wir uns von jemandem berühren lassen und empfinden, was uns diese Berührung vermittelt. Eine Berührung kann tröstender sein als Worte – doch die richtigen Worte können einen auch innerlich berühren.

Wenn wir sagen, daß uns etwas »berührt«, dann drücken wir damit aus, daß es eine tiefe Empfindung in uns auslöst. Denken Sie darüber nach. Berührung und Empfindungen können kultiviert werden. Unkultivierte oder tamasische Berührung ist grob, ohne Rücksicht auf die Sensibilität des Berührten, sei es nun ein Mensch oder eine Sache. Berührung ist oft emotional motiviert und dient als eine Art Barometer, zum Beispiel um festzustellen, ob »meine Berührung gut aufgenommen wird«, das heißt, ob ich akzeptiert werde. Eine solche Berührung hat nichts Gebendes, sondern dient meinen eigenen emotionalen Bedürfnissen. Eine auf diese Weise motivierte Berührung ist tamasisch. Eine rajasische Berührung erfüllt zum Teil meine Bedürfnisse, ist jedoch auch durch die Bereitschaft motiviert, die Bedürfnisse des anderen zu erfüllen. Die wesentlichen Faktoren sind mein Wunsch zu akzeptieren, und mein Bedürfnis, akzeptiert zu werden. Die höchste Form der Berührung ist die sattvische, die gibt, ohne etwas dafür zu verlangen – eine spontane, von Herzen kommende Handlung.

Berührung und Empfindung: tamasisch, rajasisch und sattvisch

Berührung: Übungen

Ich berühre. Der Vorgang des Berührens. Was wird berührt?
Wenn der Schüler mit der Kundalini-Praxis beginnt, muß er kleinen Details große Beachtung schenken. Im Herzlotos müssen wir den Tastsinn untersuchen, ebenso wie in den vorherigen drei Chakras die anderen Sinne.

Es ist jetzt an der Zeit, unsere emotionalen Impulse zu überprüfen und festzustellen, inwieweit sie sich in verfeinerte Gefühle verwandelt haben und wieviel noch getan werden muß. Mit fortschreitender Bewußtseinsentwicklung verändern sich auch die Emotionen, doch dieser Prozeß geht manchmal langsamer vor sich. Wird man sich einer bisher unbewußten Störung bewußt, kann dies schmerzliche Empfindungen auslösen.

Emotionen verwandeln sich in verfeinerte Gefühle

Rache

Doch mit Hilfe der Unterscheidungsfähigkeit, die mit dem Bewußtsein zunimmt, kann man sich schnell von vergangenen Erfahrungen und dem Wunsch, sich heute dafür zu rächen, lösen. Es hat keinen Sinn, sich heute über etwas zu ärgern, was man vor Jahren erlebt hat. Bewußtsein sollte einen befähigen, ein harmonischeres Leben zu führen.

Kinder sollten nie in einen elterlichen Streit hineingezogen und als Racheobjekte benützt werden. Wenn eine Mutter ihr Kind durch eine zärtliche und liebevolle Berührung mit der Hand segnet und das Kind mit ihrem Blick berührt, kann der Vater diesen Segen auf subtile Weise in einen Fluch verwandeln. Und umgekehrt kann die Mutter den Segen des Vaters in einen Fluch verwandeln.

Was bedeutet Berührung für Sie?

- Was meinen Sie damit, wenn Sie sagen, daß etwas Ihr Herz berührt?
- Was bedeutet es, von einem Lächeln oder einem verständnisvollen Blick berührt zu werden?
- Auf welche Weise werden Sie von einem Sonnenstrahl berührt?
- Prana berührt jeden Teil Ihres Körpers und durchdringt ihn. Was bedeutet das für Sie?
- Ist eine heilende Berührung unbedingt mit Handauflegen verbunden? Kann sie bei emotionaler Verzweiflung tröstend wirken?
- Kann es auch aufdringlich sein, einen anderen Menschen zu berühren?
- Empfinden Sie es als unangenehm, berührt zu werden, wenn Sie müde oder nervös sind? Ziehen Sie sich dann lieber zurück?
- Entspringt die Abneigung, zu berühren oder berührt zu werden, der Befürchtung, den Anforderungen des anderen nicht gewachsen zu sein?
- Hat Ihr Tastsinn einen starken Einfluß auf Ihre Stimmungen?
- Lassen Sie sich gern oder ungern von anderen berühren oder streicheln?
- Benützen Sie Ihren Tastsinn zum Zweck der Unterscheidung und Klassifizierung?
- Die Hände sind die am meisten zur Berührung benützten Körperteile. Hände können aufbauen und zerstören. Trifft dies auch auf das Berühren und die Gefühle zu?

Durch die folgenden Übungen können Sie mehr über den Tastsinn und seine verschiedenen Aspekte erfahren, die gewöhnlich wenig oder gar nicht beachtet werden.

Theoretische Übungen

Tastsinn: Übungen

1. Definieren Sie nach Ihrem gegenwärtigen Wissensstand die Begriffe Tastsinn und Berührung.
2. Was können Sie berühren und was können Sie nicht berühren?
3. In welcher Beziehung steht der Vorgang des Berührens mit Gefühlen und Emotionen?
4. Welche Rolle spielen Erinnerungsvermögen und gedankliche Assoziationen beim Vorgang des Berührens?
5. In welcher Beziehung steht der Tastsinn zu den anderen Sinnen? Wie wird er durch die anderen Sinne beeinflußt?

Praktische Übungen

Berühren Sie folgende Objekte:
Ein Stück Holz
Einen glatten und einen scharfen metallischen Gegenstand (etwa ein Messer)
Einen glatten und einen rauhen Stein
Heißes und kaltes Wasser
Ein Blatt
Das Haar, die Haut, die Füße, das Gesicht und die Augen einer anderen Person
Beobachten Sie alle Gedanken und Reaktionen und notieren Sie sie.

1. Ein Objekt drei Minuten lang berühren

Nehmen Sie ein völlig reines weißes Tuch. Reiben Sie es mit den Händen und sagen Sie dabei immer wieder laut: »Schmutz, geh weg; Schmutz, geh weg!« Dabei wird das Tuch natürlich schmutzig. Die Erinnerung, daß das Tuch ursprünglich völlig weiß war, wird allmählich zu Erkenntnissen führen.

2. Ein reines weißes Tuch berühren

Setzen Sie sich bequem Ihrem Partner gegenüber und berühren Sie sich gegenseitig nur mit den Fingerspitzen. Beobachten Sie alle Eindrücke, Gedanken und Reaktionen und schreiben Sie sie danach auf.
    Diese Übung können Sie auch durchführen, indem Sie die

3. Die Fingerspitzen einer anderen Person berühren

Hände dicht aneinanderhalten, ohne sich jedoch zu berühren. Achten Sie auf den Unterschied.

4. Schwingungen im Körper nach dem Rezitieren eines Mantras

Wenn Sie die Möglichkeit haben, Personen zu beobachten, die drei Stunden lang ein Mantra rezitieren, können Sie bei diesen die Schwingungen in verschiedenen Körperteilen spüren. Legen Sie nach Ablauf einer Stunde den Rezitierenden Ihre Hände leicht auf den Kopf, den Nacken, die Schultern und den Rücken. Wiederholen Sie dies nach zwei Stunden und noch einmal nach drei Stunden. Achten Sie darauf, wie sich die Stärke der Schwingungen in den verschiedenen Körperteilen verändert.

5. Tastsinn und Träume

Nehmen Sie, wenn Sie schlafen gehen, einen Stein in die Hand. Versuchen Sie, ihn bis zum Aufwachen am Morgen in der Hand zu behalten. Beobachten Sie die dadurch hervorgerufenen Gefühle und Gedanken und notieren Sie damit in Zusammenhang stehende Träume. Versuchen Sie, sich an Träume zu erinnern, in denen der Tastsinn eine Rolle gespielt hat.

Die durch diese Übungen gewonnenen Erkenntnisse sind wertvoller als alle Informationen, mit denen andere Personen, geleitet durch ein falsch verstandenes Bedürfnis zu helfen (Sentimentalität), den Schüler versorgen und ihn damit der Möglichkeit zur Selbsterforschung berauben. Die erforderliche persönliche Erfahrung wird auf dem weiteren Weg zu einem Quell der Kraft und Energie.

Kräfte des Geistes

Nachdem in den ersten drei Chakras das Fundament gelegt wurde, wird die Entwicklung fortschreiten und neue Erfahrungen mit sich bringen. Der Mensch entwickelt sich ständig weiter, ist sich im allgemeinen dessen jedoch nicht bewußt. Die Umstände erzwingen diesen Prozeß, der beim Durchschnittsmenschen sehr langsam vor sich geht. Der Yogi und die Yogini

Yoga: Bewußte Mitwirkung

sind bestrebt, bewußt an ihm mitzuwirken, indem sie sozusagen die Schränke des Geistes leerräumen und alte Vorstellungen, die sich im Lauf der Jahre angesammelt und Staub angesetzt haben, ohne in irgendeiner Weise nützlich zu sein, von den Regalen nehmen. Durch diesen Prozeß wird Platz für unge-

Ungewöhnliche Erfahrungen

wöhnliche Erfahrungen geschaffen, die übersinnlicher oder spiritueller Art sein können.

Wird die Anrufung des Göttlichen Lichts mit größter Sorgfalt geübt, so bringt sie unbeschreibliche Ergebnisse. So kann
es zum Beispiel sein, daß der Schüler seinen Körper als eine
Ansammlung von Licht wahrnimmt oder die Empfindung hat,
daß sein Kopf oder sein ganzer Körper sich plötzlich ausdehnen. Wenn dies zum ersten Mal geschieht, können Unbehagen
oder auch Angst die Folge sein, weil man so etwas bisher nur
theoretisch wußte, aber nicht selbst erlebt hatte. Übersinnliche
Phänomene sind faszinierend, und man kann sich leicht in
ihnen »verfangen«. Wie kommen sie zustande?

Bei jedem Menschen ist einer der fünf Sinne durch bewußtes *Übersinnliche*
Training oder durch die Lebensumstände besonders gut ent- *Phänomene*
wickelt, so daß er Dominanz erlangt hat. Mit diesem Sinn
werden »übersinnliche« Phänomene wahrgenommen. Solche
Erfahrungen versorgen den Menschen jedoch nicht mit dem
beständigen Energiestrom, der für die weitere persönliche Entwicklung erforderlich ist. Ein übersinnliches Erlebnis ist nur
selten so inspirierend, daß es zu weiterer Selbstentwicklung
und anhaltender Bewußtseinserweiterung führt. Fähigkeiten
wie »Hellsehen« oder »Hellhören« sind nicht unbedingt mit
einer charakterlichen Weiterentwicklung verbunden.

Da das vierte Chakra der Ort sowohl übersinnlicher wie spi- *Der Unterschied*
ritueller Erfahrungen sein kann, ist es notwendig, sich des *zwischen*
Unterschiedes bewußt zu sein. Die spirituelle Erfahrung ist un- *übersinnlichen und*
vergeßlich. Sie läßt sich nicht willentlich wiederholen. Sie wird *spirituellen*
zu einer Quelle der Kraft, die die Entwicklung zu einem wahren *Erfahrungen*
Meister des Selbst fördert, zu einer stärkenden Energie, die un-
ablässig zu fließen scheint. Dies ist, wie zahlreiche Experimente
bewiesen haben, bei keiner Manifestation übersinnlicher Kräfte
der Fall. Übersinnliche Erfahrungen haben keine besonderen
Nachwirkungen, außer einem stimulierenden Effekt, wie ihn
jedes wiederholbare anregende Erlebnis hat.

Die bewußte Vergegenwärtigung (Erinnerung) ist eine *Erinnern und*
Übung, die Zeit und Mühe erfordert; gleichwohl ist es unerläß- *Beobachten*
lich, diese Fähigkeit zu entwickeln, um sich nicht nur so genau
wie möglich an Träume und die dabei aufgetretenen Empfindungen, sondern auch an äußere Ereignisse erinnern zu können. Erinnern und Beobachten gehen Hand in Hand. Der
Yoga-Schüler muß immer wieder danach streben, sich wichtige
Ereignisse, vor allem solche, die in Zusammenhang mit seiner
Entwicklung stehen, sowie Gefühle, Ahnungen und Erkenntnisse ins Gedächtnis zurückzurufen, denn ohne eine Verbesse-

rung dieser Fähigkeit ist es nicht möglich, die verschiedenen Aktivitäten des Geistes zu verstehen. Übt man einen Muskel, so wird er gekräftigt. Macht man Erkenntnisse zur Grundlage seines Handelns, so werden einem weitere (oft viel wichtigere) Erkenntnisse zuteil. Vorahnungen und Erkenntnisse sind Beweise für eine erhöhte Sensibilität, und wenn man sich nach ihnen richtet, entwickelt man ein höheres Maß an Wahrnehmungsfähigkeit, wodurch auch andere geistige Prozesse besser verstanden und gefördert werden können.

Erinnerungs-fähigkeit

Wie gut wir uns an etwas erinnern können, hängt davon ab, wie sehr wir uns dafür interessieren. Das Gedächtnis verschlechtert sich nicht mit zunehmendem Alter, sondern mit zunehmendem Alter lernt man zu differenzieren, welche Erinnerungen wichtig und welche unwichtig sind.

Gedanken-assoziation

Die Stärkung der Fähigkeit, zu beobachten und sich zu erinnern, ist sehr wichtig, um sich die Vergangenheit ins Gedächtnis zurückrufen zu können, was durch Gedankenassoziation erfolgt. Wenn man sich an Vergangenes erinnert und seine Beobachtungsgabe einsetzt, kann man Klarheit über seine Reaktionen gewinnen. Der Gesichtsausdruck einer bestimmten Person, die Farbe ihrer Haare oder Augen, die Art ihrer Kleidung oder ihr Verhalten können die Erinnerung an jemand anderen und vielleicht an eine Situation wachrufen, die mit einem ganz anderen Menschen zusammenhing. Manchmal sind diese Gedankenassoziationen sehr klar; manchmal sind sie undeutlich und rufen lediglich eine unerklärliche Stimmung hervor.

Normale Kräfte des Geistes

Ein Vorfall, den jeder von uns schon erlebt hat, veranschaulicht, was mit »bestimmten Kräften des Geistes« gemeint ist. Zwei Personen in einem Raum sagen im gleichen Moment das gleiche, weil sie das gleiche gedacht haben. Die meisten Menschen finden das leider nur amüsant und denken nicht darüber nach, welchen großen Einfluß das Wechselspiel der geistigen Kräfte ausübt.

Ein anderes Beispiel: Man muß immer wieder an einen Freund oder Bekannten denken, und bald darauf setzt sich dieser mit einem in Verbindung. Wenn man sein Beobachtungsvermögen geschult hat, bemerkt man immer wieder solche Vorfälle. Diese geistigen Kräfte besitzt jeder Mensch. Man kann sich diese Fähigkeiten bewußt machen, sie verbessern und schließlich gezielt anwenden.

Yoga-Praktiken, durch die Bewußtheit und Geisteskontrolle

erlangt werden, die den Geist schärfen, empfänglich machen und auf das Allerhöchste richten, führen zu geistigen Kräften wie Hellsehen und Hellhören. Telepathische Kommunikation zwischen Guru und Schüler ist nichts Ungewöhnliches. Nur wer sich mit solchen Dingen nicht näher beschäftigt hat, glaubt, daß manche Menschen in dieser Hinsicht phänomenale Fähigkeiten besitzen. Für einen Yogi sind diese jedoch etwas ganz Alltägliches, und er betrachtet auch eine solche Verbindung zwischen einer Mutter und ihrem Kind oder zwischen Ehepartnern als nicht ungewöhnlich. *Geisteskontrolle führt zu geistigen Kräften*

Diese geistigen Kräfte können sich nur manifestieren, wenn das Gedankenkarussell – das ständige Kreisen der Gedanken im Geist – zum Stehen gebracht wird. Die Quellen der Energie, von der dieses Karussell angetrieben wird, sind Selbstgerechtigkeit, Selbstverherrlichung und Eigenliebe. Diese falsche Beschäftigung mit sich selbst ist ein großes Hindernis. *Die leise innere Stimme wird vom Gedankenkarussell übertönt.* Bewußtsein, Erkenntnis, Inspiration können nur für kurze Momente aufblitzen, weil nicht genügend Raum für sie vorhanden ist.

Wir wollen uns einige Fragen stellen und auf die innere Antwort warten: *Fragen stellen und auf die innere Antwort warten*

- Haben die Zellen des Körpers ein eigenes Bewußtsein?
- Was löst im Geist die Erinnerung an einen Schmerz oder ein Bedürfnis aus?
- Ist der Geist der Herrscher? Beruht seine Macht auf Suggestion oder Selbsthypnose?
- Wodurch werden die vielen Momente und Geschehnisse unseres Lebens bewirkt?
- Sind wir selbst oder jemand anderes dafür verantwortlich?

Technische Erfindungen sind leistungsfähigere und vielseitigere Nachbildungen menschlicher Organe und Fähigkeiten. Es ist fraglich, ob der Mensch etwas erfinden könnte, was nicht in irgendeiner Weise in ihm bereits vorhanden ist. Die Kamera konnte er nur erfinden, weil ihm seine Augen als Vorbild dienten. Das Fernsehen hätte nicht entwickelt werden können, wenn der Geist nicht gezeigt hätte, daß es möglich ist. Das größte Hindernis auf dem Weg zur Selbsterkenntnis ist Mangel an geistiger Disziplin. Die auf absolute Fokussierung des Geistes abzielenden Konzentrationsübungen sollten als besonders wichtig betrachtet werden. Nur wer Meinungen und Vorurteile *Technische Erfindungen*

*Aufgeben von
Meinungen und
Vorurteilen*

aufgeben kann, ist imstande, den Geist zu entspannen. Die Bemühungen, einen wirklich entspannten Geisteszustand zu erreichen, müssen auf körperlicher Ebene beginnen. Körper und Geist entspannen sich schrittweise gleichzeitig, wenn sie durch geeignete Atemübungen unterstützt werden. Dieser Zustand der geistigen Entspannung und Empfänglichkeit ist die Vorbedingung für die Erlangung spiritueller Inspiration, die zu kontinuierlicher Entwicklung führt.

Zweifel

*Sich der
Beurteilung
enthalten*

Manchmal ziehen Zweifel wie Wolken über den geistigen Horizont. Sie können groß und dunkel sein oder klein und zart. Zuweilen verschwinden sie, tauchen aber oft infolge neuer Erfahrungen unbemerkt wieder auf. Da der Geist Erfahrungen übersinnlicher und spiritueller Art häufig nicht zu bewältigen versteht, neigt er dazu, diese voreilig zu bewerten. Dies ruft Zweifel hervor. Es ist ratsam, sich jeglicher Beurteilung zu enthalten und abzuwarten.

*Schriftliche
Aufzeichnungen*

Alle ungewöhnlichen Erfahrungen sollten möglichst detailliert schriftlich festgehalten und die spirituellen Übungen sorgfältig durchgeführt werden. Dann werden Zweifel nur vorübergehend auftreten und den weiteren Fortschritt nicht behindern. Wichtig ist es deshalb, aus unzureichenden Beobachtungen keine Schlüsse zu ziehen.

*Förderliche und
destruktive Zweifel*

Zweifel können – je nach Einstellung des Schülers – förderlich oder destruktiv sein. Destruktive Zweifel können depressive Stimmungen auslösen; sie können eine Hintertür öffnen, durch die man der übernommenen Verantwortung und Verpflichtung entfliehen kann. Ungeduld und Unruhe führen zu Zweifeln und hindern dadurch bestimmte spirituelle Kräfte an ihrer Entwicklung. Der Schüler sollte daran denken, daß Ungeduld eine Art von Arroganz ist, die Glauben, Hoffnung und Willen untergräbt und depressive Stimmungen verstärkt. Arroganz ist ein Aspekt des Ego und deshalb destruktiv.

Förderlich sind Zweifel, wenn sie zum Forschen anregen, wodurch das Bewußtsein erweitert und der Horizont vergrößert wird.

Dann und wann wühlt der Wind der Imagination die Wasser des Geistes auf, und das Boot wird durch Zweifel ins Wanken gebracht. Wenn man jedoch beharrlich dem einmal festgelegten Kurs folgt, gewinnt man die Kraft, die man braucht, um den Sturm zu überstehen. Jeder Sieg wird zu einem neuen Kraftquell, aus dem man schöpfen kann, wenn sich wieder ein Sturm erhebt. Doch man lernt auch, seine Emotionen und seine Phantasien immer mehr zu beherrschen, und so verlieren die Wogen mit der Zeit ihre Macht. Auf diese Weise wird der Glaube zu einer unerschöpflichen Energie, die einem zur Verfügung steht, wann immer man sie braucht.

Beobachtung

Selbsterworbenes Wissen – die innere Weisheit – gibt Macht. Diese Weisheit kann auf dem Pfad des Kundalini-Yoga erworben werden, doch es ist ein langwieriger Prozeß. Die beständige Konzentration des Geistes auf bestimmte Ideale, tägliche Selbstbetrachtung und geradliniges Denken führen zu dieser Weisheit. Doch man muß dazu aus der Herde ausbrechen, sich von den anerzogenen Konditionierungen befreien und allein auf den eigenen Beinen stehen, verantwortlich nur der inneren Autorität. Das Üben geradlinigen Denkens, das Betrachten der Geschehnisse des Tages und die Eintragung der Beobachtungen in das spirituelle Tagebuch helfen einem, das erforderliche Selbstvertrauen zu erlangen.

Wissen gibt Selbstvertrauen

Das unerklärliche Verlangen des Menschen, Okkultes, Religiöses oder Mystisches für wahr zu halten, entstammt vielleicht einem inneren Wissen, daß es eine höhere Macht gibt, wodurch quälende Fragen aufgeworfen werden wie: Woher komme ich? Wer bin ich?

Das innere Wissen um eine höhere Macht

Während des Schlafs befinden wir uns auf einer anderen Bewußtseinsebene und nehmen Sinneseindrücke auf, die von einem Bereich feinstofflicher Kräfte auszugehen scheinen. Alle spirituellen Praktiken zielen darauf ab, unsere grobstofflichen Sinne zu sensibilisieren, damit wir diese feinstofflichen Kräfte wahrnehmen können. Wir müssen dem Geist Zeit lassen, das Wahrgenommene so umzusetzen, daß es für uns verständlich wird.

Eine Möglichkeit, dieses Wahrnehmungsvermögen zu steigern, besteht darin, mit Hilfe der Imagination den Herzlotos, der sich über dem körperlichen Herz an der Wirbelsäule befindet, mit Licht zu erfüllen. Wenn man einen Guru hat, ist es jetzt möglich, eine Ebene intuitiver Wahrnehmungen zu erreichen,

*Wahrnehmung
durch das Licht*

indem man das innere Licht zuerst anruft und dann projiziert. Dann verschwindet die Person des Guru, und der Schüler nimmt nur noch wahr, was durch das Licht kommt. Hat man die Sinne genügend sensibilisiert und verfeinert und sich darin geübt, die Energien, die man nun wahrnimmt, unter Kontrolle zu bringen, dann kann man um den Körper ein Energiefeld

*Energiefeld um den
Körper*

aufbauen, das so stark ist, daß ein anderer Mensch einen nicht körperlich sehen kann. Mit anderen Worten, A kann ein so starkes Energiefeld aufbauen, daß er für B unsichtbar wird. Es ist, als ob man den Empfang eines Rundfunksenders durch einen Störsender unmöglich macht. Der Körper von A verschwindet nicht wirklich, doch B wird in einen Zustand versetzt, der dem eines Menschen ähnelt, der sich in einem Schockzustand befindet und nicht klar sehen und denken kann. Die Sinne funktionieren vorübergehend nicht richtig.

Langes Üben ist erforderlich, um die Energie unter Kontrolle zu bringen und ein Energiefeld zu erschaffen und zu verstärken.

Der Geist ist ein kleines Universum
Das Universum ist eine Erweiterung des Geistes

Geisteskontrolle

Kontrolle des Geistes ist Gedankenkontrolle.
- Können Sie das Schema Ihrer Gedanken verändern?
- Haben Sie Gedanken, die selbstzerstörerisch sind?
- Wenn ja, können Sie sie ausschalten?
- Auf welche Weise?

Gedanken sind generativ, wie Samen
- Welche Art von Gedanken würden Sie Ihrem Geist gern einpflanzen?

*Das gleiche denken
wie jemand anders*

Wenn Sie feststellen, daß Sie und eine andere Person das gleiche gedacht haben, versuchen Sie herauszufinden, wie es dazu gekommen ist und ob Sie dies willentlich herbeiführen können. Achten Sie darauf, auf welche Weise Sie es zustande bringen.

*Ziehende Kraft des
Geistes*

Der Geist zieht uns fort.
- Wo zieht der Geist Sie hin?
- Zieht er Sie zu etwas Wünschenswertem und Erhebendem?
- Trägt er Sie über die körperlich-emotionale Ebene hinaus (zum Selbst)?

Versuchen Sie, sich an verschiedene Geistes- oder Gemützu- *Gedächtnisübungen*
stände zu erinnern:
- Wann befinde ich mich in diesen bestimmten Zuständen?
- Zu welcher Zeit?
- Welches sind die Zyklen meines Geistes?
- Hatte ich schon einmal Vorahnungen?
- Was ist der Unterschied zwischen Vorahnung und intuitiver
  Wahrnehmung?
- Welche Versprechen habe ich anderen Leuten gegeben? *Versprechungen*
- Habe ich sie gehalten?
- Was für Versprechen habe ich mir selbst gegeben?

Beobachten Sie Ihre Träume. Was sagen sie über die Gegen- *Träume*
wart, die Vergangenheit und die Zukunft aus? An welche Ein-
zelheiten aus Träumen, die sie vor drei Monaten und vor sechs
Monaten hatten, können Sie sich noch erinnern? Schreiben Sie
sie auf und vergleichen Sie sie mit Ihren damaligen Notizen.
    Der traumlose Zustand wurde im Kapitel über das dritte
Chakra behandelt.
- Beobachten sie sich jetzt beim Einschlafen.
- Können Sie in diesem Zustand eine aktive Rolle spielen?
- Können Sie Ihre Träume beeinflussen oder einen unange-
  nehmen Traum abbrechen?
- Beobachten Sie, wie Sie das tun.

Jetzt Ihre Stimmungen:
- Beobachten Sie dreimal am Tag Ihre Stimmungen und ma- *Stimmungen*
  chen Sie darüber schriftliche Aufzeichnungen.
- Bewerten Sie Ihre Stimmungen – zehn Punkte für den tief-
  sten, hundert Punkte für den höchsten Stand.
- Können Sie bestimmte Zyklen feststellen?
- Vergleichen Sie: Was geschieht, wenn Sie sich einer Stim-
  mung hingeben und wenn Sie sich dagegen wehren?
- Beobachten Sie Stimmungen, Gedanken und Gewohnhei-
  ten.
- Stellen Sie den Unterschied zwischen gewohnheitsmäßigen
  und spontanen Reaktionen in Zusammenhang mit einer
  Stimmung fest.
- Beobachten Sie dreimal am Tag Ihre spontanen und Ihre
  gewohnheitsmäßigen Reaktionen.

Machen Sie sich die momentan auf Sie wirkenden Reize bewußt.
– Trennen Sie gewöhnliche Ereignisse von Inspirationen (göttlicher Natur).

Der Geist muß unter Kontrolle gebracht werden, damit man ihn von den ihm innewohnenden Zweifeln befreien kann. Diese erfüllen den Menschen mit dem Bedürfnis nach Sicherheit. Simplifizierendes Denken und mangelnder Mut, aus dem Gewohnten auszubrechen, haben Vernunft und Logik auf den Thron gehoben, wo sie sich über viele Generationen hinweg gehalten haben. Dadurch wurde das Bedürfnis der Menschen nach Sicherheit erfüllt, die Überschreitung alter Grenzen und die Entdeckung neuer Bereiche und neuer Möglichkeiten jedoch verhindert.

Der Geist: entfaltete Energie

In der *Herrlichkeit der Göttlichen Mutter* wird Mutter Shakti folgendermaßen beschrieben:

> Ich bin ein grobstofflicher Körper, ein feinstofflicher Körper, ein kausaler Körper – Ich bin Turiya Chaitanya – Ich bin in allem. Ich bin alle Aspekte der Maya – Ich bin mit Eigenschaften: Maya – Ich bin ohne Eigenschaften: jenseits der Maya.

Deva: männlich, Devi: weiblich

Alles Erschaffene hat einen weiblichen und einen männlichen Aspekt. In den Shastras (den heiligen Schriften) wird das Männliche Deva und das Weibliche Devi genannt, in Übereinstimmung mit dem männlichen und weiblichen Prinzip in allen Vätern und Müttern der Welt. Der männliche Aspekt symbolisiert die Energie an sich, der weibliche Aspekt die entfaltete Energie.

Die Große Mutter

Die Shakti ist die Große Mutter. An Herrlichkeit übertrifft sie jeden Vater. Mutter Shakti hält das Kind, den Suchenden, den Schüler in ihrem Schoß, der die Welt ist. Sie nährt das Kind mit göttlichem Nektar, weshalb das Kind, wenn es sich am Spiel der Maya erfreut hat, zur Mutter zurückkehrt.

Alle Praktiken des Kundalini-Yoga dienen dazu, sich wieder mit der Devi zu vereinigen. Die Shakti ist der Ursprung von allem. Die Shakti ist die Quelle. Alles, was man verehrt und bewundert, ist Shakti. Sie ist die Form, das Ideal, die Kraft – die *Göttin des gesprochenen Wortes*. Aus diesem Grund ist die Shakti auch Leben, Atem – die Existenz selbst. Die Shakti ist die eine Kraft in allem. Allem Entfalteten wohnt eine Kraft inne, die aus der gleichen Quelle kommt. Es gibt eine Sonne und viele Strahlen. Alle Strahlen entströmen derselben Quelle.

Um zu verstehen, was Shakti-Kraft ist, ist es notwendig, die Kraft in ihren einfachsten Manifestationen zu erkennen. Die Elektrizität ist eine vertraute Energie. Es ist leicht, den Geist auf ihre materiellen Erscheinungsformen wie eine brennende Lampe, ein Heizgerät, einen laufenden Motor zu richten. Wenn der Geist die Elektrizität selbst zu erfassen versucht, werden die Schwierigkeiten schnell offenbar. Auch ein abstraktes Symbol ist nicht die Kraft selbst. *Shakti-Kraft*

Die Lampe und das Heizgerät kann man als konkrete Symbole der Elektrizität betrachten. Der Geist braucht eine besondere Ausbildung, um zu verstehen, was hinter den Symbolen steht. Die Schwierigkeiten werden uns sofort bewußt, sobald wir versuchen, uns selbst ohne Körper oder Gesicht vorzustellen, obwohl wir überzeugt sind, uns gut zu kennen.

Nach diesen Beispielen wollen wir einen Schritt weitergehen. Um Begriffe wie »Gott«, »das Absolute« und »Kosmische Energie« zu begreifen, sind eine besondere Ausbildung und neue Erfahrungen notwendig. Wie könnten wir sonst die alte Gewohnheit überwinden, das Absolute oder Gott nach unserem eigenen Bild zu erschaffen und diesem auch noch menschliche Eigenschaften beizulegen – so vortrefflich sie auch sein mögen? Nach den östlichen Lehren ist Gott Energie, die sich in vielerlei Aspekten manifestiert. Der Geist und seine zahlreichen Manifestationen sind Ausdrucksformen dieser einen Kraft. *Geist ist Energie*

Der Prozeß des Denkens ist ein Energieprozeß. Wieviel Energie braucht man, um einen Gedanken zu produzieren? Wo nimmt man sie her? Wird ein Gedanke, verbunden mit Emotionen, in die Tat umgesetzt, sprechen wir von »Energieaufwand«, »emotionaler Verausgabung« und so weiter, weil unsere Müdigkeit oder Erschöpfung unseren Energieverbrauch anzeigt. Um zu verstehen, was die Shakti-Kraft ist, müssen wir die verschiedenen Fähigkeiten des Geistes betrachten. Was sind Telepathie und Hypnose? Wie kommen sie zustande? Können diese Fähigkeiten willentlich eingesetzt werden? *Denken ist ein Energieprozeß*

Was ist die im Geist wirksame Shakti-Kraft? Bevor wir diese Frage beantworten, wollen wir uns mit dem erhöhten Wahrnehmungsvermögen beschäftigen, das der praktizierende Yogi bezüglich der Sinne entwickelt. Um das Wahrnehmungsvermögen wirklich zu erhöhen, ist es notwendig, unser Gewissen zu entlasten, weil sonst zuviel Energie gebunden ist und dieser Zustand gesteigerter Sensibilität nicht erreicht werden kann.

Ein anderes gutes Beispiel für die mannigfachen Manifestationen der einen Energie ist der menschliche Körper, in dem sie auf ganz unterschiedliche Weise zum Ausdruck kommt: Die Augen sehen, die Zunge schmeckt, die Füße gehen, das Blut fließt. Die dazu erforderliche Energie wird aus einer einzigen Quelle bezogen – der Lebenskraft.

Sandburgen sind nicht von Bestand – sie werden wieder zu Sand. Zerstört wird jedoch nur die Form. Die Essenz (der Sand) bleibt bestehen und kann neu geformt werden.

Dies alles sind natürlich nur vereinfachende Beispiele, und jeder Schüler muß durch »geradliniges Denken« zu Schlußfolgerungen kommen, die für ihn persönlich relevant sind.

Lange Zeit muß man sich damit abfinden, daß eine abstrakte Idee nur durch ein konkretes Symbol ausgedrückt werden

kann. Diese geistige Akrobatik ist jedoch sehr hilfreich, und sie führt zu einem Punkt, wo dies nicht mehr notwendig ist.

Alles Entfaltete entwickelt ein eigenes Leben. Deshalb ist der Mensch für jeden Gedanken, jedes Wort und jede Handlung verantwortlich, und diese Verantwortung nimmt auf jeder Bewußtseinsebene sogar noch weiter zu.

Die vier Kräfte der heiligen Mutter Shakti sind:

1. MAHESHVARI: Kostbarkeit – *Weisheit* – Erhabenheit – Größe
2. MAHAKALI: *Stärke* – Wille – unwiderstehliche Leidenschaft
3. MAHALAKSHMI: *Harmonie* – Verschwiegenheit – bezwingende Anziehungskraft – Ernsthaftigkeit
4. MAHASARASVATI: *Vollkommenheit* – tiefgründiges Wissen

Die Kraft der Shakti ist die Manifestation des Mikrokosmos wie des Makrokosmos.

Die Kraft der heiligen Mutter Shakti für seine eigenen Zwecke zu benutzen bedeutet, sie zum Diener des Ego zu machen. Habgier kennt keine Grenzen. Dies ist ein wichtiger Aspekt, auf den bei der täglichen Betrachtung besonders geachtet werden sollte. (»Gott, Göttliche Mutter, gib mir alles – von einem Parkplatz bis zu einer dicken Gehaltserhöhung.«) Solches Denken führt in späteren Zeiten, wenn diese Einstellung bereits vergessen ist, zu schweren Rückschlägen.

Die Shakti ist alle Kraft, die wahrgenommen werden kann. Sie wird die Devi der Sprache genannt, das Flüstern, das in jeder Illusion ist. Sie ist auch der Donner der kosmischen Stimme. Die zwei gegensätzlichen Geschenke, die man von der Göttlichen Mutter bekommen kann, sind ihre Maya (beständige Täuschung) und die Befreiung von den Fesseln der Täuschung. Jede menschliche Erfahrung liegt irgendwo zwischen Maya und Befreiung. Jedes menschliche Leben ist eine Mischung aus zahllosen Möglichkeiten. Nur durch einen entschlossenen Willensakt können wir aufhören, ziellos herumzulaufen. Man bedenke, daß durch die Manifestation ihrer göttlichen Kraft dieses ganze Universum in Bewegung gehalten wird. Auf dem Weg zur Befreiung von der Täuschung muß die Beziehung des Schülers zur Göttlichen Mutter auf einer festen Basis ruhen, die aus einem guten Charakter, aus Selbstdisziplin und einem immer stärkeren Glauben besteht. Schließlich, wenn dieser Glaube nicht mehr blind ist, spürt der Schüler die Göttliche Mutter in seinem Herzen, und es kommt zu einem Kräftespiel, das man mit Worten kaum beschreiben kann. Jemand nannte es »Leben in der Gnade der Göttlichen Mutter«.

Maya und Befreiung

Solange der Schüler den Kontakt mit der Shakti aufrechterhält, sorgt sie für ihr Göttliches Kind mit bisher nicht gekannter Liebe und Zärtlichkeit. Neuer Sinn erfüllt das Leben.

Jeder muß selbst entscheiden, was für ein Leben er führen will. Es kann sein, daß der Schüler nicht weiter in ihr Licht hineinwachsen, sondern seine früheren Aktivitäten wiederaufnehmen möchte. Doch wer einmal ihren göttlichen Nektar gekostet hat, kann auf andere inspirierend wirken und den Wunsch verspüren, sich noch weiter zu entfalten und einen noch höheren Bewußtseinszustand zu erreichen. Ein anderer möchte sich der Shakti vielleicht ganz hingeben und wird nur den Wunsch haben, von ihr geleitet zu werden, ganz gleich, wohin sie ihr göttliches Kind (ihren Diener) auch führen mag.

Wird die Shakti um ihrer selbst willen begehrt, enden alle Täuschungen und alles Leid. Das erscheint leicht und verlangt doch ein ständiges Ankämpfen gegen den Strom des Lebens. Das Leben darf nicht abgelehnt werden, sondern es muß verwandelt werden.

Die letzte Täuschung ist die Shakti selbst.

Geist und Heilen

Viele Schüler streben nach der Erlangung übernatürlicher Heilkräfte. Hat der Schüler die Kontrolle über seine Emotionen erlangt und sie zu feineren Gefühlen kultiviert, dann ist er in zunehmendem Maße imstande, sein Mitgefühl auf die rechte Weise zum Ausdruck zu bringen. Wenn man zu helfen wünscht, weil Hilfe gebraucht wird – nicht um irgendeines Lohnes willen oder aus emotionalen Gründen –, dann hat dieser Wunsch die richtige Grundlage. Die Wahrscheinlichkeit, daß eine Heilung gelingt, ist weitaus größer, wenn ein edles Motiv wie Mitgefühl dahintersteht. Doch es gibt noch viele andere Aspekte, die beim Heilen über Erfolg oder Mißerfolg entscheiden.

Die Grundlage für Heilen: Mitgefühl

Wenn der Schüler der mächtigen Wirkung der Anrufung des Göttlichen Lichts gewahr geworden ist, hat er das Wechselspiel der Kräfte erkannt und kann die Prozesse, die erforderlich sind, um bewußte Kontrolle über verschiedene Energien zu erlangen, viel besser verstehen. Meinungen, Ansichten und Überzeugungen werden durch die Übung der Anrufung des Göttlichen Lichts gelockert und verwandeln sich schließlich selbst in reines Licht. Das bringt mehr als nur erhöhte Flexibilität. Machen Sie sich die Verwandtschaft der Worte »Licht« und »leicht« bewußt. Worte werden immer vieldeutiger, je weiter man in feinstoffliche Bereiche vordringt.

Die Anrufung des Göttlichen Lichts

Wenn man sich selbst oder andere heilen möchte, muß man sich darüber klarwerden, welche Energien dabei eine Rolle spielen:

- Hat Heilen etwas mit dem Geist zu tun? Oder mit dem Herzen? Womit heilt man?
- Braucht man eine andere Person, die einem beim Heilen hilft?
- Ruht die heilende Kraft in einem selbst?

Wenn wir viele Fragen stellen und nach Antworten suchen, wächst unser Verständnis.

Grundprinzipien des Heilens

Wenn man heilen möchte, muß man zuerst herausfinden, wie die Krankheit entstanden ist. Hat der Kranke fortgesetzt in seiner Lebensführung gegen bestimmte Grundsätze verstoßen und hat dies zu einem gesundheitlichen Zusammenbruch geführt, kann es sein, daß man mit einer spirituellen Heilung nur einmal, wenn überhaupt, Erfolg hat. In diesem Fall sollte man die betreffende Person instruieren, auf ihren Körper zu achten und die Regeln zu befolgen, die diesen gesund erhalten. Werden diese Regeln verletzt, dann verringert sich der Glaube sowohl des Heilers wie des Kranken an die Möglichkeit einer spirituellen Heilung. Eine Krankheit tritt nur selten plötzlich auf. Meistens ist es so, daß sich der Geist intensiv mit anderen Dingen beschäftigt hat, so daß frühe Anzeichen körperlicher Störungen nicht beachtet wurden. Der Schmerz ist ein großer Lehrmeister, und oft wird einem nur durch eine Krankheit bewußt, wie dankbar man für die Gesundheit sein muß und was für ein wertvolles Instrument ein gesunder Körper ist. *Auf den Körper achten*

Die Einstellung des Kranken kann die Ursache dafür sein, daß eine spirituelle Heilung nicht gelingt. Sie mißlingt, wenn kein Lebenswille vorhanden ist, wenn der Kranke keinen Sinn und Zweck in seinem Leben sieht, der ihm Auftrieb verleihen könnte, oder wenn er glaubt, er sei ein so großer Sünder, daß er es nicht verdiene, geheilt zu werden. Hinzu kommen die vermeintlichen Vorteile, die eine Krankheit mit sich bringt – etwa ein größeres Maß an Liebe und Zuwendung, das dem Leidenden zuteil wird –, so daß in manchen Fällen eine Heilung als wenig oder gar nicht erstrebenswert betrachtet wird. *Ursachen für Mißerfolg*

Deshalb ist die geistige und emotionale Vorbereitung des Kranken überaus wichtig. Im Vordergrund darf beim Heiler kein sentimentales Bedürfnis stehen, sondern er muß von dem echten Anliegen erfüllt sein, dem Kranken dabei zu helfen, sich selbst zu helfen und die verschiedenen Aspekte seiner Problematik zu verstehen. Das Verlangen, gesund zu sein, und der Wille, ein sinnvolles Leben zu führen, müssen beim Kranken zusammenwirken, und der Heiler muß diese positiven Bestrebungen in ihm wecken und sie verstärken. Die im Kapitel über das Manipura-Chakra ausführlich behandelten Emotionen spielen sowohl beim Heiler wie beim Kranken eine sehr wichtige Rolle. Es müssen kultivierte Emotionen sein, ein Gefühl tiefer Dankbarkeit – beim Kranken dafür, daß er geheilt wird, und beim Heiler für das Privileg, Kanal sein zu dürfen. Dankbarkeit, eines der schönsten menschlichen Gefühle, ist für den Vorgang selbst wie für die Ergebnisse sehr wichtig. *Geistige und emotionale Vorbereitung*

Dankbarkeit

Ist Heilen eine Fähigkeit des Geistes? Oder ist es die Göttliche Gnade, die heilt?

Betrachtet man die verschiedenen Kräfte des Geistes, dann wird einem klar, daß es darauf keine einfache und klare Antwort gibt. Krankheit ist, um eine heute gebräuchliche Bezeichnung zu verwenden, ein Wechselspiel von Kräften. Das echte Interesse des Heilers kann auf subtile Weise suggestiv wirken oder, wenn es sich beim Heiler um eine sehr starke Persönlichkeit handelt, stark suggestiv, wodurch das Selbstvertrauen des Kranken gestärkt und er mit neuer Hoffnung auf ein sinnvolles Leben erfüllt wird. Auf diese Weise werden die heilenden Kräfte, die in jedem Menschen stecken, regeneriert. Zuversicht, Vertrauen, Hoffnung, Lebenswille und Klarheit über Sinn und Zweck des Lebens sind einige der Grundprinzipien, die dabei eine Rolle spielen. Ebenso wie eine Pflanze braucht der Mensch bestimmte Bedingungen, um zu gedeihen; und wenn diese Bedingungen gegeben sind, entwickelt er sich zu einem gesunden menschlichen Wesen.

Beim Heilen ist jedoch noch ein anderer Faktor im Spiel, den wir den spirituellen nennen wollen. Der Prozeß des Lebens selbst, ob bei Mensch, Tier oder Pflanze, ist ein noch ungelöstes Geheimnis. Ein Heiler ist ein Mensch, der sich jener Kräfte, die der Heilung förderlich sind und gesundheitsschädlichen Einflüssen entgegenwirken, bewußt ist und sie wahrnehmen kann. Dieses Bewußtsein ermöglicht es ihm, diese Energie durch sich hindurchfließen zu lassen und sie auf diejenige Person zu lenken, die zusätzliche Energie braucht, um mit ihrer Krankheit fertig zu werden.

Die Anrufung des Göttlichen Lichts enthält in der richtigen Kombination alles, was erforderlich ist, um auf Anhieb oder durch wiederholte Anwendung eine Heilung zu bewirken. Sie muß mit echtem Mitgefühl und vollem Einsatz des Heilers durchgeführt werden. Manchmal müssen zuerst psychische Probleme beseitigt werden, denn bevor eine Heilung des Körpers möglich ist, muß eine Heilung im Geist stattfinden. Damit das Göttliche Licht fließen und in Gang setzen kann, was für einen bestimmten Menschen nötig ist, ist es sehr wichtig, daß der Heiler nicht zu bestimmen versucht, auf welche Weise die Heilung erfolgen soll. Die geographische Entfernung muß bei einer Heilung kein Hindernis sein. Auch wenn der Kranke Tausende von Kilometern entfernt ist, sollten wir uns nicht durch unsere alte Vorstellung von Raum und Zeit daran hindern lassen, einem Menschen zu helfen.

Sobald der Kranke tief entspannt ist und sich (vielleicht

infolge von Schwäche) in einem Zustand der Hingabe befindet, wird er aufnahmefähig und erlaubt der Energie, zu fließen und zu wirken. Der Heiler muß ihn beobachten und erkennen, wann er sich in diesem Zustand befindet. Kann dieser Zustand nicht hergestellt werden, solange der Patient wach ist, so tritt er beim Schlafenden auf ganz natürliche Weise ein. Wenn in den folgenden zwei Stunden ein Absinken von der bewußten auf die unbewußte Ebene erfolgt, ist der Körper für heilende Suggestionen äußerst empfänglich. In manchen Fällen genügen diese bereits, um eine Heilung herbeizuführen.

Aufnahmefähigkeit in entspanntem Zustand

Es kann sein, daß die Heilungsversuche während eines Zeitraums von einem bis drei Monaten mehrmals wiederholt werden müssen. Man muß sich klar darüber sein, daß unter gewissen Umständen eine Heilung möglicherweise nicht das Beste für den betreffenden kranken Menschen ist. Man kann dem Göttlichen Licht nicht vorschreiben, was es tun soll, doch auch abgesehen von sichtbaren Resultaten kann Heilung von unermeßlichem Nutzen sein.

Die Macht des Glaubens und der Hoffnung darf nicht unterschätzt werden. Sie ist eine Energie, die durch die mit Sorgfalt und innerlicher Beteiligung durchgeführte Anrufung des Göttlichen Lichts verstärkt werden kann.

Die Macht des Glaubens und der Hoffnung

Demut und Dankbarkeit

Demut und Dankbarkeit gehen Hand in Hand. Das Gefühl der Dankbarkeit wirkt auf Geist und Körper gleichermaßen positiv. Wir müssen lernen, buchstäblich lernen, für alles, was wir Tag für Tag bekommen, dankbar zu sein – einfach, um der Kritik entgegenzuwirken, zu der uns Tag für Tag starke Emotionen verleiten. Als mein Guru einmal einen jungen Mann initiieren sollte, lehnte er das ab mit der Begründung, der junge Mann sei nicht dankbar für das, was er bisher bekommen habe, und deshalb verdiene er es nicht.

Lernen, dankbar zu sein

Kritik entgegenwirken

Es ist eine buddhistische Tradition, daß sich der Schüler hunderttausendmal zu Boden wirft, um Demut zu entwickeln – auf diese Weise wird diese Tugend körperlich zum Ausdruck gebracht. Manch einer wird sagen »Aber ich spüre doch, daß ich dankbar und demütig bin – was ist also nicht in Ordnung?« Man kann das Gefühl haben, dankbar zu sein, aber welchen Sinn hat Dankbarkeit, wenn man sie nie ausdrückt?

Demut entwickeln

Erwartungen

Wenn man einem Freund immer und immer wieder geholfen hat, ohne daß dieser sich je dankbar zeigte, wird man sich fragen, ob man nicht Zeit und Energie verschwendet hat. Doch vielleicht ist man lediglich nicht imstande, die Liebe und Dankbarkeit des Freundes zu erkennen, weil er sie nicht gemäß den eigenen Erwartungen zum Ausdruck bringt – nicht auf die gleiche Weise, wie man dies selbst täte. In solchen Fällen neigen wir dazu, »Spiele zu spielen«. Ein gutes Unterscheidungsvermögen ist jetzt unerläßlich, damit wir all die Tricks unseres Geistes und unserer Emotionen durchschauen können.

Verehrung
des Gurus

Was kann man sonst noch tun, um Dankbarkeit und Demut zu entwickeln? Ein Weg ist die Verehrung des Gurus – etwas, was vielen nicht liegt, obwohl es, psychologisch gesehen, eine sehr gute Methode darstellt. Der Mensch hat ein angeborenes Verlangen, zu bewundern und zu verehren. Er sucht nach einem Vorbild, nach dem er sich bei seiner Entwicklung richten kann. Falsche Götter wie Erfolg, Sex, Reichtum und persönliche Überzeugungen werden oft in Ehren gehalten und angebetet, bis man ihre Hohlheit und Leere erkennt.

Das Wunder
des menschlichen
Körpers

Ein anderer Weg, Dankbarkeit zu entwickeln, besteht darin, sich selbst zu betrachten, das Wunder unseres Körpers und seiner Sinnesorgane zu sehen. Seien Sie dankbar für die volle Funktionsfähigkeit Ihrer Sinne, mit denen Sie alles, was um Sie ist, die Welt und die Schönheiten der Natur, wahrnehmen können. Seien Sie dankbar für Ihren kräftigen Körper und für Ihre gute Gesundheit.

Dies alles sind nur oberflächliche Betrachtungen. Sie sollen Ihren Geist zu einer Denkweise anregen, die Ihnen großen Nutzen bringen wird. Der Geist ist immer so sehr damit beschäftigt, selbstsüchtige Wünsche zu erfüllen, daß zarte und zaghafte Empfindungen wie Dankbarkeit und Demut in den Hintergrund gedrängt werden. Wir lassen zu, daß der Geist von allen möglichen Dingen angeregt wird, die sich häufig als nutzlos oder sogar abträglich für unser geistiges und emotionales Wohlbefinden erweisen. Gedankenlos entwickeln wir

Schlechte
Gewohnheiten

schlechte Gewohnheiten und lassen sie bestehen; und wenn wir die negativen Folgen unserer Sorglosigkeit erleben, beklagen wir uns. Wir betrachten sie sogar als ungerechte Schicksalsschläge und begreifen überhaupt nicht, daß wir uns die Fallen, in die wir gegangen sind, selbst gestellt haben, und daß nur wir dafür verantwortlich sind. Im Lauf des Lebens ereignen sich viele kleine »Wunder«, doch unsere Herzen sind so verhärtet, daß wir sie nicht beachten, sondern für selbstverständlich halten. Wenn uns jemand nicht beachtet, protestieren wir jedoch laut.

Alle Gebete an Buddhas und Gurus haben den einen Sinn – unsere Gefühle zu kultivieren und zu verfeinern und uns mit Dankbarkeit gegenüber denen zu erfüllen, die den Weg gepflastert haben, die ihre schwer erkämpften Erkenntnisse mit uns teilen und uns helfen, Erkenntnisse zu erlangen und mit Zuversicht und Ausdauer voll Demut und Dankbarkeit, auf dem schmalen Weg weiterzugehen.

Gebete an Buddhas und Gurus

Weitere Gedanken über die Sexualität

Der Prozeß der Kultivierung und qualitativen Verfeinerung der Sexualität, der bereits im Kapitel über das erste Chakra behandelt wurde, muß jetzt ein Stadium erreichen, in dem keiner der Partner Forderungen stellt und in dem über die beiderseitige Bindung Klarheit besteht. Wenn die groben Emotionen in echte Gefühle verwandelt worden sind, muß die Sexualität zu einer Ausdrucksform der Liebe werden, zur Fähigkeit, sich einander hinzugeben.

Kultivierung der Sexualität

Ein Ehepaar, das gemeinsam meditiert, begegnet sich auf einer anderen Ebene, auch wenn der Gegenstand der Meditation nicht der gleiche ist. Die Anrufung des Göttlichen Lichts kann dabei sehr hilfreich sein: Wenn man sie regelmäßig übt, löst sich die Vorstellung, daß es nur einen grobstofflichen Körper gibt, und infolgedessen auch die Identifikation mit ihm auf. Sie kann sich in die Vorstellung verwandeln, daß sich beim Sexualakt Licht mit Licht vermischt. Dies würde darauf hindeuten, daß alle Besitzgier und alles Streben nach eigener Befriedigung einem echten gegenseitigen Geben und Nehmen gewichen sind.

Gemeinsam meditieren

Der Schüler verfällt oft dem Irrtum, die mächtige Lebenskraft nur in ihren höchsten Ausdrucksformen zu sehen – vom Überleben der Spezies bis zur mystischen Vereinigung (im Yoga und in verschiedenen Religionen). Dadurch wird eine weite Skala unterschiedlicher Wahrnehmungsmöglichkeiten ausgeklammert. Vergleichen wir einmal den sexuellen Genuß mit dem Genuß, den wir beim Essen empfinden, und denken wir daran, wieviel Kreativität zur Zubereitung einer Mahlzeit aufgewendet wird. Essen ist ein Genuß für die Augen, für die

Wahrnehmung der Lebenskraft

Nase, für den Tastsinn (wenn man mit den Händen ißt) und für den Geschmackssinn. Wird eine Speise mit einem tiefen Gefühl der Liebe und der Besorgnis um die Gesundheit jener zubereitet, mit denen man sie teilt, und wird sie auf attraktive Weise dargeboten, indem man den Tisch mit Kerzen und Blumen schmückt, dann wird die Nahrungsaufnahme zu einem Fest. Der Genuß geht weit über die simple Befriedigung der körperlichen Bedürfnisse hinaus.

Es ist klar, daß dem Sexualakt, bei dem ein neues menschliches Leben gezeugt wird, ebensoviel Sorgfalt und Aufmerksamkeit gewidmet werden sollte wie der Zubereitung und dem Genuß einer Mahlzeit.

Psychische Aspekte der Sexualität

Außer dem Aspekt der Fortpflanzung müssen wir auch die psychischen Aspekte der Sexualität betrachten. Eine sexuelle Beziehung wirkt sich bei beiden Partnern auf allen Ebenen aus, von der rein körperlichen bis hin zur übersinnlichen. Mit dem Wechselspiel der Kräfte, das zwischen zwei Menschen auf mentaler Ebene stattfindet, haben wir uns bereits beschäftigt.

Überbetonung der Sexualität im Westen

In der westlichen Kultur wird die Sexualität auf unnatürliche Weise überbetont. Der Orgasmus ist nicht das höchste Ziel des Menschen. Die weibliche Einstellung zur Sexualität ist natürlich eine andere als die des Mannes, da die Frau ja die Kinder zur Welt bringt und eine größere Last und Verantwortung trägt.

Weibliche Sexualität und Yoga

Für eine Frau ist es nicht einfach, Sexualität und Yoga miteinander in Einklang zu bringen. Kinder können auf dem Yoga-Weg ein großes Hindernis für die bedeuten. Es kann sein, daß sie es äußerst schwierig, wenn nicht gar unmöglich findet, zwei Herren zu dienen, und daß sie sich deshalb für eine gewisse Zeit damit abfinden muß, ihre spirituelle Aktivität zu beschränken und sich vorwiegend ihrer Selbstentwicklung zu widmen. Damit legt sie jedoch das Fundament für ein späteres spirituelles Leben – vorausgesetzt, daß sie sich emotional von ihrem Mann unabhängig gemacht hat. Emotionale Unabhängigkeit ist in jedem Fall eine vorteilhafte Basis für eine Mann-Frau-Beziehung.

Emotionale Unabhängigkeit

Ein zusätzliches Problem stellt für den Yogi und die Yogini im Westen die Kleinfamilie dar. In vielen anderen Gesellschaften leben mehrere Generationen in enger Gemeinschaft zusammen, und alle Familienmitglieder nehmen sich der Kinder an. Wenn sich also ein Elternteil mehrere Wochen oder Monate lang täglich ein paar Stunden einer bestimmten Arbeit oder spiritueller Übung widmen möchte, brauchen die Kinder nicht darunter zu leiden. Trotzdem verschieben Männer und Frauen im Osten die Ausübung intensiverer spiritueller Praktiken auf die Mitte oder die späteren Jahre ihres Lebens, weil die jungen Mitglieder ihrer Familie dann nicht mehr auf ihre Führung oder Mitarbeit angewiesen sind.

Es kann nicht genug betont werden, daß Sex für den Yogi oder die Yogini keine Sünde darstellt, wie man im Westen oft glaubt.

Die Vereinigung mit dem Göttlichen ist ein laufender evolutionärer Prozeß, und zu irgendeinem Zeitpunkt seines Lebens muß man den Entschluß fassen, aktiv daran mitzuwirken. Dadurch wird die Entwicklung intellektueller oder geistiger Kräfte keineswegs behindert. Im Gegenteil, das gesamte System des Yoga ist auf die Evolution des Menschen in allen Lebensbereichen abgestimmt.

Vereinigung mit dem Göttlichen: ein evolutionärer Prozeß

Der Kundalini-Yoga bietet jedem, der bereit ist, diesen Weg zu gehen, ob Mann oder Frau, die gleichen Möglichkeiten.

Brahmacharya (Keuschheit)

Die zahlreichen Funktionen der Sexualität wurden in Zusammenhang mit den Chakras behandelt; und die Bedeutungsebene hat sich in jedem erweitert. Die Symbolik der Chakras zeigt die Wandlung der Bedeutung, und es wurde bereits darauf hingewiesen, daß Brahmacharya für den Yogi oder die Yogini nichts mit Moral zu tun hat, sondern eine Sache der freien Entscheidung ist. Ein kurzer Rückblick ist vielleicht angebracht.

Funktionen der Sexualität

Zuerst wird die Energie durch die Sexualität zum Zweck der Fortpflanzung zum Ausdruck gebracht. Dann wird die Energie in Kunst oder Erfindungen umgesetzt oder zum Heilen verwendet. Ohne Energie wäre keiner unserer Denkprozesse möglich, würde keiner unserer Sinne funktionieren. Wie wir gesehen haben, verbrauchen sogar unsere mechanischen Handlungen Energie. Doch wir wollen nicht der natürlichen Versuchung nachgeben zu klassifizieren. Energie kann nicht in verschiedene Fächer eingeordnet werden.

Im Lauf des Klärungsprozesses ist dem Schüler bewußt geworden, wie sehr wir unseren Sinnen verhaftet sind. Wir messen den Wahrnehmungen unserer Sinne so große Bedeutung

Verhaftung an die Sinne

bei, daß sie unser ganzes Leben beherrschen. Verhaftung ist immer Begrenzung und hindert einen daran, nach etwas außerhalb der gewohnten Gedanken und Handlungen Ausschau zu halten. Das trifft auch auf die Sexualität zu. Die Verhaftung an die Sexualität und ihre Freuden und der ungeheure Energieaufwand, mit dem wir die Verhaftung an diese Freuden verteidigen, wären einer wissenschaftlichen Untersuchung wert.

Erforschung der alten Lehren

Brahmacharya ist nur etwas für die wenigen, die drei oder vier Jahre dafür aufwenden wollen, an sich selbst zu überprüfen, ob es sinnvoll ist, diesen neuen Weg zu gehen und sich dieser Lebensanschauung zu verschreiben. Die meisten Menschen sind nur bereit, soviel Zeit einer Sache zu widmen, wenn sie greifbarere Ergebnisse bringt, dem Ego zusagt und emotional befriedigender ist.

Einwände gegen die Keuschheit

Der Einwand, Keuschheit habe, wo sie aus religiösen Gründen praktiziert wird, keine hervorragenden Ergebnisse, sondern eher das Gegenteil gebracht, deutet wieder einmal auf mechanisches Denken. Die Macht eines Mantra manifestiert sich nur dann, wenn es mit der rechten Einstellung und Konzentration rezitiert wird und wenn man sich über den Zweck, der erreicht werden soll, klar ist. Ebenso muß Keuschheit mit der rechten Motivation praktiziert werden, damit sie einem in Zeiten der Versuchung, die mit Sicherheit kommen werden, genügend Halt gibt. Der Sinn des Brahmacharya ist nicht die Erfüllung eines moralischen Gebots, sondern die aktive Mitwirkung am Prozeß der spirituellen Evolution.

Ein verheirateter Yogi kann Brahmacharya wegen seiner Pflichten und Verantwortlichkeiten erst dann praktizieren, wenn die Kinder ein bestimmtes Alter erreicht haben. Eine weitere Voraussetzung ist das beiderseitige Einverständnis der Ehepartner. Wegen dieser Probleme raten Gurus von einer Kombination von Familienleben und yogischem Leben ab, wenn das Ziel die Erreichung eines höheren Bewußtseinszustandes ist. Es ist schon schwierig genug, wirkliches Brahmacharya zu erlangen, – nicht nur auf körperlicher und emotionaler, sondern auch auf mentaler Ebene.

Grundübungen und Zielsetzung erforderlich

Die Kultivierung der Imagination und der Wünsche wurde in den Kapiteln über die ersten drei Chakras ausführlich behandelt. Um Brahmacharya erfolgreich praktizieren zu können, müssen die dargestellten Grundübungen durchgeführt und muß das Ziel gesetzt werden.

Übersinnliche Kräfte, die vielleicht als kleine Zwischenziele angestrebt werden, können ebenfalls nicht ohne die zur Herstellung bestimmter körperlicher, emotionaler und mentaler Bedingungen erforderlichen Übungen erlangt werden. Ein Magier braucht Jahre der Übung, um sein Werk zu vollbringen; und für die Schärfung und Verfeinerung der Sinneswahrnehmung, die sogenannte übersinnliche Manifestationen ermöglicht, muß mindestens ebensoviel Zeit aufgewendet werden. Sobald man mit übersinnlicher Energie in Kontakt kommt, sieht man die Welt aus einem völlig anderen Blickwinkel. Jeder, der sich drei oder vier Jahre lang intensiv mit den erforderlichen Übungen beschäftigt hat, weiß, daß das wahr ist. Nur ein Blinder würde leugnen, daß die Sonne existiert.[4]

Brahmacharya ist nicht leicht, und die Erfahrung zeigt, daß die dazu nötige Ausdauer selten länger als zwei Jahre anhält, wenn keine speziellen unterstützenden Übungen, die erforderlich sind, um die verschiedenen Sinne und den Hang zu ihrer Befriedigung unter Kontrolle zu halten, durchgeführt werden. *Lehrer erforderlich*

Man muß sich klar darüber sein, daß in einem bestimmten Stadium des spirituellen Lebens eine Autorität nötig wird – nicht um sich in Abhängigkeit zu begeben, sondern einfach, weil der Guru weiß, und was der Schüler nicht weiß, was er noch lernen muß. Dadurch wird der Guru zu einer Autorität. *Die Autorität des Gurus*

Spirituelle Praktiken und sachverständige Anleitung führen ganz langsam zu Selbstvertrauen und Befreiung von der Herrschaft der Sinne. Ohne Urteilsvermögen und Wissen kann man mit Freiheit nicht richtig umgehen. Befreiung von allen Verhaftungen ist nur in dem Maß möglich, in dem der Mensch gelernt hat, Freiheit zu meistern. Denken Sie stets daran, daß jede Art von Lernen ein *Prozeß* ist. Im Kundalini-Yoga ist der Lernprozeß untrennbar mit Bewußtheit, Wahrnehmung, Betrachtung, Unterscheidung und der praktischen Anwendung all dieser Fähigkeiten verbunden. *Richtiger Umgang mit Freiheit*

Verehrung

Als Symbol für die Reinheit, die er zu erlangen wünscht, kann der Schüler weiße Blumen anpflanzen. Blaue Blumen kann er anpflanzen, wenn die Farbe Blau für ihn Spiritualität versinnbildlicht, wenn er in Momenten der Stille blaue Lichterscheinungen wahrgenommen hat. Die Farbe sollte für den Betreffenden eine ganz klare individuelle Bedeutung haben. Pflanzen *Blumen als Symbol*

Sie Blumen in einer Farbe an, die für Sie Reinheit und das Allerhöchste symbolisiert. Wenn Sie sich wie eine Lotosblüte zu entfalten wünschen, pflanzen Sie diese Blume an; und wenn Sie sich um sie kümmern, stellen Sie sich vor, daß Sie für Ihre eigene Entwicklung sorgen.

Verehrung im täglichen Leben

Übertragen Sie diese Einstellung auf alle Bereiche Ihres täglichen Lebens. Tun Sie nichts mechanisch, vermeiden Sie jede Routine. Wenn Sie die Betten machen, stellen Sie sich vor, daß Sie die Falten Ihres Geistes beseitigen, Ihre Gedanken glätten. Wenn Sie eine Kerze anzünden, denken Sie an alles, wofür Licht ein Symbol sein kann. Machen Sie sich klar, daß Menschen, die Sie früher als primitiv betrachtet haben – wie Feueranbeter – in Wirklichkeit das Licht anbeten. Das führt zu einem tieferen Verständnis für andere Formen der Verehrung.

Abhängigkeit von Tradition

Verehrung darf beim Schüler jedoch nicht zu Abhängigkeit von Tradition und Autorität werden. Auch sie bedarf eines Entwicklungsprozesses. Der Hang zur Verehrung ist dem Menschen angeboren, was sich an der Verehrung der Macht zeigt. Man sieht das am Leben aller Revolutionäre, die anfangs Mörder genannt werden, weil sie eine alte Machtstruktur zerstören. Doch wenn sie Erfolg haben und selbst an die Macht gelangen, werden sie von den gleichen Menschen, die sie verabscheut haben, bewundert.

Symbole und Rituale

Wir verehren heute nicht mehr zahlreiche Götter und Göttinnen, wie es die alten Religionen mit ihren Ritualen und Zeremonien taten; und wir lächeln über die Sorgfalt, mit der solche Rituale und Zeremonien durchgeführt wurden. Wir betrachten dies als heidnisch oder zumindest als überholt, wobei uns selten bewußt wird, daß auch wir noch heute Symbole benutzen. Nur ihre Form hat sich verändert. Heute verehren wir Persönlichkeiten und Ämter.

Die Verehrung kann, wie wir bei einigen christlichen Glaubensrichtungen sehen, auf verschiedenen Ebenen stattfinden. Ein einfacher Mensch zum Beispiel fühlt sich dem heiligen Antonius viel näher als Jesus oder Gott. Ein Weiterentwickelter glaubt auch an den heiligen Antonius, steht aber Jesus näher. Auf der nächsten Stufe betrachtet man die Heiligen und Jesus als Sprossen einer Leiter, die zu Gott, dem Allerhöchsten, führt. Eine ganz andere geistige Einstellung ist erforderlich, um an eine kosmische Intelligenz zu glauben, die keine vom menschlichen Geist erschaffene Form mehr besitzt.

Wenn wir so weit vorgedrungen sind, erkennen wir, daß all

die anderen Formen der Verehrung von der Selbstverwirklichung wegführen. Deshalb benutzen wir die Verehrung, um unsere Sinne zu kultivieren, unseren Geist zu erweitern und unser Wahrnehmungsvermögen zu verbessern, damit wir das Göttliche in uns entdecken können. Der Feuer- oder Sonnenanbeter tut das gleiche; auch er geht den Entwicklungsweg, der zum Göttlichen Licht führt. *Selbstverwirklichung*

Damit soll nicht geleugnet werden, daß es wertvoll ist, menschliche Tugenden zu entwickeln; doch wir sind allzulange darauf programmiert worden, die Entdeckung des Göttlichen in uns sorgsam zu vermeiden. Nur wenige waren rebellisch genug, ihre Abhängigkeit von der Autorität der etablierten Religionen zu beenden und diese Entdeckung zu machen.

Der Schüler hüte sich also davor, einen Guru zu wählen, der ihn zu lange von sich abhängig macht. Ein wahrer Guru ist bestrebt, seinen Anhängern möglichst schnell die Freiheit zu geben. Der Guru sollte nur als Symbol für die Kultivierung der Sinne betrachtet und deshalb lediglich eine gewisse Zeit verehrt werden. Swami Sivananda hat einmal einen Schüler, der nicht unabhängig werden wollte, nach zwanzig Jahren weggeschickt. *Der Guru als Symbol*

Der Herzlotos ist der Ort, an dem der Schüler beschließen muß, daß sein ganzes Leben von nun an der Verfolgung des Zieles dienen wird, und an dem der Guru, den er verehrt, im Tempel des Herzens zum inneren Guru werden soll. Diese Erfahrung findet statt, sobald der Schüler die Verantwortung übernommen hat. *Der innere Guru*

Gewisse Entwicklungen dauern ein Leben lang; doch Bindungen lösen sich, wie ein zweifelnder Schüler sehen wird, zur rechten Zeit fast wie von selbst im Licht auf. Hier wieder ein Beispiel aus dem normalen Leben. Wenn ein Kind laufen lernt, klammert es sich fest an den Finger der Mutter. Hat es genügend Selbstvertrauen entwickelt, kommt der Moment, da es den Finger der Mutter losläßt. Was für ein Triumph für das Kind! Ebenso ergeht es dem Schüler eines wahren Guru, der, nachdem er so lange vom Meister geführt und ermutigt wurde, nun merkt, daß der Moment der Unabhängigkeit gekommen ist. Jetzt kann der Guru ihn loslassen, braucht er nicht mehr alle seine Fragen zu beantworten. Der Schüler findet jetzt die Antworten in seinem Innern. Die zunehmende Bewußtheit des Schülers zeigt an, wann es notwendig ist, diesen Schritt zu tun. Bis es soweit ist, kann sich dann und wann das Ego einmischen *Die Bindung an den Guru löst sich im Licht auf* und im Schüler den Wunsch hervorrufen, sich von der Autorität des Guru zu befreien. Jeder derartige vorzeitige Wunsch kommt vom Ego. Tägliche Betrachtung in Verbindung mit der Anrufung des Göttlichen Lichts läßt das Licht der Erkenntnis im Schüler so wachsen, daß er weiß, wann diese Zeit gekommen ist. *Er darf jedoch nicht so töricht sein, die Bindung an den Guru zu lösen, bevor er von allen anderen Verhaftungen frei ist.* Diese heilige Beziehung wird sich im Göttlichen Licht auflösen, so daß es keiner bewußten Trennung bedarf.

Verehrung ist etwas, das keinem Gott oder Guru zugute kommt, sondern nur dem Schüler selbst, denn sie verhilft ihm dazu, den Grad seiner Entwicklung zu erkennen. Verehrung hat eine sehr förderliche Wirkung, vor allem, wenn sie aus dem individuellen Wesen und der Kultivierung aller Sinne erwächst. Traditionelle Arten der Verehrung, Zeremonien und Rituale, die dem Schüler nichts bedeuten, sind natürlich nicht empfehlenswert, vielmehr sollte jeder Schüler eigene, seinen Neigungen gemäße Formen der Verehrung entwickeln.

In Ihrem Garten oder Ihrem Haus finden Sie sicher einen Platz, den Sie mit Blumen und Kerzen schmücken können, – mit weißen Blumen und Kerzen für eine spirituelle Vorstellung wie Shiva oder das Absolute, und mit farbigen Blumen und Kerzen, die die Shakti, die Göttliche Mutter, symbolisieren. Die Suche nach den richtigen Pflanzen oder Samen, ihre Pflege und Versorgung werden Ihnen helfen, Ihre Gefühle und Ihren Geist zu kultivieren. Über diese Symbole zu reflektieren und sie bewußt zu immer höheren Ebenen der Bedeutung emporzuheben, ist ein schöner Akt der Verehrung.

Übungen für das Anahata-Chakra

In den bisherigen Kapiteln hat der Schüler ausführliche Anleitungen zu Übungen in Zusammenhang mit den einzelnen Chakras erhalten. Hier nun eine Zusammenfassung der Übungen für das Anahata-Chakra. Alle Symbole wechseln jetzt die Bedeutungsebene.

Der Scheideweg   Im vierten Chakra befindet sich der Schüler an einem Scheideweg. Ein großer Teil der Arbeit ist getan. Die Veränderungen, die im Schüler stattfanden, können dazu führen, daß er verschiedene Menschen anzieht – Gleichgesinnte, die ihm ihre

Unterstützung anbieten. An diesem Punkt ist es notwendig, *Ideale überprüfen*
seine Ideale zu überprüfen und festzustellen, ob einige davon
noch mit den Zielen, die man sich anfangs gesetzt hatte, übereinstimmen. Vielleicht muß man jetzt anderen größere Aufmerksamkeit schenken. Am besten ist es, wenn man zu diesem *Tagebuch*
Zweck sein Tagebuch durchsieht, dem ja alle Fortschritte und
Entwicklungen zu entnehmen sind. Diese Auswertung ermöglicht es, die nächsten Schritte auf dem Pfad zu planen. Besonderes Augenmerk müssen Sie jetzt darauf richten, Ihre neue Bewußtheit im täglichen Leben einzusetzen. Sie bemerken, daß
Ihr Selbstbild sich verändert hat, und Ihre Fähigkeit erkennen,
sich in diejenige Richtung zu entwickeln, für die Sie sich entschieden haben. Diese Erkenntnis kann Sie mit dem Enthusiasmus erfüllen, den Sie für Ihre weitere Entwicklung brauchen.

In diesem Entwicklungsstadium kann es notwendig sein, sich *Was ist ein Freund?*
die Frage zu stellen: »Was ist ein wahrer Freund?« Welche
Eigenschaften muß ein Mensch haben, damit ihn ein Suchen-
der als seinen »besten Freund« bezeichnen kann? Als erstes
sollten Sie sich fragen, welches die Eigenschaften Ihres besten
Freundes bis zu diesem Zeitpunkt waren.

War es
- jemand, mit dem Sie etwas unternehmen konnten – ins Kino   *Frühere Freunde*
  gehen – in ein Konzert?
- jemand, mit dem Sie kleine Gefälligkeiten ausgetauscht haben?
- jemand, mit dem Sie über Ihre Arbeit oder Ihre Geschäfte
  reden konnten?
- jemand, bei dem Sie Trost oder Mitgefühl gefunden haben?

An diesem Scheideweg können Sie den Eindruck haben, daß
diese Kriterien von Freundschaft nicht mehr ausreichen und
daß Ihr bisheriger »Freund« vielleicht nicht mehr als ein guter
Bekannter ist.

Von einem Freund müssen Sie jetzt Verständnis und Unterstüt-   *Welche Eigen-*
zung erwarten können, wenn es um folgende Dinge geht: *schaften muß ein*
Freund jetzt haben?

- Fragen, die mit dem spirituellen Leben zusammenhängen
- Zeiten der Unsicherheit und des Zweifelns
- vorübergehende Instabilität
- ständiges Fragen und Suchen

Außerdem müssen Sie mit einem Freund über alles, was Sie beschäftigt, reden und diskutieren können. All dies erfordert einen Menschen mit festem Charakter und großem Einfühlungsvermögen, jemanden, der Sie in Momenten des Zweifelns nicht von Ihrem Ziel abbringt, sondern Sie unterstützt und Ihnen hilft, das Beste in Ihnen zur Geltung zu bringen.

Der Guru als bester Freund

Wenn Sie einen Guru gefunden haben, kann es lange dauern, bis Sie erkennen, daß Ihr spiritueller Lehrer Ihr bester Freund ist, weil er Ihnen viele Momente schmerzhafter Selbsterkenntnis bereitet hat. Dieser Schmerz bedeutet nur, daß der geistige und emotionale Reifungsprozeß noch immer in Gang ist. In den ersten Entwicklungsstadien reagiert man jedoch mit Unmut darauf, und erst viel später entsteht ein Gefühl der Dankbarkeit.

Freunde spiegeln das Selbstbild

Es bedarf großer Sensibilität und Bewußtheit, um im anderen das Beste zur Geltung zu bringen, um ein wirklich guter Freund zu sein. Die Wahl seiner Freunde und das Maß, in dem man andere kritisiert, spiegeln das Selbstbild. Die Verehrung der Ishtadevata im eigenen Herzen verbessert das Selbstbild und führt dazu, daß man sich selbst freundlicher betrachtet.

Anrufung des Göttlichen Lichts

Die Anrufung des Göttlichen Lichts trägt am meisten zur Veränderung des Selbstbildes bei, weil man sich dabei mit dem Göttlichen Licht identifiziert. Die Anrufung des Göttlichen Lichts dient jetzt als Vorbereitung auf die in diesem Kapitel beschriebene Lichtmeditation.

Das Mantra: ein Werkzeug zur Veränderung des Selbstbilds

Das Mantra ist eine ewige Verkörperung von Macht und Wahrheit. Es ist außerdem ein wichtiges Werkzeug zur Veränderung des Selbstbildes, wobei es keine Rolle spielt, ob es laut oder leise gesprochen wird. Die durch das Singen oder Rezitieren des Mantra zum Ausdruck gebrachte Sehnsucht wird zu einem Magneten, der die höhere Macht anzieht. Eines Tages wird diese höhere Macht tief in Ihrem Innern eine »Flamme« entzünden, die sich zu einer sich selbst speisenden Kraft entwickelt.

Wenn man diese Werkzeuge mit Aufmerksamkeit und Konzentration benützt, kann man seine geistigen Bilder verändern.

– Was wird durch den Geist unaufhörlich erschaffen?
– Was geschieht mit dem Erschaffenen?
– Der Geist erschafft schöne Bilder (die sich manifestieren oder nicht manifestieren).
– Der Geist erschafft häßliche Bilder (die sich manifestieren oder nicht manifestieren).

Swami Sivananda Radha und Swami Sivananda Sarasvati

*Können Sie
jemandes »bester
Freund« sein?*

Nachdem Sie nun die Merkmale eines »besten Freundes« und Ihr eigenes Selbstbild erforscht haben, ist es an er Zeit zu untersuchen, ob *Sie* die Eigenschaften besitzen, die Sie dazu befähigen, jemandes »bester Freund« zu sein. Das Bemühen, seinen Charakter zu verbessern, zieht andere um Selbstverbesserung bestrebte Menschen an. Nachdem Sie Ihre Ideale überprüft und Ihr Tagebuch studiert haben, sollte Ihnen klar sein, welche Ihrer Eigenschaften der Kultivierung bedürfen. Veränderungen der Persönlichkeit hängen von der Stärke des Wunsches ab, das Ziel zu erreichen. Mit Ihrer neuentwickelten Bewußtheit sollten Sie jetzt noch einmal die Übungen für das Manipura-Chakra durchgehen, die negative Eigenschaften und ihr positives Gegenteil betreffen. Durch das Auflisten solcher Eigenschaften und Gefühle kann man sich klarmachen, wie subtil die Hindernisse sind, auf die man stößt.

*Aufsteigende
Emotionen
betrachten*

Wenn Emotionen in Ihnen aufsteigen, machen Sie sie sich bewußt, betrachten Sie sie, entziehen Sie ihnen ihre Kraft, lösen Sie sich von der Identifizierung mit ihnen. Dies braucht Zeit, aber es ist besser, als gegen sie anzukämpfen. Es ist schädlich, ja zerstörerisch, Emotionen zu unterdrücken oder sie zu verleugnen. Sie müssen in verfeinerte Gefühle verwandelt werden. Wenn die Emotionen zum Ausbruch gekommen sind, bevor Sie ihrer gewahr werden konnten, lassen Sie die Situation noch einmal vor Ihrem geistigen Auge ablaufen und nehmen Sie die Position eines Zuschauers ein. Das wird Ihnen helfen, sich zu distanzieren. Emotionen sind mit bestimmten Persönlichkeitsaspekten verbunden; das Selbst ist immer nur der Beobachter.

Wünsche sind aus Erinnerungen an frühere Erlebnisse aufsteigende Vorstellungen, die wir in die Zukunft projizieren. Selbstsüchtige Wünsche sind Auswüchse von Konkurrenzdenken und Vergleichen. Was auch die Wurzel dieser Wünsche sein mag – nehmen Sie die Streitaxt der Devi und hacken Sie sie

*Unterscheidungs-
vermögen*

ab, bevor es zu spät ist. Dabei müssen Sie jedoch Ihr Unterscheidungsvermögen anwenden, denn nicht alle Wünsche sind Ihrer Entwicklung abträglich. Sie können charakterlich und spirituell nur wachsen, wenn dies Ihr Wunsch ist.

Prüfung

Wünsche müssen sorgsam geprüft werden. Was macht man, wenn alte Wünsche auftauchen, über die man längst hinaus ist? Beten Sie. Bitten Sie darum, daß diese Wünsche, die aus einem früheren Entwicklungsstadium stammen, nicht in Erfüllung gehen. Je mehr Sie sich über ihre wirklichen Bedürfnisse klarwerden, um so mehr sollten Sie bestrebt sein, Ihr Leben zu vereinfachen und alle möglichen Ablenkungen von dem Weg, den Sie gewählt haben, zu entfernen.

Man kann Wünsche ohne Bedauern und Enttäuschung auf- *Aufgeben von* geben, wenn man sich mit ihrem Inhalt und ihrer Erfüllung *Wünschen* logisch auseinandersetzt. Löst man sie nicht von den Emotio- nen, dann bleibt man ihnen verhaftet und verleugnet sich selbst. Stellen Sie also eine Liste Ihrer Wünsche auf, betrachten Sie jeden für sich und überprüfen Sie sie unter Anwendung Ihres Unterscheidungsvermögens.

Wenn man sich um negative Gedanken nicht kümmert, dann *Kontrolle der* entzieht man ihnen ihre Energie, und sie sterben ab wie Pflan- *Gedanken,* zen, die keine Nahrung erhalten. Der Gedankenkontrolle muß *des Körpers,* jedoch die Kontrolle des Körpers und der Sprache vorangehen. *der Sprache* Hier einige Methoden, die dazu beitragen, die Sprache unter Kontrolle zu bekommen und zu kultivieren.

1. Seien Sie vorsichtig bei der Wahl von Gesprächsthemen
2. Vermeiden Sie möglichst Gespräche über Sex, Geld, Ver- gnügungen.

Machen Sie sich klar, daß Sie sich selbst Fallen stellen, wenn Sie sich auf leichtfertige Gespräche einlassen. Diese Leichtfertig- keit ist der erste Schritt, der zur Versuchung führt.

Ebenfalls untersucht werden müssen in dieser Zeit die inne- *Überzeugungen* ren Überzeugungen, die einem manchmal nur zum Teil bewußt *untersuchen* sind. Ein Teil des jetzt nötigen Klärungsprozesses besteht dar- in, Überzeugungen und ihre Herkunft aufzuspüren. Hüten Sie sich vor gedankenlosem Konformismus. Yoga bedeutet persön- liche Verantwortlichkeit. Die Klärung von Worten wie »Sym- pathie«, »Freundlichkeit« und »Mitgefühl« führt dazu, daß man andere akzeptiert, und damit zu innerer Harmonie.

Achten Sie darauf, was Leute denken und ob sie sagen, was *Sagen Sie, was Sie* sie denken, oder ob sie Sie darüber im unklaren lassen. Vermit- *denken?* teln sie eine Botschaft, die sich von ihren Worten unterschei- det? Sagen *Sie*, was Sie denken, oder machen Sie Andeutungen und Anspielungen? Wie vereinbart sich das mit geradlinigem Denken?

Sie müssen sich über die Bedeutung wichtiger Wörter, die *Worte und ihre* Sie gebrauchen, voll im klaren sein. Fertigen Sie eine Liste *Bedeutungen* davon an, klären Sie ihre Bedeutung und machen Sie sich bewußt, auf welche Weise Sie sie benutzen. Die folgende Liste ist keineswegs vollständig. Beschäftigen Sie sich mit jedem Wort mindestens drei Minuten. Denken Sie zuerst darüber nach und schreiben Sie dann die ermittelte Bedeutung auf. Schlagen Sie nicht in irgendwelchen Büchern nach. Der Schüler muß für das, was er meint, selbst die Verantwortung übernehmen.

Perspektive... Gedanke... Konzentration... Erinnerung... Beobachtung... Imagination... Lernen... Humor... Unterscheidungsvermögen... Wachzustand... Schlafzustand... Trance... Telepathie... Hellsehen... Hellhören... Hypnose...

In einem späteren Entwicklungsstadium sollten Sie diese Übung wiederholen und Ihre Notizen vergleichen, um festzustellen, ob sich Ihr Horizont erweitert hat. Durch Wiederholung der Übung erlangen Sie ein tieferes und feineres Verständnis. Um den größtmöglichen Nutzen aus dieser Übung zu ziehen, fügen Sie dieser Liste Wörter hinzu, die Sie persönlich häufig benützen.

Selbstbefragung   Setzen Sie diesen Klärungsprozeß mit weiteren Fragen fort:
- Wie nimmt man Schmerz wahr?
- Was verstehe ich unter Energie? Im allgemeinen... speziell im Gehirn (da dieses alle Empfindungen, darunter auch den Schmerz, registriert).
- Betrachte ich Licht als ein Nebenprodukt von Energie oder umgekehrt?
- Was verstehe ich unter Bewußtsein? Wie hängt es mit dem Gehirn zusammen?

Tastsinn und   Folgende Wendungen kommen häufig in der Alltagssprache
Sprache   vor. Überlegen Sie, was sie für Sie bedeuten und fügen Sie weitere hinzu:
- von etwas tief berührt sein
- mit etwas (jemandem) in Berührung kommen.
- etwas begreifen
- weich wie Butter
- hart wie Stahl
- ein Gefühl für etwas haben

Der Gebrauch solcher Wendungen ist sehr aufschlußreich.

Im Anahata-Chakra erkennt der Schüler, daß die innere Einstellung von größter Wichtigkeit ist. Der Weg zur Vollkommenheit führt im Yoga über die Geisteskontrolle. Die rechte Einstellung und die rechten Motive führen zur klaren Erkenntnis, daß es notwendig ist, intuitive Weisheit zu erlangen. Die erhöhte Wahrnehmungsfähigkeit der fünf Sinne, von der dies abhängt, ist nur durch richtige Entspannung zu erreichen. Bei allen spirituellen Praktiken ist Hingabe, wie sie im Hatha-Yoga in der Totenstellung ausgedrückt wird, überaus wichtig. Von großer Bedeutung ist in diesem Chakra der Pranayama. Die Herrschaft über den Geist kann über den Atem erlangt werden. Man muß lernen, ungerechte Kritik hinzunehmen und auf Rechtfertigung zu verzichten. Die Bedeutung des Symbols muß auf einer viel subtileren Ebene erfaßt werden als in den vorangehenden Chakras, und die zuvor dargestellten Übungen müssen mit zunehmender Sensibilität fortgesetzt werden.

Die Wichtigkeit der Einstellung und der Motive

Je weiter man voranschreitet, um so mehr steigert sich die Fähigkeit zur Hingabe. So wie die Wellen des Atems den Geist tragen, so tragen die Wellen des Wassers den Hamsa, die Wildgans, zum Atman (dem Selbst).

Pranayama

Nach den traditionellen Lehren umfaßt Pranayama die folgenden Aspekte:

Prana, Yama, Ayama

1. Prana: die Lebenskraft, häufig mit Atem gleichgesetzt. Prana ist Bewußtsein, die höchst subtile Lebensessenz, die alle entfalteten Formen erfüllt. Prana ist die Gesamtsumme aller im Universum existenten Energie, aller manifestierten, nichtmanifestierten oder im Nuklearzustand befindlichen Urenergie.
2. Yama: der Gott des Todes (durch Yamas Anleitungen erlangte Naciketas, wie in der Kathopanishad steht, die Erleuchtung). Im achtgliedrigen Yoga (Ashtanga-Yoga) bezeichnet der Begriff Yama die ethische Zucht.
3. Ayama – bedeutet Ausdehnung, Streckung oder Zügelung.

Pranayama ist die yogische Praxis der Atemkontrolle, die den Yogi befähigt, sich auf den kosmischen Rhythmus einzustimmen. Pranayama ist ein Prozeß, durch den man sein

Was ist Pranayama?

inneres Selbst vom Einfluß mechanischer Gedanken abschirmen kann. Durch Pranayama erlangt der Yogi Kontrolle über das zentrale Nervensystem und, was von größter Wichtigkeit ist, über den Geist. Die Kontrolle wird durch einen dreiteiligen Prozeß erreicht: Einatmen (Puraka), Stauen (Kumbhaka) und Ausatmen (Rechaka). Es gibt zwei Arten von Kumbhaka: Antara-Kumbhaka, die Pause zwischen voller Einatmung und Ausatmung, und Bahya-Kumbhaka, die Pause zwischen voller Ausatmung und Einatmung. Mit Kumbhaka werden auch alle drei Aspekte des Pranayama-Prozesses bezeichnet.

Pranayama und Charakterfestigung

Pranayama und Festigung des Charakters müssen Hand in Hand gehen. Die Selbstsucht und die Leidenschaften des niederen Selbst, symbolisiert durch die Rüssel des Elefanten im Muladhara-Chakra, müssen unter Kontrolle gebracht werden. Wenn der Charakter gereinigt ist, lehrt der Guru den Schüler Pranayama-Übungen, um die schlafende Kundalini-Energie oder Shakti zu erwecken. Die Nadis (die feinstofflichen Kanäle, durch die die Kundalini-Energie fließt) können durch bestimmte Pranayama-Übungen gereinigt werden. Nur bei einem erfahrenen Lehrer kann der Pranayama erlernt werden.

Pranayama, Wünsche und Tod

Nach Meinung der Yogis steht uns in jedem Leben nur eine bestimmte Zahl von Atemzügen zur Verfügung. Ein emotionales oder rajasisches Temperament »verbrennt« den Menschen und verkürzt so seine Lebenszeit. Die Übung des Pranayama führt zur Kontrolle der Emotionen und zur Einschränkung selbstsüchtiger Wünsche, so daß der Geist auf die höheren Stadien der Yoga-Praxis vorbereitet wird.

Wirkungen

Pranayama bewirkt eine Zunahme der Alpha-Wellen im Gehirn. Wenn er korrekt durchgeführt wird, führt er zur Kontrolle über die Emotionen, zu innerlicher Ruhe, zur Beseitigung nervöser Störungen und zur Verfeinerung des sinnlichen Wahrnehmungsvermögens. Auch das Bewußtsein für die inneren Geräusche des Körpers und andere subtilere Wahrnehmungsfähigkeiten werden gesteigert. Alle Unreinheiten werden entfernt und ein Zustand des Friedens und der Harmonie hergestellt, was natürlich die Meditation begünstigt. Übersinnliche Kräfte entwickeln sich, und die Intuition wird gesteigert.

Entspannung als Voraussetzung

Eine wesentliche Voraussetzung für das Praktizieren des Pranayama ist Entspannung. Deshalb sollten ihm Entspannungsübungen für den ganzen Körper und besonders für den Hals und die Schultern vorausgehen. (Die Lungen sollten ohne jede Anspannung des Körpers zu drei Viertel mit Luft gefüllt werden.) Führen Sie während der ersten sechs Monate nicht mehr als sechs Runden 4-16-8-Pranayama mit Fingerabzählen durch. (Siehe Fingerübungen im nächsten Abschnitt.) Nehmen Sie sich am Anfang nicht zuviel vor. Ideal ist es, Pranayama nach den Hatha-Yoga-Asanas und der abschließenden Entspannung zu üben. Wenn Sie wollen, können Sie davor ein Glas Milch oder eine Tasse Tee trinken, doch am besten ist es, die Pranayama-Übungen mit leerem Magen zu machen. Atmen Sie während des Pranayama stets durch die Nase. Nehmen Sie sich die Zeit, sich nach jedem Pranayama zu entspannen. Am besten eignet sich dazu das Shavasana (die Totenstellung). Pranayama sollte man nicht bei hohem Blutdruck üben.

Pranayama kann in jeder sitzenden Haltung geübt werden. *Haltung* Die Wirbelsäule muß gerade sein, das Kinn leicht eingezogen, der Körper entspannt. Übungen zur Entspannung von Hals und Körper folgen weiter unten.

Das Rezitieren eines Mantra während des Pranayama hat *Mantra und* einen günstigen Einfluß auf das Unterbewußtsein, indem es *Pranayama* dem Geist spirituelle Suggestionen eingibt. Die Konzentration kann während des Pranayama auf die Medulla oblongata (den obersten Teil des Rückenmarks vor dem Gehirn) erfolgen.

Positive Wirkungen des Pranayama:
    Karma kann verbrannt werden
    Täuschungen werden aufgelöst (latentes Feuer im Geist)
    Gelassenheit und klares Denken
    Kontrolle über die Vagusnerven
    Ausscheidung von Kohlendioxyd und Aufnahme von Sauerstoff
    Kontrolle über den ruhelosen Geist
    Innere Ruhe und Harmonie
    Erhöhte Bewußtheit und Steigerung des Beobachtungsvermögens
    Entspannung des Herzens und des Nervensystems

Pranayama: Vorübungen

Entspannung des ganzen Körpers

Hals
a) Kopf – vorstrecken – zurückziehen
b) Kopf – leicht zur rechten Schulter senken – leicht zur linken Schulter senken
c) Kopf – leicht nach vorn senken – leicht nach hinten senken
d) Kopf – leicht im Uhrzeigersinn kreisen lassen, zehnmal – leicht entgegen dem Uhrzeigersinn kreisen lassen, zehnmal

Unterleib
a) Stehen Sie gerade mit schulterweit gespreizten Beinen
b) Legen Sie die Hände auf die Hüftgelenke
c) Beugen Sie leicht die Knie
d) Beugen Sie sich aus den Hüftgelenken vor, die Wirbelsäule gerade
e) Ziehen Sie die Unterleibsmuskeln einwärts
f) Entspannen Sie die Unterleibsmuskeln
g) Atmen Sie tief ein, heben Sie zugleich die Arme und strecken Sie sich
h) Atmen Sie aus und lassen Sie die Arme sinken

Wiederholen Sie die Übung zehnmal.

Pranayama: Fingerübungen

Beim Pranayama wird an den Fingern abgezählt, damit sich der Geist auf etwas anderes konzentrieren kann, zum Beispiel auf ein Mantra oder ein kurzes Gebet.

Nachstehend das Fingerzählen für den 4-16-8-Pranayama. Dabei wird beim Einatmen bis 4 gezählt, beim Anhalten des Atems bis 16 und beim Ausatmen bis 8.

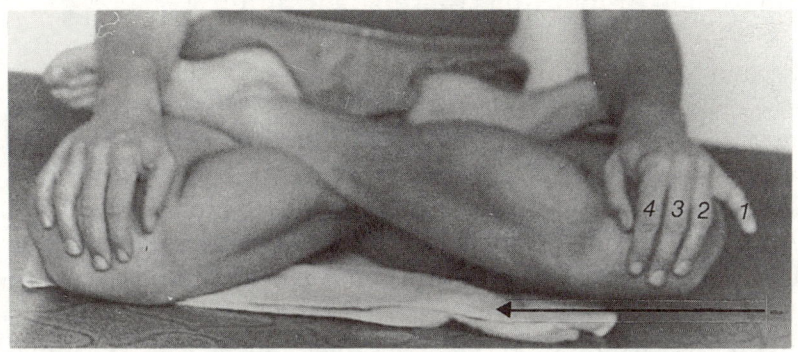

A. Bis vier zählen: Beginnen Sie beim kleinen Finger der linken Hand und zählen Sie bis zum linken Zeigefinger.

B. Bis acht zählen: Beginnen Sie beim kleinen Finger der rechten Hand und zählen Sie bis zum rechten Zeigefinger (bis vier). Dann vom linken Zeigefinger bis zum linken kleinen Finger (wieder bis vier). Macht zusammen acht.

C. Bis sechzehn zählen: Beginnen Sie beim kleinen Finger der rechten Hand und zählen Sie bis zum kleinen Finger der linken Hand (wie bei B. zusammen bis acht). Wiederholen Sie dies. Macht zusammen sechzehn.

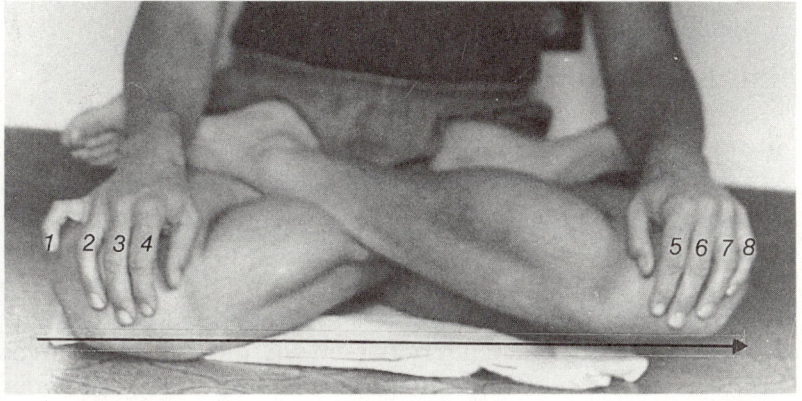

Atmen Sie ein, während Sie bis vier zählen
Halten Sie den Atem an, während Sie bis sechzehn zählen
Atmen Sie aus, während Sie bis acht zählen

Sind Sie im Fingerzählen genügend geübt, können Sie im Geist
bei jeder Zahl ein Mantra oder ein kurzes Gebet rezitieren.

Bhastrika-Pranayama: Blasebalgatmung

Stehen Sie gerade, die Beine schulterweit gespreizt. Legen Sie
die Hände auf die Hüften. Beugen Sie leicht die Knie und
neigen Sie sich aus dem Hüftgelenk vor, wobei Wirbelsäule
und Kopf eine gerade Linie bilden müssen. Spannen und entspannen Sie beim Ein- und Ausatmen die Unterleibsmuskeln.
Atmen Sie zwanzigmal langsam und regelmäßig ein und aus.
(Die Geschwindigkeit des Ein- und Ausatmens kann nach län-
gerem Üben gesteigert werden.) Brechen Sie die Übung ab,
wenn Sie schwindlig werden oder Spannungen spüren. Atmen
Sie stets nur durch die Nase. Es ist nicht erforderlich, die
Lungen ganz zu füllen. Nach zwanzig Runden atmen Sie tief
und langsam ein, strecken sich und heben die Arme über den
Kopf. Atmen Sie aus und lassen Sie langsam die Arme sinken.
Entspannen Sie sich in der Totenstellung.

Üben Sie diesen Pranayama in den ersten drei Monaten nur
einmal am Tag und steigern Sie die Übungen dann entsprechend Ihrer Leistungsfähigkeit. Dieser Pranayama kann auch
im Sitzen geübt werden, wobei Wirbelsäule und Kopf eine
gerade Linie bilden müssen.

Pranayama-Wechselatmung

Sitzen Sie entspannt mit gerader Wirbelsäule und aufrechtem
Kopf. Bei diesem Pranayama werden die Nasenlöcher mit den
Fingern der rechten Hand abwechselnd geschlossen und geöffnet.
    Legen Sie die Hände auf die Knie, die Handflächen nach
oben. Legen Sie die Spitzen des Daumens und des Zeigefingers
der linken Hand aneinander. Lassen Sie die anderen Finger
ausgestreckt. Strecken Sie den linken Arm und legen Sie das

Handgelenk auf das linke Knie. Die Handhaltung mit den sich berührenden Fingerspitzen wird Jnana-Mudra genannt, das Symbol oder Siegel des Wissens. Diese Mudra symbolisiert die Vereinigung des individuellen Bewußtseins (Zeigefinger) mit dem Göttlichen oder kosmischen Bewußtsein.

Beugen Sie den rechten Arm am Ellbogen und halten Sie die Hand vor die Brust. Mit der rechten Hand werden die Nasenlöcher geschlossen und geöffnet. Beugen Sie Zeige- und Mittelfinger, so daß sie die Mitte der Handfläche berühren. Mit dem Ringfinger und dem kleinen Finger wird das linke Nasenloch, mit dem Daumen das rechte Nasenloch geschlossen.

A. Pranayama-Wechselatmung

Schließen Sie mit dem rechten Daumen das rechte Nasenloch. Atmen Sie durch das linke Nasenloch aus und dann langsam durch das linke Nasenloch ein. Schließen Sie das linke Nasenloch und atmen Sie durch das rechte Nasenloch aus. Jetzt wiederholen Sie das Ganze in umgekehrter Reihenfolge. Atmen Sie langsam durch das rechte Nasenloch ein. Schließen Sie das rechte Nasenloch und atmen Sie durch das linke Nasenloch aus. Bei diesem Pranayama gibt es kein Kumbhaka (Anhalten des Atems). Eine Runde besteht aus zwölfmaligem Einatmen und zwölfmaligem Ausatmen.

B. 4-16-8-Wechselatmung

Schließen Sie mit dem rechten Daumen das rechte Nasenloch und atmen Sie durch das linke Nasenloch ein. Dann atmen Sie durch das linke Nasenloch aus und zählen Sie dabei bis vier. Schließen Sie mit dem Ringfinger und dem kleinen Finger auch das linke Nasenloch. Halten Sie den Atem an und zählen Sie dabei bis sechzehn. Öffnen Sie das rechte Nasenloch, atmen Sie aus und zählen Sie dabei bis acht. Atmen Sie durch das rechte Nasenloch ein und wiederholen Sie das Ganze in umgekehrter Reihenfolge.

C. 4-16-8-Wechselatmung mit A-U-M:

Schließen Sie das rechte Nasenloch, atmen Sie durch das linke Nasenloch aus, dann wieder ein und meditieren Sie auf den Laut A, während Sie bis vier zählen. Halten Sie den Atem an, zählen Sie bis sechzehn und meditieren Sie auf den Laut U. Atmen Sie durch das rechte Nasenloch aus,

zählen Sie dabei bis acht und meditieren Sie auf den Laut
M. Atmen Sie jetzt durch das rechte Nasenloch ein und
wiederholen Sie das Ganze in umgekehrter Reihenfolge.
Machen Sie diese Übung anfangs täglich vier- bis fünfmal.
Steigern Sie auf zwanzig- bis dreißigmal.

Kundalini-Pranayama

Treffen Sie die gleichen Vorbereitungen wie bei den bisherigen
Pranayamas. Konzentrieren Sie sich auf das Muladhara-Cha-
kra. Schließen Sie mit der gleichen Handhaltung wie bei der
Wechselatmung mit dem rechten Daumen das rechte Nasen-
loch; atmen Sie durch das linke Nasenloch aus und dann ein für
die Dauer von drei OMs. Stellen Sie sich vor, daß Sie beim
Einatmen Prana einziehen. Schließen Sie das linke Nasenloch.
Halten Sie den Atem an und zählen Sie dabei zwölfmal auf OM.
Schicken Sie den Pranastrom die Wirbelsäule hinunter ins
Muladhara-Chakra. Stellen Sie sich vor, wie er den Lotos im
Muladhara-Chakra trifft. Atmen Sie langsam durch das rechte
Nasenloch aus und zählen Sie dabei dreimal auf OM. Atmen
Sie jetzt durch das rechte Nasenloch ein und wiederholen Sie
das Ganze in umgekehrter Reihenfolge. Üben Sie zweimal am
Tag drei Runden.

Heilen mit Prana

Prana kann in der Medulla oblongata gespeichert und auf einen
Kranken zum Zweck der Heilung übertragen werden. Sie können dabei die Hände auflegen oder den Kranken sanft massie-
ren und dabei Prana in seinen Körper fließen lassen. Nehmen
Sie eine positive Haltung ein, befreien Sie sich von allen kriti-
schen Gedanken und konzentrieren Sie sich voll auf das heilende Licht. Lassen Sie das Licht durch Sie hindurchfließen –
nie von Ihnen ausstrahlen. Betrachten Sie sich als einen Kanal
für das heilende Licht. Wenn der Geist aktiv wird, lenken Sie
sich von dieser Aktivität ab, indem Sie mit den Körperteilen
oder Zellen sprechen, die der Heilung bedürfen.

Das Mantra So'ham Hamsa

Der Atem ist der Rhythmus des Lebens – Einatmen, Ausatmen; Ausdehnen, Zusammenziehen. Einer ebensolchen Polarität ist der Geist unterworfen. Durch das Üben dieses Mantras auf die dargestellte Weise entsteht ein Rhythmus, der mit dem Rhythmus der Sie umgebenden Lebenskraft in Einklang ist. Das Ergebnis ist eine tiefere innere Stille. Das Körperbewußtsein verschwindet völlig. Diese Übung ist eine sehr gute Vorbereitung auf die komplizierteren Übungen, die später in diesem Buch geschildert werden. Dieses Mantra kann auch vor der Anrufung des göttlichen Lichts benutzt werden.

Die Ergebnisse all dieser Übungen scheinen in weiter Ferne zu liegen, und vielleicht haben Sie das Gefühl, daß sie unerreichbar sind. Lassen Sie sich dadurch nicht entmutigen. Denken Sie daran, daß der Mond manchmal nur zur Hälfte sichtbar ist und daß sein Licht trotzdem immer scheint.

Benutzen Sie anfangs bei dieser Übung die Finger zum Zählen. Mit der Zeit wird sich ein natürlicher Rhythmus einstellen. So'ham bedeutet »Ich bin Er« und Saham »Ich bin Sie«.

Denken Sie beim Ausatmen So (oder Sa), beim Einatmen Ham.

Wiederholen Sie dies einige Minuten und gehen Sie dann dazu über, bei Ausatmen Ham und beim Einatmen So zu denken.

Ehrfurcht vor dem Leben

Mit der Kultivierung der Sinneswahrnehmung haben wir uns bereits eingehend beschäftigt, doch ich möchte dazu noch eine Anregung geben, die für den Schüler vielleicht hilfreich ist. Viele Menschen sprechen vor dem Essen ein Dankgebet, setzen aber gleich darauf ihre Unterhaltung fort, was darauf schließen läßt, daß ihre Ehrfurcht vor dem Leben nicht sehr groß ist. Wählen Sie für die folgende Übung, die Ihre Bewußtheit in dieser Hinsicht steigern wird, einen Tag, an dem Sie für eine Mahlzeit mehr Zeit aufwenden können. Die Mahlzeit sollte aus wenigen einfachen Speisen bestehen, etwa Kartoffeln, Salat, einem gekochten Ei, gebratenem Fisch und einem Stück Brot. Wenn das Essen zubereitet ist, stellen Sie es auf den Tisch und decken Sie es zu.

Klären Sie nun Ihre Einstellung durch folgende Überlegungen. (Wenn Sie gemeinsam mit anderen essen, sprechen Sie ihnen vor.)

- Ich bin hungrig
- Ich möchte essen
- Mein Körper braucht Nahrung
- Wozu?
- Um am Leben zu bleiben?
- Weil Essen Genuß bereitet?
- Zur Befriedigung von Begierden?
- Oder um anderen selbstlos dienen zu können?

Ich gehe auf den Kartoffelacker, durchwühle mit meinen Händen die Erde und ziehe die Knollen heraus. Dann gehe ich zu dem Feld, auf dem das Korn wächst, im Wind wogt und von der Sonne vergoldet wird. Ich packe mit groben Händen die Halme und reiße sie in großen Büscheln aus dem Boden, um sie heimzutragen und das Korn zu dem Mehl zu zermalmen, das ich brauche, um Brot zu backen. Auf dem Weg zum Hühnerstall ziehe ich gedankenlos einen Salatkopf aus der Erde. Auf ebenso unbedachte Weise nehme ich ein Ei aus dem Hühnernest und trage es in die Küche, um es in heißem Wasser zu kochen. Das wäre eigentlich genug für meine Bedürfnisse, doch bei dem Gedanken an einen leckeren Fisch läuft mir das Wasser im Mund zusammen, und so gehe ich zum Wasser und werfe die Angel aus. In meinem Teich schwimmen viele Fische; manche schmecken langweilig, andere sehr delikat. Der erste, den ich fange, entspricht nicht meinen Wünschen. Soll ich ihn wieder ins Wasser werfen? Es ist schwierig, den Angelhaken herauszuziehen, denn wie sich ja schon bei meinem bisherigen Verhalten gezeigt hat, mangelt es mir an Feingefühl. Als ich den Fisch wieder in den Teich werfe, denke ich: »Ich bin doch kein so schlechter Mensch.« Doch das ist nur ein flüchtiger Gedanke, und ich werfe die Angel wieder aus. Diesmal fange ich einen kleinen Fisch, einen von denen, die so gut schmecken, also will ich noch ein paar mehr davon. Als ich den ersten in den Wassereimer werfe, zappelt er verzweifelt und will heraus, aber schließlich gibt er erschöpft auf. Ich fange noch ein paar Fische. Ich gehe ins Haus, um mein Essen zuzubereiten. Ich packe die Fische, die wieder verzweifelt um ihr Leben kämpfen, und schlage einen nach dem andern tot. Ich schlitze ihre silbrigen

kleinen Körper auf, schneide ihnen die Eingeweide heraus und
lege sie in die Bratpfanne. Was für ein herrliches Essen! Ich bin
wirklich ein guter Koch, und die anderen werden mich sehr
loben. Vielleicht wird jemand sogar sagen: »Das hast du wirklich mit Liebe gekocht.« Hat er recht?

Wenn ich bei meiner Suche nach dem Allerhöchsten meinen
Körper als Werkzeug benutze, werden die Schwingungen heiliger Gedanken allem Leben, das ich töten muß, um ihn zu
ernähren, zugute kommen.

Gedanken über die Maya

(Täuschung)

Mein Körper gleicht dem Gebirge
Meine Augen gleichen dem See
Mein Geist gleicht dem Himmel

Das Gebirge nährt die Pflanzen
Und die Pflanzen nähren meinen Körper

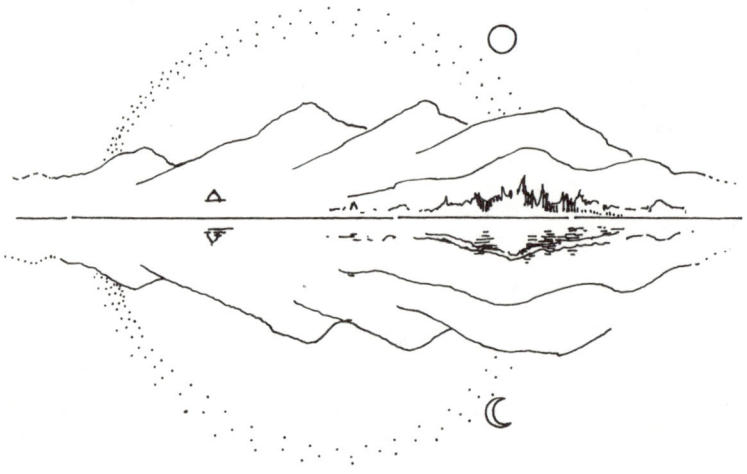

Meine Augen gleichen dem See
Das Wasser spiegelt die Wolken, die Wolken, die ich erschuf
Alles, was ich erschuf, ist nur ein Schatten auf dem Wasser, das
alle Bilder spiegelt

Mein Geist gleicht dem Himmel
Was ich erschuf, gleicht den Wolken, die über den Himmel
schweben

Alte Bilder tauchen aus dem See meines Geistes auf
Und tanzen auf seinen Wellen
Ich sehe um mich und blicke ins Leere

Achtes Kapitel

Vishuddha

Das fünfte Chakra

*In deinem Vishuddha-Chakra diene ich Shiva, dem
Ursprung des Himmels (Äthers), durchsichtig wie
ein makelloser Kristall, und ebenso der Devi, die
Shiva gleicht und untrennbar zu Ihm gehört.
Durch deren beider Schönheit und anmutige
Bewegungen, schimmernd wie die Strahlen des
Mondes, strahlt die Welt, da ihre innere Finsternis
vertrieben wurde, wie der Chakora.*
Mantra für das Vishuddha-Chakra

Gott: Sadheshiva *Göttin: Gauri (ewig)*

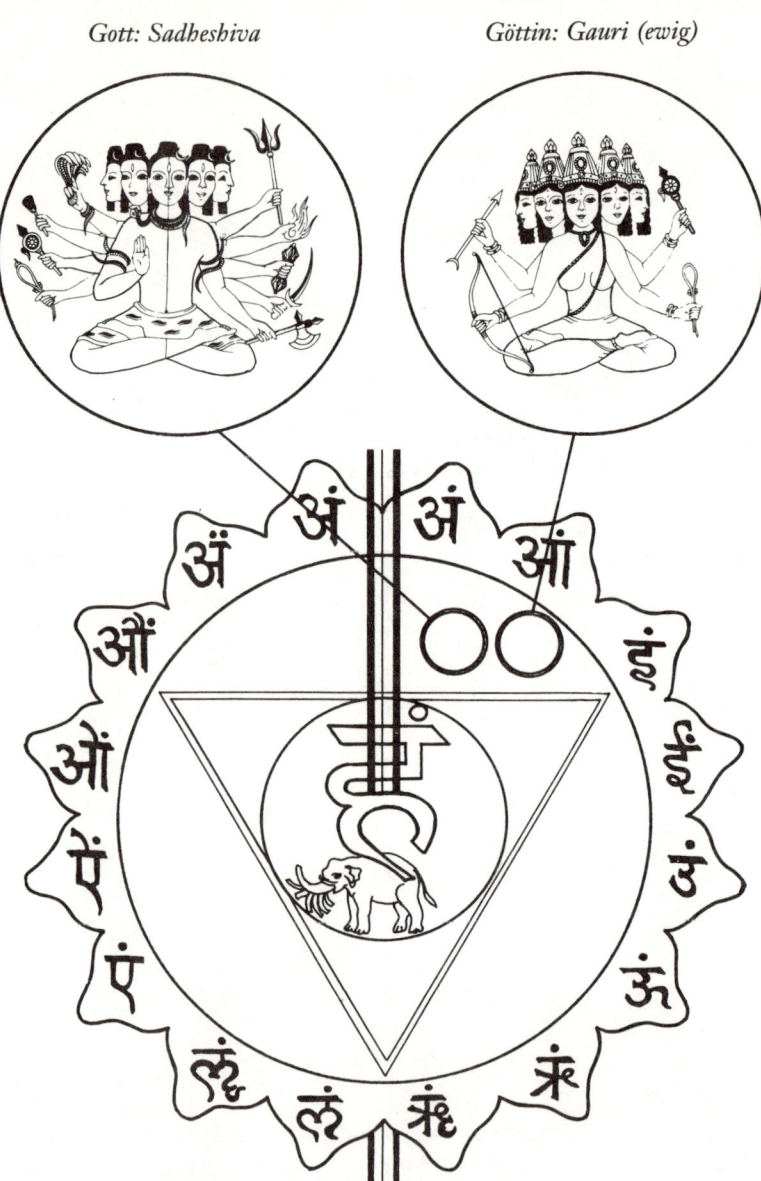

Vishuddha Chakra

Vishuddha

Das fünfte Chakra und seine Symbole

VISHUDDHA: das fünfte Chakra (Lotos)

TATTVA: Unterscheidungsfähigkeit

72 STRAHLEN: In Verbindung mit Äther (Akasha)

GEHÖR: Das Vishuddha-Chakra kontrolliert diesen Sinn

SECHZEHN Lotos-Blütenblätter: Der Lotos ist heilig

FARBE der Blütenblätter: Rauchiges Purpur

BUCHSTABEN auf den Blütenblättern: A – Ā – I –Ī – U – Ū – Ṛ –
Ṝ – Ḷ – Ḹ – E – AI – O – AU – AṂ – AḤ

AKASHAMANDALA – Kreis: Die Ätherregion, das Tor zur Befreiung

AIRAVATA – Elefant: das Tier im Chakra ist ein schneeweißer
Elefant

BIJA – Keimlaut: HAṂ (das Ambara-Mantra, das Bija des Äthers)

PINGALA: Die Nadi in der rechten Körperhälfte

IDA: Die Nadi in der linken Körperhälfte

SUSHUMNA: Der mittlere Kanal in der Wirbelsäule

CHITRINI: Drei in einem (sattva, rajas, tamas). Körper, Geist
und Sprache

GOTT: Sadashiva: Der männliche Aspekt der nicht entfalteten
Energie.
Die Intelligenz auf dieser Ebene wird
durch Sadashiva symbolisiert.

Sadashiva ist der dreiäugige Deva im
Schoß Ambaras auf einem weißen Elefanten. Das dritte Auge ist das Auge
der Weisheit. Er hat fünf Gesichter
und zehn Arme und ist in ein Tigerfell gehüllt und trägt eine Girlande aus
Schlangen.

Die fünf Gesichter repräsentieren Allwissenheit, Allgegenwart, Allmacht sowie die Veredelung der fünf Sinne. Jedes Gesicht besitzt ein Auge der Weisheit. Die zehn Arme bedeuten Handlungsfähigkeit und mit Macht verbundene Weisheit, welche durch die Schlangen symbolisiert wird.

GEGENSTÄNDE

Pasha – Schlinge: Warnt davor, sich von Stolz auf sein Wissen einfangen zu lassen

Ankusha – Stachelstock: Weist darauf hin, daß es immer noch nötig ist, angespornt oder angetrieben zu werden

Geste – Abhaya-Mudra: Zerstreut Ängste

Nagendra – Schlangenkönig: Symbol für Versuchung oder Wissen

Shula – Dreizack: Symbol der Dreiheit (des physischen, ätherischen und Kausalkörpers)

Dahana – Feuer: das Feuer des Ehrgeizes – auf welchen Gebieten?

Ghanta – Glocke: Symbol für Hören

Vajra – Diamantzepter: Machtbewußtsein

Kripana – Schwert: das Schwert der Unterscheidungsfähigkeit

Tanka – Streitaxt: Mit ihr werden die alten Persönlichkeitsaspekte abgehackt

GÖTTIN: Gauri: Der weibliche Aspekt der entfalteten Energie.

Die Intelligenz auf dieser Ebene wird durch Gauri symbolisiert. Sie ist eine Hälfte von Shivas Körper und die Mutter des Universums.

GEGENSTÄNDE

Pasha – Schlinge: Warnt davor, sich von Klängen einfangen zu lassen

Ankusha – Stachelstock: Man wird zu den letzten Bemühungen angespornt

Pfeil: Die Richtung muß klar sein

Bogen: Spannung (Wachheit) ist erforderlich.

Der Elefant symbolisiert durch Hingabe gebändigten Willen. Das abwärts deutende Dreieck bedeutet, daß die göttliche Energie, die jetzt richtig verstanden und eingesetzt wird, in größerem Maß verfügbar ist. Wenn der Geist und die Emotionen unter Kontrolle gebracht worden sind und an die Stelle des Eigenwillens Hingabe getreten ist, dann verheißt dieses Chakra beständigen inneren Frieden. Man kann Vergangenheit, Gegenwart und Zukunft sehen. Man wird mutig, versöhnlich und frei von Habgier, Bosheit und Stolz.

Die Shakti – Göttin der Sprache

An der nunmehr verfeinerten Sprache zeigt sich im Vishuddha, dem fünften Chakra, daß Worte begrenzt sind. Denken kann zu Erkenntnissen führen, doch diese sind nicht die höchsten Erfahrungen. Wenn es Erkenntnisse gibt, die nicht mit Worten auszudrücken sind, bedeutet das nicht, daß sie jenseits unseres geistigen Fassungsvermögens liegen? Doch wie können wir etwas erkennen, was unser Geist nicht zu fassen vermag?

Grenzen der Sprache

Die Devi (Shakti) ist die Quelle der Erkenntnisse, die nicht mit Worten auszudrücken sind, die unser Geist nicht fassen kann. Es ist, wie man zu sagen pflegt, »ein Wissen des Herzens«. Das in dieser anderen Dimension Wahrgenommene läßt sich nicht verbalisieren, ist ohne Farbe und Form, kann nicht in Begriffe gefaßt werden, ist allumfassend wie der Himmel. Um dies mit einem Beispiel zu veranschaulichen: Die Strahlen der Sonne bewegen sich in alle Richtungen – sie bilden keinen Teil der Sonne, sondern sind die Sonne. Wenn Bewußtsein Energie (Shakti) ist und wenn Energie unzerstörbar ist, dann kann sich Bewußtsein auf ungewöhnliche Weise durch den Guru oder die Devi manifestieren. Hat der Schüler seinen Gehörsinn weit genug verfeinert, so wird die persönliche Erfahrung dies zweifellos bestätigen.

Devi Shakti: die Quelle

Sprache ohne Worte bedient sich auch einer Geste, einer Berührung oder eines Augenausdrucks, um etwas mitzuteilen. Die Sprache des Herzens drückt sich zugleich hörbar (durch Worte) und unhörbar aus. Das göttliche Wort (der heilige Name, das Mantra) wird im Laufe des Übungsprozesses unhörbar, damit die göttliche Sprache entstehen kann. Die Macht des gesprochenen Wortes entstammt einem starken Verlangen, und so unterscheidet sich diese Macht nicht von der Macht des Denkens.

Sprache ohne Worte

Ein gesprochenes Wort versetzt das Sinnesorgan, das es empfängt, in Schwingung, worauf sich das Empfangene manifestiert. Diese Dreiheit wird durch die Devi der Sprache sym-

Wort, Schwingung, Manifestation

Ton und Resonanz

bolisiert. Ton und Resonanz sind untrennbar und können starke emotionale Empfindungen auslösen. Die Wahrnehmung der Devi findet auf einer feinstofflichen Ebene von Ton und Resonanz statt, die dem Durchschnittsmenschen nicht zugänglich ist.

Worte als Fallen

Hüten Sie sich davor, mit Worten anderen oder sich selbst eine Falle zu stellen. Dies kann geschehen, wenn man Suggestivfragen stellt oder einem anderen »Worte in den Mund legt«. Betrachten Sie Ihre Lebenssituation, um herauszufinden, wo und wann Sie dies getan und Fallen gestellt haben. Solche Fallen können oft nur mit großer Mühe entdeckt werden.

Magnetismus der Stimme

Schöne Worte können wie ein süßes, berauschendes Getränk das Ego oder die Emotionen aufputschen. Wenn jedoch die Stimme wie ein Magnet andere anzieht und im Herzen des Zuhörenden eine Saite zum Klingen bringt, dann deutet dies darauf hin, daß der Schüler mit der Devi der Sprache, mit Sarasvati, in Kontakt ist.

Der Kontakt mit der Devi kann durch innere Zuwendung und folgende Anrufung hergestellt werden:

Anrufung der Devi

O Devi! O Sarasvati!
Mögest Du immer meine Sprache beherrschen,
Mögest Du immer meine Zunge lenken,
O Göttliche Mutter, Spenderin makelloser Worte.

Wann wird die Devi erkannt?

Von der Devi der Sprache erfahren wir, daß wir sie, die Mutter und Schöpferin von allem, erkennen, wenn das Öl weltlicher Wünsche verbrannt ist. Sie sagt uns auch, daß schlechtes Karma verbrannt wird, wenn der Schüler, ihr spirituelles Kind, den Blick ganz auf sie richtet. Dadurch wird dem Schüler der Weg gebahnt zu der Stärke, der Ausdauer, der Weisheit und den äußeren Umständen, die er braucht, um das Ziel zu erreichen: die volle Erweckung der schöpferischen Energie (Kundalini). Die Schwierigkeiten, die es bereitet, die Grundprinzipien in unserer Alltagssprache auszudrücken, sind so groß, daß man sie fast für »unwißbar« halten könnte. Alle Weisheit ist für den Unwissenden verborgen; und das macht es schwierig, solches Wissen in die Alltagssprache zu übersetzen.

Die Devi: die höchste Intelligenz

Wenn wir erkennen, daß die Begriffe Devi, Göttliche Mutter oder Shakti die höchste Intelligenz bezeichnen, dann können wir diese auch »Kosmische Intelligenz« nennen und die Energie als etwas Unpersönliches betrachten.

Bestimmte Übungen, durch die volle Kontrolle über die sinnlichen Wahrnehmungen und über die Hintergrundgeräusche des Geistes erlangt werden soll, können, wie im Kapitel über das Anahata-Chakra bereits erwähnt wurde, zu Manifestationen übersinnlicher Energie und auch zu spirituellen Erfahrungen führen. Spirituelle Erkenntnis bewirkt eine tiefgreifende Verwandlung. Es ist sicher keine Übertreibung zu sagen, daß das kosmische Feuer das ganze Leben mit einem neuen Licht erfüllt. Während die parapsychologischen Phänomene mit den Sinnen und den Kräften des Geistes zusammenhängen, ist spirituelle Erkenntnis göttlicher Natur. Der Schüler hat keinerlei Macht über sie, und sie ist nicht beliebig reproduzierbar. In einem solchen Zustand zu leben würde bedeuten, im glückseligen Zustand wahrhaft bewußten Seins zu leben.

Spirituelle Erkenntnisse

In Augenblicken der Ruhe und Innenschau stellt sich eine meditative Stimmung ein. In dieser geistigen Stille kann man Lichterscheinungen in wunderschönen blauen oder gelben Farbtönen sehen, die aufleuchten, verblassen und ineinanderfließen wie ein Nordlicht. Wenn diese Erscheinungen zum ersten Mal auftreten, erfüllen sie den Schüler mit großem Enthusiasmus; und dies ist auch ihr Sinn. Sie sagen dem Schüler, daß er auf dem richtigen Weg ist. Sich mit ihnen aufzuhalten würde jedoch bedeuten, ein unterhaltsames spirituelles Schauspiel daraus zu machen. Jeder gute Lehrer warnt seine Schüler davor, in solchen Manifestationen mehr als eine Ermutigung zu sehen.

Lichterscheinungen

Solche Lichterscheinungen sind ein Hinweis darauf, daß der Geist einen kurzen Moment lang frei von Gedanken war, daß man einfach nur ein Beobachter gewesen ist und es unterlassen hat, das Beobachtete zu interpretieren.

Das Licht des kosmischen Feuers ist etwas ganz anderes als all die kleinen Lichter, die in der Stille wahrgenommen werden. Sie sind eine Gunst, die die Devi dem Schüler für seine Bemühungen gewährt. Bezeichnungen wie »Kosmisches Feuer«, »Licht« und »Intelligenz« sind sicher nicht leicht zu begreifen, doch wir müssen uns damit behelfen, bis wir das Verständnis der göttlichen Sprache erlangen. Man sollte sie nicht wegen ihrer Unzulänglichkeit ablehnen, sondern sie als nützliche Stufen auf dem Weg in eine andere Dimension betrachten.

Kosmisches Feuer

Während der Meditation kann der Schüler plötzliche Einsichten gewinnen und in einen bisher nicht erlebten Zustand

Plötzliche Einsichten

des Gewahrseins gelangen, in dem er alle Fehler und Irrtümer erkennt und alles so sieht, wie es wirklich ist. Der Schüler sollte versuchen, sich an einen Moment seines Lebens zu erinnern, in dem er sich etwas sehr Bedeutsamen ganz klar bewußt war. Solche Erfahrungen haben noch nichts mit der Kundalini zu tun, doch sie zeigen an, daß der Schüler in dem Moment die Gewohnheit, mechanisch zu denken und zu reagieren, aufgegeben hat.

»Kosmisches Feuer« ist ein Begriff, den der Schüler nur auf einer persönlichen Ebene verstehen kann. Er bezeichnet Energie auf einer kosmischen Ebene, die sich dem Schüler als eine kosmische Vision und als die Wahrnehmung des kosmischen Lauts AUM kundtut. Das kosmische Feuer ist ein großes kosmisches Licht jenseits aller Namen, Formen und Gestalten. Damit man es erfahren kann, muß auch die Vorstellung von einem höheren Selbst – sollte diese auch nur im mindesten mit der persönlichen Gestalt übereinstimmen – aufgegeben werden.

Das Gehör

Äther

Die Sinnesfunktion des Vishuddha-Chakra ist das Gehör, nach westlichem Verständnis der letzte der fünf Sinne. Im Osten betrachtet man das Gemüt (Denken und Fühlen) als einen sechsten Sinn. Das Element des Chakras, der Äther, ist etwas sehr Flüchtiges (Ätherisches) und dennoch überaus Mächtiges. Seine Einflüsse auf den Menschen sind äußerst subtil und können doch große körperliche und geistige Veränderungen bewirken. Das Äther-Element besitzt drei Aspekte: den abstrakten, den physikalischen und den chemischen.

Eine ätherische Erfahrung

Ätherisch bedeutet leicht, luftig, himmlisch, von unirdisch feiner Beschaffenheit. Eine ätherische Erfahrung wäre zum Beispiel die Wahrnehmung der Sphärenmusik. Die Göttin oder Devi sprechen zu hören oder das Vernehmen des kosmischen AUM ist die höchste aller durch den Gehörsinn vermittelbaren Erfahrungen. Dieser Ton kann anfangs ganz leise und zart sein, aber sehr mächtig werden und den Hörer in eine andere, ätherische Welt emporheben.

Störende Gedanken

Hören ist ein subtiler Prozeß. Die störenden Stimmen, die uns daran hindern zu hören, sind unsere eigenen Gedanken. Wir verschwenden soviel Energie daran, diesen privaten Spekulationen, Selbstverteidigungs- und Rechtfertigungsreden zu lauschen, daß es uns manchmal unmöglich ist, richtig zu verstehen, was ein anderer Mensch sagt. Diese mangelnde Kommunikation führt zu leidvollen Erfahrungen, und deshalb ist es so wichtig, alles zu beseitigen, was unsere Sinne behindert. Wenn es uns die Verfeinerung des Gehörsinns erlaubt, uns über die Ebene des gewöhnlichen täglichen Lebens zu erheben und dieses von einer höheren, subtileren (ätherischen) Ebene aus zu betrachten, dann lösen sich die Klarheit und das Verständnis, die wir zu besitzen glaubten, schnell in Nichts auf.

Zuhören ist eine Kunst. Um durch alle Schleier hindurch die wahre Botschaft zu hören, muß man sich sehr gut darauf verstehen, aus den Worten dasjenige herauszudestillieren, was der andere wirklich sagt. Noch viel mehr Feingefühl ist erforderlich, um die leise innere Stimme zu hören. Die Aneignung bestimmter Kräfte, die man sich vielleicht wünscht, hängt von der Fähigkeit zur Konzentration ab, der Fähigkeit, sich geistig zu entspannen und das Karussell des Geistes zum Stehen zu bringen. Das Hörvermögen ist in unserem heutigen Leben infolge einer Vielzahl unangenehmer Geräusche eingeschränkt – Geräusche, die uns nicht nur durch die Industrie, unsere Arbeit und so weiter aufgezwungen werden, sondern denen wir uns auch freiwillig aussetzen. Außerhalb unseres Heims können wir uns kaum vor ihnen schützen; doch der Schüler muß sich klar machen, daß es durchaus Orte gibt, wo es in seiner Macht steht, für Stille zu sorgen.

Mechanischen Gewohnheiten muß in Hinblick auf den Gehörsinn die gleiche Beachtung geschenkt werden wie bei den anderen Sinnen.

Es gibt viele Fähigkeiten, die im Menschen entwickelt werden können, und die, gut zuhören zu können, ist eine der wichtigsten. In gewissen Berufen ist die Fähigkeit, verständnisvoll zuzuhören, von grundlegender Bedeutung. Viele Fähigkeiten können schnell entwickelt werden. Ein ausgezeichneter Zuhörer ist man jedoch nur, wenn man auch ein gut entwickeltes Erinnerungsvermögen besitzt. Im menschlichen Geist sind ungeheuer viele Daten gespeichert, doch ohne gutes Erinnerungsvermögen können wir sie nicht ins Gedächtnis zurückrufen. Viele Medien haben einfach gelernt, diesen Speicher, der nicht nur die Erinnerungen an unser jetziges Leben, sondern auch an unsere früheren Existenzen enthält, anzuzapfen. Würde man diese Fähigkeit gezielt einsetzen, so könnte man Informationen über uralte Zivilisationen zutage fördern.

Die leise innere Stimme

Der uns umgebende Lärm

Mechanische Gewohnheiten

Entwicklung der Erinnerungsfähigkeit

Verfeinerung des
Gehörsinns

Was in den Kapiteln über die verschiedenen Chakras über die Verfeinerung der Sinne gesagt wurde, gilt auch für den Gehörsinn; sie ist vielleicht noch wichtiger als die Verfeinerung des Gesichtssinnes. Es gibt dabei viele Stadien, von der Grundstufe, auf der man nur das Laute, Schrille und Aufdringliche hört, bis zu der Ebene, auf der wir die Sphärenmusik vernehmen können.

Hingabe

Bevor es uns möglich ist, den Geist zum Schweigen zu bringen und uns dem, was wir hören, ganz hinzugeben, sollten wir auf körperlicher Ebene mit der »Totenstellung« beginnen. Der Name dieser Stellung sagt bereits, was sie bedeutet: Reaktionslosigkeit, völlige Hingabe an das, was ist, Beendigung aller inneren und äußeren Diskussionen. Seinen eigenen Gedanken zu lauschen, ist nur dann von Wert, wenn dem Geist positive Programmierungen eingegeben wurden, die an die Stelle der alten, negativen Konditionierungen treten sollen.

Das Ego als
Widersacher

Man muß erkennen, daß auf unserem Eigenwillen beruhende Äußerungen, mit denen wir die von einem anderen Menschen übermittelte Botschaft zu unterdrücken versuchen, nutzlos sind. Es ist eine Illusion anzunehmen, sie könnten etwas Positives bewirken. Wenn wir mit jemandem reden, der unsere Sprache nicht beherrscht, dann besteht zum Beispiel eine typische Reaktion darin, immer lauter zu sprechen, als würde er uns dann besser verstehen. Leisem Sprechen sollte ein lauteres Motiv zugrundeliegen. Wenn wir uns nur den Anschein geben, freundlich und sanft zu sein, um unsere Anmaßung und Aufdringlichkeit zu verbergen, dann ist das verlogen. Anmaßung und Aufdringlichkeit sind Auswüchse unkultivierten Willens, und mit unserer freundlichen Sprache versuchen wir dann nur, den anderen zu täuschen. Wie bei den anderen Sinnen gibt es auch beim Hören eine tamasische, eine rajasische und eine sattvische Ebene.

Das Ohr der
Göttlichen Mutter

Ein Ohr, das zuhört, ist etwas Wertvolles, und diese Kostbarkeit wird symbolisch durch die Edelsteine in den Ohrringen ausgedrückt, die die Göttliche Mutter trägt. Es würde den Rahmen dieses Buches sprengen, auf all die Bedeutungen der Schmuckstücke einzugehen, die die Götter und Göttinnen jedes Chakras tragen, doch sie alle haben einen wichtigen symbolischen Sinn.

Energetische
Wechselwirkungen
zwischen Körper,
Geist und Sprache

Sprache ist bedeutungslos, wenn es keinen Zuhörer gibt. Der im Vishuddha-Chakra wieder auftauchende Dreizack weist auf die zunehmende Subtilität des energetischen Wechselspiels zwischen Körper und Geist und seine verfeinernde Wirkung auf die Sprache hin. Es kann sein, daß man dieses Wechselspiel nicht in seinem vollen Ausmaß erkennt, weil man sich des beherrschenden Einflusses des Geistes nicht bewußt ist. Asanas sind eine Art lautloser Sprache, und die Zellen des Körpers, von denen jede ein eigenes Bewußtsein hat, sind die Zuhörer. Der Körper ist sehr gelehrig und kann sich zu einem spirituellen Werkzeug entwickeln.

Asanas: eine lautlose Sprache

Der Stachelstock (Ankusha) sagt dem Schüler: »Mach weiter, entwickle dich, lerne zu unterscheiden.« An diesem Punkt kann »Stillstand« bedeuten, alles bisher Gelernte zu verlieren; und das innere Ohr muß auf die leise, eindringliche Stimme, die dies sagt, hören.

Ankusha: der Stachelstock

Die Schlinge (Pasha), die Sadashiva in diesem Chakra in der Hand hält, warnt uns davor, uns wieder in der Schlinge des Intellekts, der Emotionen oder der ungezügelten Phantasie zu verfangen, in die Falle zu gehen, die alte Gewohnheiten, mechanisches Handeln, Selbstsucht und Sichtaubstellen bilden. Das Tagebuch hilft uns, alte Fallen zu entdecken und auch Fallen zu erkennen, bevor sie gestellt worden sind.

Pasha (die Schlinge): alte Gewohnheiten

Ein Pfeil kann nur ins Schwarze treffen, wenn man ein klares Ziel hat und geradlinig denkt und handelt. Noch bestehende Probleme müssen unverzüglich angegangen werden. Alle fünf Sinne müssen verfeinert und unter Kontrolle gebracht werden. Die Kräfte des Manipura-Chakra, des Feuerrads der Emotionen, werden nun alles daransetzen, ein letztes Mal aufzuflackern, um die Aufgabe des Eigenwillens zu verhindern. Es ist leichter, sich seinen Entschluß auszureden, als weiter dem Ziel zuzustreben. Doch das Feuer widerstreitender Emotionen kann in das Feuer des Enthusiasmus verwandelt und die Unwissenheit im Feuer der Weisheit verbrannt werden.

Der Pfeil: die Notwendigkeit eines klaren Ziels

Das Feuer des Enthusiasmus

Was ist es, das den Fortschritt immer wieder behindert und alle diese Warnungen – symbolisiert durch den Stachelstock, die Schlinge, das Feuer und den Pfeil – notwendig macht? Es sind die auf der Lauer liegenden alten Persönlichkeitsaspekte. Die Streitaxt muß geschwungen werden, doch man muß sie mit Geschick einsetzen. Das Ego erhebt wieder sein Haupt und versucht ein letztes Mal, seine Macht geltend zu machen. Das niedere Selbst setzt sich auf manchen Gebieten heftig zur Wehr. Unterscheidungsfähigkeit und rasiermesserscharfe Bewußtheit sind erforderlich, um die Streitaxt zu schärfen. Das Schwert der Unterscheidungsfähigkeit hat zwei Schneiden, was

Die Streitaxt: Unterscheidungsfähigkeit und Bewußtheit

auf den Ernst der Lage hinweist, in der sich der Schüler befindet. Es erfordert große Geschicklichkeit und Kraft, die unerwünschten Eigenschaften zu beseitigen, ohne sich selbst zu verletzen; und man muß klar beurteilen können, was entfernt werden und was erhalten bleiben muß.

Bogen und Pfeil:
Spannung, Zweifel
und Wünsche

Pfeil und Bogen weisen darauf hin, daß Spannungen zu erwarten sind. Wenn der Bogen nicht gespannt ist, kann der Pfeil nicht abgeschossen werden. Die Spannungen haben verschiedene Ursachen. Zweifel und starke Wünsche können dem Schüler sehr zusetzen. Sie verschwinden nur, wenn man ihnen die Macht entzieht.

Eine andere Ursache von Spannungen ist manchmal die Einmischung sogenannter Freunde, die von Spiritualität nichts verstehen und die angestrengten Bemühungen des Schülers nicht respektieren, weil das Ziel kein finanzielles, politisches oder gesellschaftliches ist. Ist das Ziel ein höherer Bewußtseinszustand, dann erscheinen ihre negativen Argumente logisch und vernünftig, und es ist sehr schwer, ihnen etwas entgegenzusetzen. Auf dem spirituellen Weg ist man in der Tat sehr allein, bis man seinen ersten wahren Gefährten findet. Wie oft haben wir andererseits schon solche Gefährten, erkennen sie aber nicht!

Spirituelle
Gefährten

Hören: Übungen

Ich höre. Der Vorgang des Hörens. Was wird gehört?

Die dem Vishuddha-Chakra zugeordnete Sinnesfunktion ist das Hören. Dieser häufig vernachlässigte Sinn muß sorgsam untersucht werden, damit man alle Zusammenhänge verstehen kann. Die vorbereitenden Übungen für die ersten drei Chakras und vor allem für das Anahata-Chakra haben sich sicherlich als fruchtbar erwiesen, doch müssen sie nun erweitert werden.

Wirkliches Zuhören
ist Hingabe

Wirkliches Zuhören bedeutet Hingabe, und deshalb müssen wir, um klar zu hören, die äußere sowie die innere Sprache unter Kontrolle bringen. Jetzt wird vielleicht deutlicher, warum die Göttin der Sprache bisher in jedem Chakra erschienen ist und warum die Sprache als die größte Errungenschaft des Menschen bezeichnet wird. Das fast unstillbare Bedürfnis, sich selbst reden zu hören, fördert unsere Überheblichkeit gegenüber anderen Menschen, wobei oft selbst jene, die wir lieben, nicht ausgenommen sind. Nach der täglichen Innenschau sollte man stets ins Tagebuch eintragen, ob man imstande war, sich einem anderen hinzugeben und sich nicht andauernd selbst zuzuhören. Um gut zuhören zu können, müssen wir eine andere Art des Hörens entwickeln. Die meisten Menschen, die Autoritätsprobleme haben, erkennen nicht, daß die größte Autorität das Ego ist und daß es sie die meiste Zeit daran hindert zu tun, was sie tun wollen. Was hört das Ego am liebsten? Etwa Beleidigungen oder Tadel? Oder Komplimente? Was Lob betrifft, so ist das Ego geradezu unersättlich.

Autorität des Ego

Wenn sich der Schüler mit dem Vorgang des Hörens beschäftigt, dürfte ihm rasch klarwerden, daß er sich gegen vieles abschirmt und nur das akzeptiert, was er hören will. Manchmal hört man etwas völlig anderes als das, was der andere gesagt hat. Man muß sich fragen: »Höre ich zu? Hört das Ego zu? Wer hört zu?«

Abschirmung des Ego

Schwierig ist es, das Ego unter Kontrolle zu bekommen, wenn man in kurzen negativen Leitsätzen denkt, die suggestiv wirken können: »Diesen Fehler mache ich immer« ... »Das habe ich noch nie gekonnt« ... »Ich würde lieber sterben, als das zu versuchen« ... »Das bringe ich nie fertig« ... Wenn man sich so etwas gewohnheitsmäßig im Geist vorsagt, dann handelt man auch danach. Das ist natürlich destruktiv. Man hat jedoch die Wahl, positiv zu denken und sich das Gegenteil »einzureden«. »Das habe ich noch nie getan, aber wenn ich meine Aufmerksamkeit darauf richte und es versuche, wird es mir bestimmt gelingen.« Wenn man danach handelt, erringt man einen kleinen Erfolg, und der führt zu immer größeren Erfolgen, die einem immer größere Selbstsicherheit schenken.

Negative Leitsätze

Wenn man untersucht, was für Vorstellungen man – auf körperlicher, emotionaler und geistiger Ebene – von Sicherheit hat, kann man zu mancherlei neuen Erkenntnissen gelangen. Gewohnheitsmäßige Handlungen und Reaktionen, die man bereits untersucht hat, müssen auf höheren Ebenen aufs neue betrachtet werden. Das Unterscheidungsvermögen muß verfeinert, der Eigenwille gebändigt werden. Dabei ist Gründlichkeit erforderlich, nicht Schnelligkeit. Um den Eigenwillen unter Kontrolle zu bringen, muß man den Unterschied zwischen Wille und Eigenwille kennen. Eigenwille ist eine Funktion des Ego; und wenn man versteht, was es bedeutet, daß »der Mensch nach dem Willen des Allerhöchsten frei ist«, dann ist der Unterschied klar.

Wille und Eigenwille

Der Eigenwille, dem im täglichen Leben soviel Macht zugestanden wird, trennt die Menschen voneinander und ist schuld daran, daß Beziehungen so oft in Machtkämpfe ausarten. Statt dessen sollten wir unseren Willen darauf verwenden, auf eine Weise zu leben, die das Beste in uns zur Geltung bringt und uns zu einem Segen für andere werden läßt. Eine gute Möglichkeit, die Macht des Eigenwillens zu erkennen, besteht darin, sich eine bestimmte Zeitlang den Wünschen und dem Willen eines anderen Menschen zu unterwerfen. Die Person, die man dafür auswählt, darf von diesem Entschluß nichts wissen. Die Wahl sollte man allein treffen, ohne mit irgendwem darüber zu sprechen, erfüllt von dem aufrichtigen Wunsch zu erkennen, was Eigenwille ist. Durch diese Unterwerfung kann man sich darüber klarwerden, ob man die Fähigkeit, anderen zuzuhören, besitzt oder nicht besitzt. Außerdem erkennt der Schüler dadurch, welche Macht die Hintergrundgeräusche des Geistes oder das geschwätzige Ego besitzen und dadurch jedes wirkliche Zuhören verhindern.

Sich jemandem unterwerfen

Der Gott und die Göttin des Chakras, Sadashiva und Gauri, sind scheinbar voneinander getrennt wie Bewußtsein und Geist, bilden aber in Wirklichkeit eine Einheit. Wenn wir das Rationale als den männlichen und das Irrationale als den weiblichen Aspekt und beide als gleichwertig betrachten, dann haben wir diese Einheit begriffen und einen wichtigen Schritt auf dem Weg zur Reife getan. Sind das Rationale und das Irrationale im Gleichgewicht, können sowohl rationale wie irrationale Einsichten wahrgenommen werden. Man kann dies »Hören mit dem dritten Ohr« nennen.

Rationales und Irrationales ins Gleichgewicht bringen

Oft konkurrieren der Gehörsinn und einer oder mehrere der anderen Sinne miteinander. Wenn Sie feststellen, daß das, was Sie sehen, mit dem, was Sie hören, nicht übereinstimmt, dann horchen Sie mit geschlossenen Augen oder wenden Sie den Blick von dem Sprechenden ab. Hören muß man mit den Ohren, nicht mit den Augen, und was man hört, darf nicht durch das, was man sieht, zunichte gemacht werden. Das Gehörte muß man »verdauen«, um es zu verstehen. Konzentrieren Sie sich voll auf das, was gesagt wird, und lassen Sie sich nicht durch Emotionen beeinflussen.

Hören mit den Ohren, nicht mit den Augen

Klären Sie, was der Begriff Hören für Sie bedeutet, indem Sie über folgende Punkte nachdenken, und ergänzen Sie dann die Liste:

Klärung des Begriffs »hören«

- Die Geräusche einer Musikbox
- Das Rauschen eines Bachs
- Lachen und Schluchzen
- Sich selbst denken hören
- Gedankenassoziationen hören
- Die Erzeugung von Geräuschen im Geist
- Gedanken verfälschen
  - um nicht zuzuhören
  - um nicht in etwas hineingezogen zu werden
  - um nicht mit etwas konfrontiert zu werden
  - um mit etwas nichts zu tun zu haben
  - um keine Entscheidung treffen zu müssen
  - um sich mit bestimmten Problemen nicht beschäftigen zu müssen

Hier einige Fragen, die Ihnen helfen werden, einige wichtige, mit dem Vishuddha-Chakra zusammenhängende Bereiche weiter zu erforschen: *Erforschung des eigenen Standpunkts*

- Kann ich gut zuhören?
- Verstehe ich die Botschaft?
- Höre ich nur Worte?
- Schirme ich mich vor bestimmten Dingen ab?
- Warum schirme ich mich ab?
- Höre ich meine Stimme?
- Mag ich meine Stimme?
- Was vermittle ich jemandem, der mir zuhört, mit meiner Stimme? Arroganz? Wärme? Freundlichkeit?
- Wenn ich zuhöre – was in mir hört dann zu? Das Ego?
- Kann ich mich von meinem Ego distanzieren und ihm zuletzt seine Kraft entziehen?
- Ist mein Eigenwille ein Aspekt des Ego?
- Bin ich durch negative Leitsätze konditioniert, die ich mir viele Jahre lang vorgesagt habe?
- Sollte ich neue Leitsätze aufstellen, die eine positive Wirkung auf mich haben und mein Wahrnehmungsvermögen und meine Fähigkeit zuzuhören verbessern?
- Liefere ich mich jemand anderem aus, wenn ich ihm voll Hingabe zuhöre?
- Bin ich offen für neue Erkenntnisse?
- Kommen diese Erkenntnisse von meinem höheren Selbst, aus meinem Herzen oder aus einer unbekannten Quelle?

– Bin ich mir über die feine Trennlinie zwischen Eigenwillen und göttlichem Willen klar?

– Bin ich wirklich bemüht, mit Hilfe meines Unterscheidungsvermögens Verstand und Emotionen, Logik und Intuition, Angst und Mut, Schwerfälligkeit und Leichtigkeit, Stärke und Sanftheit im Gleichgewicht zu halten?

– Bin ich demütig genug, um Hilfe zu bitten, wenn das Ego sich in einen wilden Kampf stürzen will?

Zuhören lernen   Nun einige Übungen, die dem Schüler helfen werden, seine Fähigkeit des Zuhörens zu überprüfen und sein Hörvermögen zu verbessern. Achten Sie darauf, wie Sie sich vor Dingen, die Sie nicht hören wollen, abzuschirmen versuchen. Sie werden dabei einige Überraschungen erleben, und mancher wird zu dem Schluß kommen, daß sein Mangel an Bewußtheit erschütternd ist. Wenn man die Übungen mit Ausdauer und Sorgfalt durchführt, kann man sich nach und nach von seiner Ichbezogenheit befreien.

Hören Sie sich verschiedenartige, sorgsam ausgewählte Musikstücke an, am besten im Liegen und über Kopfhörer. Ihre emotionalen Reaktionen auf die Musik werden Ihnen viel über sich selbst verraten. Musik kann die Erinnerung an längst vergessene – schmerzliche und freudige – Erlebnisse wachrufen. Später sollten Sie dazu übergehen, der Natur zu lauschen, dem Wind, den Vögeln in den Bäumen, den Geräuschen auf der Straße bei Tag und bei Nacht. Hören Sie sich beim Mantrasingen zu und achten Sie darauf, wie sich Ihre Stimme verändert und wie Sie an ihr das Freiwerden von Emotionen erkennen können.

Nachdem Sie diese Übungen durchgeführt haben, werden Sie feststellen, daß Sie den Stimmen der von Ihnen geliebten Menschen wirklich zuhören können. Was sie sagen, wird Musik in Ihren Ohren sein.

1. Hören Sie sich selbst
   a. Wählen Sie eine Person und untersuchen Sie, wie Sie mit ihr sprechen. Versuchen Sie, sich an ein Gespräch zu erinnern. Was fällt Ihnen an Ihrer Sprechweise auf? Kennen Sie Ihre eigene Stimme? Wie klingt sie? Mögen Sie sie?
   b. Wählen Sie einen Partner und zeichnen Sie ein zehn Minuten langes Gespräch auf Tonband auf. Greifen Sie

den andern an, versuchen Sie, ihn zu überzeugen. Achten Sie darauf, wie Ihre Stimme klingt, wenn Sie sich Ihren Emotionen überlassen. Beobachten Sie sich selbst und Ihren Partner. Hören Sie, was der andere sagt? Was hören Sie außer den Worten? Notieren Sie alle Emotionen, die Sie entdecken können:
– Freude – Begeisterung – Stärke – Furcht – Schmerz – Flehen – Verwirrung – Tränen ...
Stimmen Ihre Worte mit Ihren Empfindungen überein? Drückt Ihre Stimme sie aus? Notieren Sie Ihre Beobachtungen.

2. Horchen Sie auf die Geräusche in Ihrem Körper:
– in Ihrem Magen – in Ihrem Blut – in Ihrem Herz ...
Notieren Sie alles genau.

3. Horchen Sie auf die Gespräche in Ihrem Kopf:
– Was hören Sie? Schildern Sie es.
– Können Sie diese inneren Gespräche bewußt abbrechen?
– Wenn ja – wie machen Sie das? Schildern Sie es.
– Wenn nein – möchten Sie es erlernen?
(Wenn Sie den spirituellen Weg des Kundalini-Yoga gehen wollen, ist es notwendig, diese Kontrolle über den Geist zu erlangen.)

4. Rezitieren Sie, nachdem Sie inzwischen einige neue Erkenntnisse bezüglich des Hörens gewonnen haben, zwei Stunden lang ein von Ihnen gewähltes Mantra.
– Beobachten Sie genau Ihren Geist.
– Schreiben Sie nach der ersten und nach der zweiten Stunde jeweils fünfzehn Minuten lang Ihre Beobachtungen auf.
– Machen Sie sich nach Ablauf der zwei Stunden ausführlichere Notizen.

5. a. Sagen Sie zwei Stunden lang laut Ihren Namen auf.
– Schauen Sie sich dabei während der ersten Stunde in einem Spiegel an.
– Benützen Sie in der zweiten Stunde keinen Spiegel.
– Machen Sie sich nach der ersten und nach der zweiten Stunde fünfzehn Minuten lang Notizen.

b. Sagen Sie zehn Minuten lang laut den Namen einer anderen Person auf.
   - Wählen Sie einen Namen, der für Sie irgendeine symbolische Bedeutung hat oder Ihnen wichtig ist.
   - Beobachten Sie sich und alle Ihre Reaktionen.
   - Notieren Sie alle Ihre Beobachtungen.

6. Hören Sie sich fünfzehn Minuten lang ein Musikstück auf Schallplatte oder Tonband an.
   a) im Sitzen
   b) im Liegen
   c) im Liegen mit Kopfhörer
      - Notieren Sie wieder alle Ihre Beobachtungen.

7. Hören Sie sich ein unangenehmes Geräusch an.
   - Bitten Sie jemanden, ein unangenehmes Geräusch zu machen (zum Beispiel durch Kratzen auf einem Stück Glas).
   - Wiederholen Sie dies drei- oder viermal ein paar Sekunden lang.
   - Notieren Sie sofort Ihre Reaktionen.

8. Hören Sie sich jeweils fünf bis sieben Minuten lang verschiedene Glocken an.
   - Schreiben Sie jedesmal danach Ihre Reaktionen auf.
   - Notieren Sie, ob Sie mit offenen oder geschlossenen Augen zugehört haben und ob Sie einen Unterschied bemerkt haben.

Das Vishuddha-Chakra kontrolliert den Gehörsinn. Diese Übungen dienen dazu, dem Schüler bewußt zu machen, was sein Hörvermögen und seine Kommunikationsfähigkeit behindert.

Synthese

Der Schüler, der die bisherigen Übungen gewissenhaft durchgeführt hat, ist sicherlich zu der Erkenntnis gelangt, daß sich Wissen am besten durch praktische Erfahrung erwerben läßt. Wer den Pfad des Kundalini-Yoga schwierig findet, sollte bedenken, daß es einen leichten Weg zu einem höheren Bewußtseinszustand nicht gibt.

Die Symbole des Vishuddha-Chakras besagen deutlich, welche Lektionen auf dieser Ebene gelernt werden müssen. In den Farben dieses Chakras erkennen wir leicht die Farben dessen, was wir in unserem Geist hören. Purpur ist eine Mischung aus Rot und Blau, und Rot versinnbildlicht das Leben, wie wir es führen, Blau das spirituelle. Die Mischung ist also eine Kombination dieser beiden Aspekte. Sadashiva jedoch ist silbern und golden. Dies weist darauf hin, daß alle Symbole auf höhere Ebenen erhoben werden können, von einer sehr niedrigen auf eine sehr hohe Stufe. Die rauchige Farbe der Blütenblätter drückt auf symbolische Weise aus, daß wir, solange wir nicht wirklich hören können, keine Klarheit des Denkens und Verstehens erlangt haben.

Die Farbe der Blütenblätter

Klarheit noch nicht erlangt

Die Schlinge warnt uns davor, in die alten Fallen mechanischen Verhaltens und ständigen Intellektualisierens zu geraten. Das Feuer der Emotionen ist ein Hinweis darauf, daß Rebellion und Opposition leicht wieder aufflackern. Der Stachelstock treibt uns an, weiterzugehen und zu tun, was für den letzten Teil des Weges notwendig ist.

Die Schlinge, das Feuer, der Stachelstock

Die Ausgewogenheit von Verstand und Emotion, Logik und Intuition, Spannung und Loslassen wird ganz klar durch die Symbole Shiva und Shakti ausgedrückt. Diese nunmehr ausgeglichenen Gegensätze werden zu einer Einheit und bewirken die Sensibilität, welche die überwältigende Erfahrung ermöglicht, das kosmische AUM zu hören. Das Allerhöchste kann nicht herbeizitiert werden, und wenn wir es einladen, kommt es nur, wenn wir uns richtig vorbereitet haben. Wir müssen geduldig und voll Demut auf dieses unvergleichliche Erlebnis warten.

Das Männliche und Weibliche in uns im Gleichgewicht

Die Zahl der Blütenblätter des Lotus beträgt jetzt sechzehn; das bedeutet, daß das Sprachvermögen gewachsen ist. Durch die Entwicklung der Sprache sind die Menschen klüger geworden, aber leider nicht weiser. Der Schüler wird feststellen, daß sein Intellekt durch die Übungen wesentlich schärfer geworden ist und daß er deshalb anderen so gut wie alles ein- oder ausreden kann. Doch er sollte daran denken, daß die Blätter zum Lotus gehören und daß dieser heilig ist. Erst wenn der Rauch des Ego vollständig verflogen ist und man sich ganz dem Lauschen hingibt, kann man die Botschaft vernehmen – sei sie nun hörbar oder unhörbar. Sind die mentalen und sprachlichen Klügeleien überwunden, wird der Kampf gegen die auftretenden Versuchungen leichter.

Entwicklung der Sprache

Der Elefant: ein
weiteres Hindernis

Die weiße Farbe des Elefanten weist auf die Spiritualität in der Lebensweise, im Denken und Handeln des Schülers hin. Der Elefant aus dem Muladhara-Chakra, der hier wieder auftaucht, ist inzwischen wesentlich zahmer. Er streckt nur einen seiner Rüssel hoch – das heißt, daß noch ein Hindernis zu überwinden ist. Der Elefant ist auch zusammengeschrumpft. Das Hindernis ist kleiner geworden, wenngleich nicht unbedingt leichter. Der Schüler ist nicht mehr der Macht seiner Triebe unterworfen.

Sadashiva:
die Fähigkeit,
Schwierigkeiten zu
bewältigen

Sadashiva bedeutet »Ewig Shiva«. Er steht jedem Schüler, der ihn anruft, jederzeit bei. Er besitzt das dritte Auge der Weisheit und hat fünf Gesichter: die fünf Sinne. Die fünf Gesichter bedeuten Eigenschaften wie Allwissenheit, Allmacht und Allgegenwart. Die zehn Arme symbolisieren die Fähigkeit, Schwierigkeiten zu bewältigen. Er ist der barmherzige Gott. Er trägt ein Tigerfell und Girlanden aus Schlangen, die Symbole des Bösen und der Weisheit, die gleichermaßen von dem Schüler Besitz ergreifen können. Das Tigerfell dient in der spirituellen Praxis dazu, den Sadhaka oder Schüler vor den Schwingungen der Erde zu schützen, die ihn an dieses Element binden können. Der Schüler kann auch auf einem Tigerfell (oder auf einer Decke aus reiner Wolle) schlafen, um die Energie zu erhalten und seine Bemühungen, die Einflüsse der Erde und die zahlreichen Verlockungen des Lebens zu überwinden, zu unterstützen. Das Tigerfell ist ein Symbol der Kraft, die entwickelt werden muß, um solchen Einflüssen zu widerstehen und den Schüler mit dem Enthusiasmus zu erfüllen, den er braucht, um auf dem schwierigen Pfad weiterzugehen.

Abhaya-Mudra

Die Abhaya-Mudra bedeutet, daß die Lauterkeit und Demut des Schülers alle unnötigen Ängste zerstreuen werden.

Die Schlange:
Symbol der Weisheit
und der Versuchung

Auf bildlichen Darstellungen ist Shiva oft zusammen mit einer Kobra zu sehen. Die Schlange nähert sich lautlos. Ebenso die Weisheit – aber auch die Versuchung. Die Kobra, die Königin der Schlangen, mahnt den Schüler, achtsam zu sein, jeden Schritt sorgsam zu bedenken und bei allen Erfahrungen seine Unterscheidungsfähigkeit anzuwenden.

Zwischen Verstand
und Intuition
unterscheiden

Überaus wichtig ist das tägliche Führen des Tagebuchs, denn es hilft, zwischen Intuition und verstandesmäßigen Denken zu unterscheiden und zu erkennen, wann Intuition am Werk ist und wann man nur von Wunschdenken erfüllt ist. Außerdem muß der Schüler weiterhin ständig seine Ideale überprüfen und korrigieren und bei seinen täglichen Übungen sein Augenmerk auf diejenigen Bereiche richten, die der Entwicklung und Verbesserung bedürfen. Die sich einstellenden Ergebnisse und neuen Erkenntnisse werden ihn mit dem für die Fortsetzung der Übungen nötigen Enthusiasmus erfüllen.

Wenn wir jemandem zuhören, der eine Geschichte erzählt oder über Erlebnisse berichtet, nützt der interpretierende Geist sofort die Gelegenheit, eigene frühere Erlebnisse aus dem Gedächtnis hervorzuholen. Dies wird besonders deutlich, wenn man später, während man allein ist und seinen Geist beobachten kann, noch einmal über das Gehörte nachdenkt.

Gedanken-assoziationen

Im Traumzustand kann man Bilder sehen und Stimmen hören, doch die Stimmen kann man nur dann verstehen, wenn man seine ganze Aufmerksamkeit auf sie richtet. Solche Träume sind nicht nur sehr wichtig, weil sie bedeutsame Botschaften vermitteln, sondern auch als Wegweiser zu Sanftheit, Seelenfrieden, Beherztheit und Versöhnlichkeit. Wenn man die »Stimme des Selbst«, die leise, kleine innere Stimme hört und ihr Aufmerksamkeit, Anerkennung und Dankbarkeit entgegenbringt, ist man wahrhaft in Kontakt mit dem höheren Selbst, das nun wieder seine rechtmäßige Herrschaft übernommen hat. Es ist, als würde man voll Hingabe der Schnecke lauschen. Man kann der Schnecke nicht sagen, welchen Ton sie hervorbringen soll.

Kontakt mit dem höheren Selbst

Es ist in diesem Stadium ratsam, mechanisch auftauchende Gedankenassoziationen zu untersuchen. Man kann diese, wenn sie sich als störend erweisen, dämpfen, indem man laut ein Mantra rezitiert und für die Mantra-Meditation mehr Zeit aufwendet. Alle die wirren Hintergrundgeräusche des Geistes werden zuerst gedämpft und dann beseitigt. Statt gegen sie anzukämpfen, sollte man seine Energie lieber für die Mantra-Meditation aufwenden.

Mantrameditation beseitigt Gedanken-assoziationen

Angenehme und unangenehme Stimmen aus der Vergangenheit, vor allem aus der frühen Kindheit, können auftauchen, ebenso Stimmen aus früheren Leben.

Der Yoga ist ein Weg der Evolution, und es mag sein, daß der Mensch vom Affen abstammt und daß sich der physische Körper erst zu seiner jetzigen vollkommenen Form entwickeln mußte. Doch vielleicht war dieser Prozeß notwendig, damit der Körper und vor allem das Gehirn zu einem Gefäß erhöhten Bewußtseins werden konnten. Anscheinend sorgt die Natur für jedes entstehende Bedürfnis vor. Eine Mutter verfügt bereits über Milch, bevor das Kind zur Welt kommt. Ebenso scheint

Der Yoga: der Weg der Evolution

der Mensch die für das nächste Entwicklungsstadium erforderliche Gehirnmasse bereits zu besitzen.

Geburt und Tod bedeuten nichts anderes, als daß ein Körper erschaffen wird, zu irgendeinem zukünftigen Zeitpunkt stirbt und neu erschaffen wird. Geburt und Tod sind dem Schöpferdrang entspringende Geschehnisse. Jede Geburt ist die Erfüllung des Wunsches, geboren zu werden. »Aus dem Geist geboren« bedeutet, daß die Idee über den Wunsch zur Manifestation gelangt. Ein Zweck des Wiedergeborenwerdens ist die Erfüllung aller Wünsche.

Idee-Wunsch-Manifestation

Bei einem Genie zum Beispiel bildet die in früheren Leben geleistete Vorarbeit die Grundlage für eine volle Entwicklung in diesem Leben. Dies kann sich schon in der Kindheit an einer großen Liebe zur Musik, zu einem bestimmten Instrument sowie an einer ungewöhnlichen Begabung zeigen. Während diese Gaben aus der Vergangenheit mitgebracht werden, muß die nötige Energie in *diesem* Leben aufgebracht werden. Es kann auch sein, daß man im gegenwärtigen Leben nur das erste Stadium der Genialität erreicht oder daß sich nur die Anlage zur Genialität entwickelt. Hält der Mensch, wenn er stirbt, an einem starken Wunsch fest, dann wird er bei seiner Wiedergeburt Umstände vorfinden, welche die volle Entfaltung des bereits Erworbenen ermöglichen.

Traum-erinnerungen an frühere Leben

Träume spielen eine immer wichtigere Rolle, und bedeutsame Ereignisse aus früheren Existenzen können dem Schüler im Traum erscheinen. Oft deuten sie auf Dinge hin, die unerledigt geblieben sind, so daß früher begangene Fehler in diesem Leben korrigiert werden können.

Das Ego bezwingen, ohne die menschliche Würde zu verletzen

Das Ego ist die Ursache von allem Leid, das wir erfahren. Doch wir müssen zu der Erkenntnis gelangen, daß das Selbst göttlich ist und daß seinem Träger, dem menschlichen Körper und Geist, Achtung gebührt. Deshalb müssen wir, wenn wir uns bemühen, das Ego zu bezwingen, darauf bedacht sein, daß unsere menschliche Würde unversehrt bleibt. Dies erfordert große Achtsamkeit, denn die Trennungslinie ist haarfein.

Emotionen färben die Energie

Die Kraft oder Energie ist neutral. Sie nimmt das Kolorit der Emotionen an. Eigenwille und Zügellosigkeit rufen Emotionen hervor und bringen Leid. Ungelöste Probleme und Befürchtungen müssen unverzüglich und emotionslos angegangen werden.

Negative Emotionen

Negative Emotionen wie Feindseligkeit und Ärger sollten nicht unterdrückt werden. Es ist besser, sich eingehend mit ihnen auseinanderzusetzen und seine Aufmerksamkeit auf den Bereich zu richten, dem sie entspringen. Richtet man diese Emotionen gegen einen anderen Menschen, wird das Ego gestärkt, und man wird niemals Gemütsruhe und innere Harmonie erlangen. *Das Ego ist der schlimmste Zuchtmeister.* Es urteilt, verdammt, kritisiert sich selbst und andere. Für das Ego gibt es nur schwarz oder weiß, gut oder schlecht. Und ebenso ist der »Träger« des Ego – er lebt ständig zwischen Bestrafung und Belohnung.

Das Ego: ein Zuchtmeister

Es wird nur selten erkannt, daß Gefühle der Wertlosigkeit und Hilflosigkeit dadurch entstehen, daß man seinen Willen nicht durchsetzen kann. »Niemand kümmert sich um meine Meinung. Ich bin nicht wichtig genug.« Jemandem, der um seinen eigenen inneren Wert weiß, macht das nichts aus. Je mehr man sich seiner Göttlichkeit bewußt ist, um so weniger ist man den Forderungen des Ego unterworfen. Dann ist man bereit zu lernen und kann zugestehen, daß man nicht alles zu wissen braucht.

Das ungezügelte Bedürfnis sich durchzusetzen macht das Ego selbstsüchtig, so daß kein echtes Gefühl der Liebe aufkommen kann. Viele Menschen können nur unter bestimmten, von ihnen selbst geschaffenen Bedingungen Liebe annehmen oder an Liebe glauben, wodurch sie die Entstehung eines wahren Gefühls in sich selbst oder in anderen verhindern.

Selbstsucht

Das Ego ist lernfähig. Man kann ihm neue, bessere Begriffe beibringen. In den ersten Entwicklungsstadien besteht die einzige Möglichkeit oft darin, ihm für etwas, das ihm entzogen wird, einen Ersatz anzubieten. Es ist, als ob man eine Gewohnheit – wie zum Beispiel das Rauchen – aufgibt und dann eine andere Sucht entwickelt. Man muß sich stets dessen bewußt sein, daß es von der eigenen Entscheidung abhängt, wie die Energie eingesetzt wird. Um die richtige Entscheidung zu treffen, muß man sich klarmachen, wann und wie man gewohnheitsmäßig und mechanisch denkt, handelt und bewertet. Eine große Hilfe ist dabei die Aufstellung einer Liste.

Einsatz der Energie

Das Ego gleicht einem Seil mit vielen Strängen – Stolz, Habgier, Täuschungen, Eigendünkel, Wünschen, Leidenschaften, Sehnsüchten. In den heiligen Texten sind neun Arten von Stolz angeführt.

Man kann stolz sein auf

Neun Arten von Stolz

1. seine körperliche Statur und Stärke
2. seinen Intellekt
3. seine Moral und seine Tugenden
4. seine übersinnlichen Kräfte
5. seine Spiritualität
6. seine vornehme Herkunft, seinen gesellschaftlichen Rang
7. seinen Reichtum und Besitz
8. seine Schönheit
9. seine Fähigkeiten und Kenntnisse

Gegenseitige
Abhängigkeit von
Körper und Geist

Die gegenseitige Abhängigkeit von Körper und Geist muß auch in materieller (körperlicher), mentaler (abstrakter) und ätherischer (spiritueller) Hinsicht erkannt werden. Dem Schüler dürfte inzwischen klargeworden sein, wie wichtig die Mantra-Meditation ist, um diese Aspekte in Einklang zu bringen. Das Rezitieren eines Mantras setzt einen Prozeß in Gang, in dessen Verlauf es von selbst unhörbar wird. Lautes Rezitieren verbessert das Hörvermögen, und deshalb sollte ihm gegenüber dem geistigen Rezitieren der Vorzug gegeben werden. Erst wenn das Hörvermögen einen gewissen Grad erreicht, *beginnt das Mantra sich selbst hervorzubringen.*

Im Kapitel über das vorhergehende Chakra haben wir uns mit den nutzlosen inneren Selbstgesprächen bereits beschäftigt. Die Abschirmungen, die wir aufbauen, um nur das zu hören, was wir hören wollen, müssen beseitigt werden, damit wir deutlich hören, was andere zu sagen haben und was der

Zuhören üben

innere und äußere Guru sagt. Wenn wir uns im Zuhören üben, erkennen wir mit der Zeit, welche Worte nicht wahr klingen – selbst wenn sie in unserem Kopf ertönen.

Das Hörvermögen
in der Sprache

Es ist hochinteressant zu sehen, welch wichtige Rolle Hören und Zuhören in unserer Alltagssprache spielen:

- sich taub stellen
- bis zu den Ohren in etwas stecken (zum Beispiel in Arbeit)
- ganz Ohr sein (aufmerksam zuhören)
- die Ohren spitzen (gut aufpassen)
- zum einen Ohr hinein und zum andern hinaus (nicht zuhören)
- die Wände haben Ohren (heimlich zuhören)
- Musik für meine Ohren (etwas, das man gern hört)
- jemanden aushorchen (alles erfahren wollen, was jemand weiß)

»Der Mensch wird, was er denkt«, lautet ein Sprichwort. Jeder Gedanke ist mit einem geistigen Bild verbunden. Man kann dem Geist ein Idealbild von sich eingeben und durch Autosuggestion die erwünschten Eigenschaften entwickeln. Wollen Sie eine negative Eigenschaft beseitigen, dann benützen Sie eine Suggestion, die auf positive Weise ausdrückt, was Sie erreichen wollen. Kritiksucht zum Beispiel kann man nicht bezwingen, indem man sich sagt: »Ich werde nie wieder jemanden kritisieren.« Man wird dadurch im Gegenteil noch kritischer, weil die Betonung auf dem Wort *kritisieren* liegt. Das Ziel kann dagegen dadurch erreicht werden, daß man sich sagt: »Ich bejahe meine Mitmenschen.« *Suggestion*

Autosuggestion

Das Wort »sollen« erweckt in uns tiefsitzende Ressentiments gegenüber alten Machtstrukturen. Benutzen Sie deshalb positive Suggestionen wie »Ich werde . . .« oder »Ich will . . .«, die einen festen Entschluß ausdrücken.

Der Durchschnittsmensch ist sehr leicht zu beeinflussen. Wie es damit bei Ihnen selbst steht, können Sie am besten herausfinden, indem Sie andere daraufhin beobachten. Klares Denken und Unterscheidungsvermögen helfen Ihnen, die machtvolle Wirkung der Suggestion zu erkennen.

Überlegen wir einmal, was im Mantra der Anrufung des Göttlichen Lichts der Satz bedeutet: »Ich bin erschaffen durch Göttliches Licht.« Wenn wir dies behaupten, müssen wir uns klar darüber sein, was damit gemeint ist – sonst ist es völliger Unsinn. Wir dürfen nicht wie Papageien einfach die Worte wiederholen (obwohl auch die bloße Wiederholung nach vielen Jahren Früchte tragen würde). Wir müssen darüber nachdenken und es auf einer Ebene begreifen, die über die der Worte hinausgeht. Auch Gefühle und Emotionen müssen damit verbunden sein, das heißt, das Verstehen sollte sich nicht auf die intellektuelle Ebene beschränken. *Identifizierung*

Wenn ich sage »Ich bin durch Göttliches Licht erschaffen«, dann muß mir bewußt sein, daß ich mich in diesem Moment nicht mit meinem physischen Körper identifiziere. Ich identifiziere mich mit der Quelle meines Seins, mit der schöpferischen Energie, die manche von uns »Gott« nennen. *Anrufung des Göttlichen Lichts*

Das große Problem für viele Menschen besteht darin, daß ihnen nicht klar ist, womit sie sich identifizieren. Womit identifizieren Sie sich? Mit Ihrem Körper? Dann sind Sie also nur Ihr Körper? Wenn Sie nicht Ihr Körper sind – sind Sie dann Ihr Geist? Der Geist hat zahllose Aspekte. Wenn Sie sich mit

Ihrem Geist identifizieren, dann identifizieren Sie sich mit demjenigen Aspekt Ihrer Persönlichkeit, der gerade im Vordergrund steht. An seine Stelle kann schon im nächsten Moment ein anderer Persönlichkeitsaspekt treten. Wo gibt es da irgendeine Sicherheit?

Wenn Sie sich mit etwas anderem als Ihrem höheren Selbst identifizieren, begehen Sie einen schweren Fehler, den Sie früher oder später einmal werden korrigieren müssen. Eine falsche Identifikation hat verschiedene negative Folgen. Identifizieren Sie sich mit einem anderen Menschen, dann betrifft das nur einen kleinen Teil von Ihnen, einen Persönlichkeitsaspekt, den Sie in sich und dem anderen erkannt haben. So identifiziert sich zum Beispiel Ihr Persönlichkeitsteil, der eifersüchtig ist, mit dem eifersüchtigen Persönlichkeitsteil des anderen. Es ist nicht notwendig, sich auf diese Weise zu identifizieren, um den anderen zu verstehen. Sie müssen erkennen, daß Eifersucht die negative Eigenschaft eines Persönlichkeitsteils ist, den Sie mit dem anderen gemeinsam haben, der aber mit dem höheren Selbst nicht das geringste zu tun hat. Wenn Sie sich darüber klargeworden sind, werden Sie sich selbst besser verstehen und mit dem anderen echtes Mitgefühl empfinden. Hüten Sie sich vor solchen Identifikationen, denn Sie verleugnen damit Ihr wahres göttliches Wesen.

Reife und Verantwortung

Am Anfang des Kundalini-Yoga-Pfades ist man ein spirituelles Kind, dem eine besondere Gnade zuteil wird. Jetzt ist die Zeit der Reife gekommen, und das bedeutet, daß Ihre Verantwortung wächst.

Entwicklung feinerer Gefühle

Das Leben wird ruhiger, denn der Schüler ist sanfter und bescheidener geworden. Dem Herzlotus entsprießt innerer Friede, und da der Schüler Selbstbeherrschung erlangt hat, ist er frei von Gier, Bosheit und Stolz. Er ist mutig, versöhnlich und mitfühlend. Es sei hier jedoch daran erinnert, daß die Chakras Bewußtseinsebenen sind und daß jedes Chakra wiederum viele Ebenen hat.

Das Bedürfnis nach einem Guru

Wenn Sie in diesem Stadium zu dem Schluß kommen, daß Sie einen Guru brauchen, dann denken Sie daran, daß Sie einen Kuchen kosten müssen, um festzustellen, ob er gut ist. Philosophische Spekulationen über das Rezept werden Ihnen ebensowenig helfen wie eine psychologische Analyse des Kochs. Um Ihren Guru zu erkennen, müssen Sie eingehend die Lehren studieren und die in ihnen enthaltenen Anweisungen im täglichen Leben befolgen.

Hingabe ist nötig, um wirklich zuhören zu können. Hingabe muß zuerst körperlich geübt werden, indem man lernt, sich vollkommen zu entspannen. Geben Sie sich dem Rhythmus des Atems hin; lassen Sie ihn von selbst einströmen, von selbst ausströmen. Wenn Sie sich mit Einsatz Ihres Unterscheidungsvermögens, nicht mit Resignation, dem Strom des Atems anvertrauen, wird auch Ihr Geist still. Wenn das Unterscheidungsvermögen und die Sinneswahrnehmung sich verfeinern, werden Sie intuitive Einsichten haben wie nie zuvor. Vielleicht können Sie jetzt die leise, kleine Stimme in Ihrem Innern hören. Die höheren Erkenntnisse werden nicht mehr durch leidenschaftliche Aktivität zunichte gemacht. Alle leidenschaftliche Aktivität wird von göttlicher Liebe gemildert – und sollten sich alte Persönlichkeitsaspekte störend bemerkbar machen, so kann der Schüler in diesem Stadium bereits geschickt genug mit der Streitaxt umgehen, um sie durch Anwendung von Unterscheidungsvermögen und Willen abzuhacken.

Hingabe üben

Wieder wird sich das niedere Selbst heftig zur Wehr setzen. Das Ego, das so lange an der Macht gewesen ist, wird jetzt im richtigen Licht gesehen. Der Schüler erkennt, wie erbarmungslos es stets den Kontakt mit seinem innersten Wesen unterbunden hat. Dies ist der Moment, wieder sorgsam mit dem Pfeil zu zielen, das Ziel genau ins Auge zu fassen und den Bogen richtig zu spannen – nicht zu wenig und nicht zuviel –, damit das Ziel getroffen wird. Dem Ego darf nicht gestattet werden, es zu verzerren.

Das niedere Selbst setzt sich zur Wehr

Wenn man Kontrolle über die Energien dieses Chakras erlangt hat, schließt sich der Kreis der Vollkommenheit. Die körperliche Hingabe, wie sie sich in der Totenstellung ausdrückt, bedeutet, daß das Gleichgewicht zwischen Körper, Geist und Sprache (symbolisiert durch den Dreizack) der Vollkommenheit nahe ist: der körperlichen Bewußtheit, der geistigen Bewußtheit und ihrer Manifestation in der Sprache. Ist man sich seiner Wirbelsäule bewußt geworden, kann man das Wechselspiel der Kräfte auf tamasischer, rajasischer und sattvischer Ebene beobachten. Geradliniges Handeln, geradliniges Denken und Aufrichtigkeit sind die Ergebnisse, die sich im Körper, im Geist und in der Sprache ausdrücken. Es ist nicht mehr nötig, einzelne Übungen vorzuschreiben, denn der Schüler weiß jetzt über das Zusammenspiel der Sinne und ihre Manifestationen so gut Bescheid, daß er selbst erkennen kann, was er tun muß, um vollkommene Ausgeglichenheit zu erlangen.

Der Kreis der Vollkommenheit schließt sich

Ego und Verantwortung

Gewohnheitsmäßige Denkmuster sind mit Emotionen verbunden und werden von Durchschnittsmenschen nie in Zweifel gezogen. Sie dienen der Absicherung unbewiesener Überzeugungen und haben fragwürdige Sprachspiele zur Folge. Eine dieser Fallen ist die Übertreibung, ein Trick, den das Ego (bewußt oder unbewußt) benutzt, um sich eine günstigere Position zur Verteidigung seiner Überzeugungen zu verschaffen. Wenn man gelernt hat, seine Emotionen zu beherrschen, erkennt man, daß es dem Ego Befriedigung verschafft, den Gegner mit unsinnigen Behauptungen zu überlisten. Belanglose Einwendungen oder das Herumhacken auf nebensächlichen Punkten bei Diskussionen können Manifestationen eines bestimmten Egotyps sein, der bestrebt ist, andere auf aggressive, unredliche Weise lächerlich zu machen und um jeden Preis den Sieg davonzutragen. Der Schüler sollte sich davor hüten, sich auf solche wahrhaft tödlichen Spiele einzulassen. Unwissenheit einzugestehen ist ein Beweis von Stärke, Wissen vorzutäuschen ein Beweis von Schwäche.

Der Schüler muß sich auch klar darüber sein, daß es gefährlich ist, sich aus emotionalen Gründen von etwas überzeugen zu lassen. Das gilt nicht nur ganz allgemein im Leben, sondern auch in spiritueller Hinsicht. Steht der Schüler nicht aufgrund eines guten logischen Denkvermögens und persönlicher Erfahrung auf festen Beinen, dann kann er leicht von einem Menschen mit einer magnetischen Persönlichkeit oder von seinem eigenen Ego manipuliert werden. Auch bezüglich des Sprechens und Denkens müssen die Emotionen kontrolliert werden. Es ist nicht unbedingt falsch, innerliche Debatten zu führen, doch sollte man sich dabei vor Unehrlichkeit hüten. Wenn man auf die leise, kleine innere Stimme hört, gewinnt man schnell Klarheit und kann alte Denkmuster und die Gewohnheit, innere Selbstgespräche zu führen, ablegen.

Sowohl der hörbare Ton (das laut gesprochene Wort) als auch der unhörbare Ton (das im Geist gesprochene Wort) erzeugen Schwingungen, die eine schöpferische Kraft haben. Was damit erschaffen wird, liegt ganz in der Verantwortung dessen, der den Ton erzeugt.

Gedanken über die Kundalini

Die Schlange, die Sadashiva um den Hals trägt, und der Dreizack in seiner Hand sind ein erster Hinweis auf die Möglichkeit, die Kundalini-Kraft zu erwecken. Auch das Feuer in seiner Hand symbolisiert die Kundalini und erinnert uns daran, daß *»die Unwissenheit im Feuer der Weisheit verbrannt wird«.* Das Kundalini-Feuer ist das Feuer der Bewußtheit, und wenn die Unwissenheit verbrennt, bekommt das Leben einen neuen Sinn. Der Mensch wird in ein neues Wesen verwandelt. In einigen Schriften steht, daß er in ein neues Gewand gekleidet wird; in anderen, daß er vom Göttlichen Licht berührt wird oder daß die Göttliche Mutter sich ihm in all Ihrem Glanz offenbart. Manche erleben dies als einen langsam ablaufenden Prozeß; andere haben das Gefühl, plötzlich in Licht getaucht zu sein. In jedem Fall ist es eine Erfahrung, die einen mit Demut und Ehrfurcht erfüllt. Sie kann mit Worten nicht geschildert werden.

Erweckung der Kundalini-Kraft

Es dürfte jetzt klar sein, warum die Charakterbildung in den vorhergehenden Chakras so wichtig ist. Anfangs geht es vor allem darum, daß der Schüler Gewahrsein entwickelt und Denkmuster aufgibt, von denen er sich trennen kann, ohne emotional in Verwirrung zu geraten. Dieses neue Gewahrsein ermöglicht es ihm, kompliziertere und tiefer sitzende Überzeugungen zu erkennen und aufzugeben, was ihn mit einem solchen Gefühl der Befreiung erfüllt, daß bestimmte übersinnliche Phänomene auftreten können. Diese haben allerdings nichts mit der Kundalini-Kraft zu tun. Sie zeigen nur an, daß unsere Fähigkeit, mit den Anforderungen, die das tägliche Leben an uns stellt, fertig zu werden, gewachsen ist. Wenn ich zum Beispiel meinen Kleinwagen gegen eine große Luxuslimousine eintausche, muß ich mich, was das Lenken, das Parken, die Geschwindigkeit, die Größe des neuen Wagens betrifft, umstellen. Habe ich jedoch erst einmal gelernt, mit ihm umzugehen, dann beherrsche ich ein Fahrzeug, das viel stärker und besser ist.

Wichtigkeit der Charakterbildung

Um diese Beherrschung zu erlangen, ist es erforderlich, den Geist zu klären. Wenn der Schüler die in diesem Buch beschriebenen Übungen durchgeführt hat, verfügt er bereits über ein Geschick und einen Grad an Bewußtheit, die ihn befähigen, alle ihn erwartenden Anforderungen furchtlos zu bewältigen.

Klärung des Geistes

Ein echter Guru wird den Schüler, der den Weg des Kunda-

Entwicklung in allen Bereichen

lini-Yoga geht, davor warnen, nur in einem Bereich an sich zu arbeiten. Mit anderen Worten, wenn der Intellekt auf Kosten der Sinne und vor allem auf Kosten der Gefühle entwickelt wurde, wird er früher oder später dem Ansturm der hervorbrechenden Emotionen erliegen. Aus diesem Grund ist es wichtig, auf die gleichmäßige Entwicklung aller fünf Sinne bedacht zu sein und dabei besonders auf den Geist zu achten, der die Kontrollstation für alle Sinnesfunktionen darstellt.

Träume können das Erwachen der Kundalini ankündigen

Das höhere Selbst kann das Erwachen der Kundalini-Energie in Träumen ankündigen. Deshalb ist es sehr wichtig, daß man seine Träume beobachtet und sie stets aufschreibt. Es kann sein, daß wir die Bedeutung eines bestimmten Traums nicht verstehen, doch keine Sorge: Das höhere Selbst bezieht seine Energie und sein Wissen von der Universalen Intelligenz und findet schon Mittel und Wege, uns eine Botschaft, die wir erfahren sollen, zukommen zu lassen. Wir müssen allen Träumen und Einsichten große Beachtung schenken, damit uns die Botschaft nicht entgeht.

Veränderung der Körpertemperatur

Wenn die Kundalini-Energie erwacht, verändert sich die Körpertemperatur, doch im allgemeinen nicht in der Weise, daß hohes Fieber oder eine unnatürliche Erhitzung des Körpers auftritt – obwohl auch dies schon vorgekommen ist. Es hängt davon ab, inwieweit man sich darauf vorbereitet hat. Die Gedankenakrobatik, die vielfältig mentalen Übungen sind notwendig, um den Geist und die Sinne sowie das zentrale Nervensystem instand zu setzen, mit diesen unglaublichen Vorgängen fertig zu werden.

Ist übersinnliche Energie Kundalini?

Es erhebt sich die Frage, ob die Kundalini-Energie die Quelle der Informationen ist, die ein medial begabter Mensch empfängt. Dies würde nur zutreffen, wenn der Begriff »Kundalini« die Gesamtheit des Lebens bezeichnen würde. Dann wären auch Vorgänge auf der Ebene des Unbewußten die Kundalini, was es noch mehr erschweren würde, die Kundalini als diejenige in jedem Menschen schlummernde Kraft zu verstehen, die die alten Schriften »die zusammengerollte Schlange« nennen. Die vielen Übungen zur Aneignung übersinnlicher Kräfte sowie spirituelle Erfahrungen zeigen, daß die Fähigkeiten eines Mediums von der Entwicklung seiner eigenen Sinne und seines Geistes abhängen. Daraus kann man folgern, daß es sich hier nicht um die Kundalini-Kraft handelt.

Lichterscheinungen

Auch die Wahrnehmung von Lichterscheinungen im meditativen Zustand hat nichts mit der Kundalini-Kraft zu tun, doch sie kann als ermutigender Hinweis darauf betrachtet werden, daß man auf dem richtigen Weg ist. Diese Wahrnehmungen sollten sorgsam beobachtet werden, denn sie deuten auf die fortschreitende Entfaltung der jedem Menschen innewohnenden Kräfte hin.

Die zahlreichen religiös-philosophischen Schulen sorgen eher für Verwirrung als für Klarheit. Jede von ihnen betrachtet jedoch die Kundalini als die fundamentale Energie, und welche Mittel zur Erreichung des höheren Bewußtseinszustandes angewandt werden, ist unwesentlich. Sobald man sich für einen bestimmten Weg entschieden hat, ist der Prozeß das Wichtigste, und die gegebenen Anweisungen müssen sorgsam befolgt werden.

Verschiedene geistige Richtungen

Es gibt Yoga-Schulen, die sich auf einen Teil des Ganzen beschränken, doch ein Teil ist immer etwas Unvollständiges. Daß einige Schulen des Kundalini-Yoga zu sexueller Ausschweifung ermuntern, wobei sie sich fälschlicherweise auf das Kamasutram berufen, ist bedauerlich, denn sie reißen aus einem ausgewogenen System einen kleinen Teil heraus und betrachten ihn als das Ganze. So schön Sex auch sein mag – er öffnet nicht das Tor zu einem höheren Bewußtsein. Wenn dem so wäre, hätte die Mehrzahl der Menschen, die sich sexuellen Exzessen hingeben, die Erleuchtung erlangt.[8]

Ein Teil ist immer unvollständig

Die Rolle, die das Brahmacharya bei der spirituellen Entwicklung spielt, kann man leichter verstehen, wenn man Geld als Symbol für spirituelle Kraft und ihre erhoffte Manifestation einsetzt. Wir vergeuden Energie oft auf die gleiche Weise wie Geld; doch nur, wenn wir beides zusammenhalten und eine große Menge davon ansammeln, kann ein großes Projekt verwirklicht werden.

Wenn im Kundalini-Yoga die Basis errichtet worden ist, wenn sich die Lebensqualität in allen Bereichen verbessert hat – was bereits ein Beweis für die Entwicklung des menschlichen Potentials ist –, und wenn man auf die verlockenden Nebenerscheinungen (übersinnliche Kräfte) verzichtet hat, beginnt sich die Kundalini zu regen. Durch die Übungen wurde Kontrolle über die Wünsche erlangt, das sinnliche Wahrnehmungsvermögen wurde gesteigert und innere Sicherheit entwickelt; deshalb ist das Erwachen der Kundalini kein erschreckendes, sondern ein glückseliges Erlebnis.[9]

Die gefahrlose Erweckung der Kundalini-Kraft

Die Mythen der alten Völker zielten darauf ab, den Sinn des Lebens zu erklären und die Frage zu beantworten, was diese göttliche Energie ist. Viele Wissenschaftler beschäftigen sich noch immer mit dieser Frage, und jeder hat eine andere Antwort darauf. Der menschliche Geist kann nicht bestimmen, was kosmische Energie ist; er kann nur ihre Manifestation studieren. Diese Manifestation kann man in sich selbst herbeiführen und ihre Wirkungen an sich selbst erfahren. Was diese Energie auch sein mag:

> *Das Licht der Sonne offenbart alle Dinge,*
> *doch es kann sich nur selbst offenbaren.*

Meditation über das Licht

Nehmen Sie eine bequeme Sitzhaltung oder eine Yogastellung ein, bei der die Füße gekreuzt sind. Schließen Sie die Augen und richten Sie den Blick auf die Stelle zwischen den Augenbrauen. Beginnen Sie erst, wenn Ihr Körper völlig zur Ruhe gekommen ist (eventuell mit Hilfe einer Pranayama-Übung).

In den vorhergehenden Kapiteln haben Sie erkannt, wie wichtig es ist, sich Ihrer Wirbelsäule bewußt zu sein. Konzentrieren Sie sich auf das Rückgrat, und während Sie es Wirbel um Wirbel strecken, stellen Sie sich vor, daß sich an seinem unteren Ende langsam eine Lotosknospe öffnet und ein stecknadelkopfgroßer Lichtpunkt daraus aufsteigt. Er steigt in dem Hohlraum in der Mitte der Wirbelsäule immer höher und höher, hindurch durch die anderen Lotosse, zu der Stelle, an der die Wirbelsäule in den Kopf übergeht. Dann bewegt sich dieser winzige Lichtpunkt in einer sanften Kurve über die Hypophyse und Zirbeldrüse hinweg. Sehen Sie vor ihrem geistigen Auge, wie ein Lichtblitz das Gehirn erleuchtet und wie sich dann der Lichtpunkt den gleichen Weg zurück bewegt, in einer sanften Kurve wieder in die Wirbelsäule fließt und langsam durch den Hohlraum in ihrer Mitte durch die einzelnen Lotosse hinabsteigt. Wenn er die Mitte des untersten Lotos berührt, schließen sich die vier Blütenblätter, als wollten sie etwas sehr Wertvolles beschützen. Bleiben Sie ruhig sitzen, und falls sich irgendwelche feinen, intuitiven Empfindungen einstellen, lassen Sie sie einfach zu. Wenn nichts Besonderes geschieht, so ist dies auch in Ordnung. Geben Sie sich ganz diesem schönen Gefühl von tiefem Frieden und Harmonie hin.

Machen Sie diese Übung nicht öfter als einmal am Tag,

damit die Öffnung der Lotosse ganz sanft vor sich geht. Das Aufsteigen der Kundalini-Energie kann in ganz kleinen Schritten erfolgen, so daß Sie niemals Angst oder Besorgnis zu verspüren brauchen. Außerdem dauert es einige Zeit, bis Sie die nötige Konzentrationsfähigkeit erreichen und sich in einen Zustand versetzen können, in dem sie zugleich aufmerksam und völlig entspannt sind. Geduld und Ausdauer werden, wenn Sie die Anweisungen gewissenhaft befolgen, zu einer wunderbaren Erfahrung führen, die Sie mit dem Gefühl erfüllt, das Göttliche zu erkennen. Alle Religionen sagen uns, daß der Mensch Gott nicht herbeibefehlen kann. Wenn wir nach dem Allerhöchsten streben, müssen wir lernen, in Demut zu warten.

Neuntes Kapitel

Ajna

Das sechste Chakra

*Ich verehre Ihn, der in deinem Ajna-Chakra wohnt.
Ich bete in deinem Ajna-Chakra den höchsten
Shambhu an, an Dessen Seite die höchste Intelligenz
(Sie) thront und Der wie Myriaden von Sonnen
und Monden strahlt. Wer demütig und
hingebungsvoll anbetet, wird in der Welt des Lichts
aller Lichter leben, das in der Welt ist, das kein
irdisches Auge wahrnehmen kann und das dem
Blick gewöhnlicher Sterblicher entrückt ist. Dort
scheinen nicht Sonne noch Mond, weder Feuer noch
die anderen Himmelskörper.*
Mantra für das Ajna-Chakra

Gott/Göttin: Shakti/Hakini

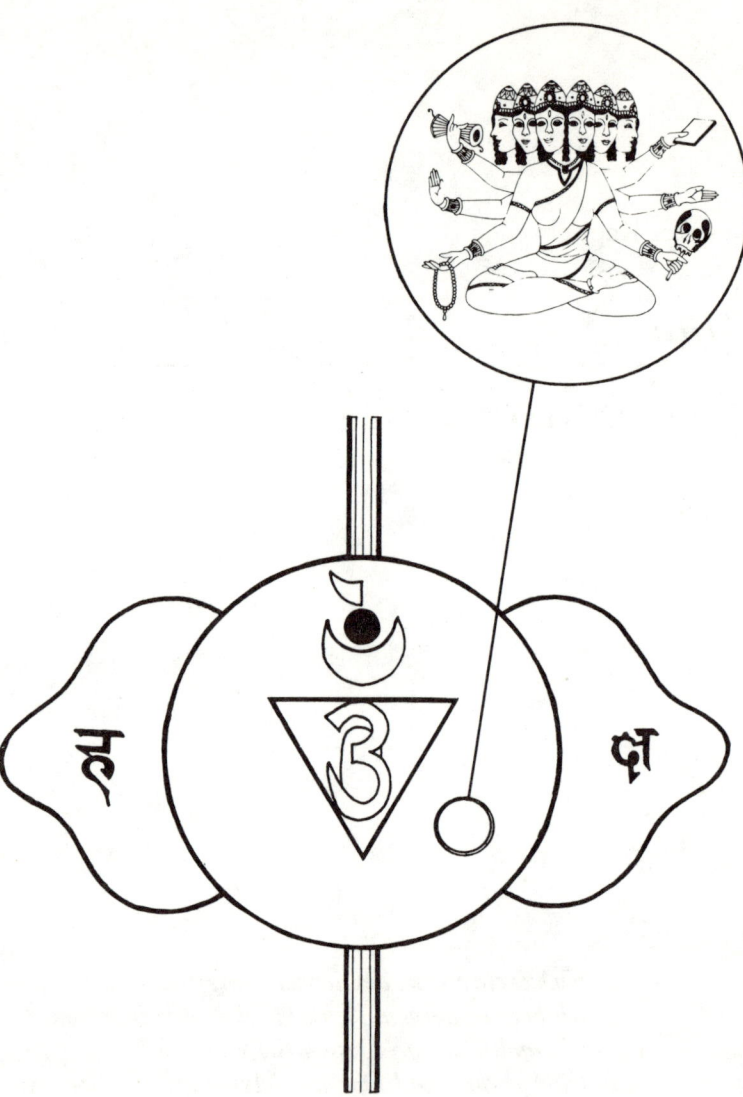

Ajna Chakra

Ajna

Das sechste Chakra und seine Symbole

AJNA: Das sechste Chakra (Lotos)
TATTVA: Unterscheidungsfähigkeit
64 STRAHLEN: In Beziehung zum Bereich des Geistes (Äther, Akasha)
> Die sechs Sinne (einschließlich des Geistes) gleichen jetzt Strahlen, welche die Welt in allen Richtungen durchdringen.

DHYANA – Meditation: ausgedrückt im Ajna-Chakra
ZWEI Lotosblütenblätter: Der Lotos ist heilig
> Die zwei Blütenblätter symbolisieren das Wirken des Geistes (Manas) in zwei Sphären der Realität, der entfalteten und der nichtentfalteten; außerdem die Zirbeldrüse und die Hypophyse sowie Ida und Pingala, die sich an dieser Stelle vereinigen.

FARBE der Blütenblätter: Weiß
BUCHSTABEN auf den Blütenblättern: KṢAṂ – HAṂ
KREIS: Vollkommenheit auf der höchsten Ebene
DREIECK: Golden. Im Innern des Dreiecks die Yoni mit einem Shiva-Linga namens Itara, weiß mit Blitzstrahlen (Kraft, Energie).
> Das Dreieck symbolisiert das Wirken der Energie in ihrem reinen Zustand und in ihrem entfalteten Zustand, dessen dem Menschen vertrautester Ausdruck die Sexualität ist.

MONDSICHEL: Energiewirbel. Auf subtilste Weise manifestiertes Bewußtsein.
BIJA – Keimlaut: OṂ (Pranava). Mahanada. Der höchste Laut.
BINDU: Goldener Punkt. Die Essenz der Energie.
> Der Bindu symbolisiert die völlige Loslösung vom Kör-

per, eine Voraussetzung dafür, den Geist auf andere als die gewohnte oder bekannte Weise zu benützen.

HERRSCHENDE GOTTHEIT: Paramashiva (Shambhu). Shiva in seinem höchsten Aspekt.

PINGALA: Die Nadi in der rechten Körperhälfte

IDA: Die Nadi in der linken Körperhälfte

SUSHUMNA: Der Kanal in der Mitte der Wirbelsäule

CHITRINI: Drei in einem (Sattva, Rajas, Tamas). Körper, Geist und Sprache (Konzentration, Meditation und Kontemplation)

GOTT/GÖTTIN: Shakti Hakini: der Aspekt der Vereinigung der entfalteten und der nichtentfalteten Energie.

 Die Intelligenz auf dieser Ebene ist durch die Einheit symbolisiert. Die Shakti Hakini hat sechs Gesichter und sechs Arme. Die sechs Gesichter zeigen an, daß der Geist stärker und schärfer geworden ist; die sechs Arme sind ein Symbol für hochentwickelte Fähigkeiten. Der Yogi oder die Yogini, die diese Ebene erreicht haben, werden zu einem Siddha, zu jemandem, der die Macht erlangt hat, die mit diesen Erfahrungen einhergeht.

GEGENSTÄNDE

Vidya – Buch: Das Buch symbolisiert gespeichertes Wissen

Geste: Vara(da) – Gewährung von Gunst

Abhaya-Mudra – Zerstreuung von Ängsten

Weitere spirituelle Gaben, intuitive Einsichten oder Wahrnehmungen durch die verschiedenen Sinne sind möglich. Ängste werden durch das aus eigener Erfahrung gewonnene Wissen zerstreut. Die Kontrolle der Imagination ermöglicht dem Schüler die Entdeckung, daß alle Erfahrungen Schöpfungen des Geistes sind.

Damaru – Trommel: Der auf der Trommel geschlagene Rhythmus weist darauf hin, daß das Leben weitergehen muß und daß der Yogi oder Siddha lange genug auf der Erde bleiben muß, um anderen den Weg weisen zu können.

Khatvanga – Stab mit Schädel: Der Schädel, bisher Symbol für den leeren Geist, symbolisiert jetzt die Erlangung eines mit gewaltigen Kräften begabten Geistes. Mit Hilfe des intuitiven Wahrnehmungsvermögens können diese Kräfte

zum Wohl und zum Segen anderer eingesetzt werden.
Mala – Rosenkranz: Das Mantra wird zu einer sich selbst erzeugenden Kraft.

Die sich selbst erzeugende Kraft des Mantra muß erhalten bleiben. Die Perlen des Rosenkranzes symbolisieren die miteinander zusammenhängenden früheren Existenzen, die sich mehr oder weniger stark in negativer oder positiver Weise auf das gegenwärtige Dasein auswirken. Im Mantra OM erreicht der Ton seine höchste Ausdrucksform.

Das Ajna-Chakra

Hat der Yogi die höchste Ebene des sechsten Chakras erreicht, so gibt es für ihn kein Zurück mehr. Stellen Sie sich vor, was es bedeutet, wenn einen nichts mehr verlockt – weder Essen noch Sex, weder Macht noch Erfolg –, wenn einen all dies gleichgültig läßt. Was bietet das Leben noch für einen Anreiz, wenn es keine Freuden und Vergnügungen mehr gibt? An diesem Punkt muß man eine Entscheidung treffen. Man kann die Erde verlassen, indem man zuläßt, daß der Körper stirbt, oder indem man ihm, wie manche Yogis, bewußt die Lebensenergie entzieht. Oder man kann auf der Erde bleiben und anderen helfen, den gleichen Zustand zu erreichen, indem man sie ermutigt, nicht den flüchtigen Freuden verhaftet zu bleiben, die einen an das sich ewig drehende Rad des Lebens binden. Wenn man bleibt oder sich wiederverkörpert, tut man dies mit dem festen Vorsatz, anderen zu helfen, sich aus allen Verstrickungen zu lösen und das Streben nach falschen Zielen aufzugeben, um anderen zu der Einsicht zu verhelfen, daß Erfolg nur eine Vorstellung im Geist jener ist, die ihm nachjagen, um ihre Selbstsucht zu befriedigen. Sein Wert gleicht dem künstlich hoch gehaltenen Preis des Diamanten, den die Mächtigen dieser Erde bestimmen; und deshalb ist es kein echter Wert. Was bedeutet er im Vergleich zur Freiheit von allen Begrenzungen, zu Harmonie und innerem Frieden?

Die durch Selbstbemeisterung erworbene geistige Energie zeigt sich jetzt in vielen Bereichen und auf verschiedenen Ebenen. Durch die tägliche Innenschau wurde das Gewahrsein erhöht, das uns erkennen läßt, wo wir unsere Energie vergeuden oder blockieren. Durch persönliche Erfahrungen wurde

»Kein Zurück«

Wissen erlangt. Dazu kann im sechsten Chakra beispielsweise auch gehören, daß man durch innere Wahrnehmung den Zeitpunkt seines Todes erfährt. Man hat nun erkannt, daß der Körper, wenn er stirbt, in den Strom der kosmischen Energie zurückkehrt und sich, wenn sie dies wünscht, zu einer anderen Zeit wieder manifestieren kann. Der physische Körper ist also ein Werkzeug des spirituellen Lebens, ein Werkzeug, das in jedem Leben der spirituellen Evolution dient.

Erkennen der Wahrheit

Durch innere Wahrnehmung erkennen wir auch jene höchste Wahrheit, die alle Heiligen verkündet haben. Der Yoga, der Pfad der Befreiung, führt zur Freiheit von der unablässigen Aktivität des begrenzten, individuellen Geistes, zur Fähigkeit, dem inneren Wesen intuitiv zu lauschen, und zur Wahrnehmung der feineren Kräfte und ihrer Manifestation, für die der Äther nur ein Symbol ist. Die Shakti, die in der Sprache der Götter zu einem spricht, kann nun durch diese innere Kommunikation und durch das erhöhte Wahrnehmungsvermögen verstanden werden.

Verbindung zwischen dem ersten und sechsten Chakra

Man erkennt jetzt, daß das erste und sechste Chakra, verbunden durch die Sushumna und die beiden Nadis, die zwei Bereiche sind, zwischen denen das Wechselspiel der Kräfte stattfindet. Die Sushumna ist der Kanal, in dem sich die Energie frei bewegen kann. Selbstbemeisterung verleiht die Fähigkeit, das Licht zu lenken, seine Helligkeit zu verstärken und zu verringern.

Das weiße Licht

Während der Meditation, in welche die tägliche Innenschau inzwischen von selbst übergeht, verschwinden langsam alle Farben und Bilder, und der Geist nimmt nur noch das farblose Licht wahr, das weiße Licht, das Formlosigkeit bedeutet. Der Geist, der anfangs auf zwanghafte Weise kreativ war – und dies nicht zum eigenen Wohl –, hat gelernt, sich zu konzentrieren, und ist nur noch auf das weiße Licht gerichtet, das die große Leere symbolisiert. In ihr ruht der Geist nun.

Der Ausgang

So wird die Tür zum siebenten Chakra, dem Ausgang, geöffnet. Stirbt der physische Körper durch Schwäche oder Krankheit und zieht der Yogi die Lebenskraft zurück, dann kehrt Prana in seine Wohnstatt zurück. Friedlich verscheidet der Körper. Es gibt weder Freude noch Leid. Alles ist zu Ende; es besteht keine Notwendigkeit mehr, wiedergeboren zu werden.

Der Tropfen ist ins Meer zurückgekehrt.

Konzentrationsübung

Die besten Ergebnisse zeitigen Konzentrationsübungen, wenn der Schüler sich dabei in einem hellwachen, aber zugleich entspannten Zustand befinden. Wenn die Anrufung des Göttlichen Lichts sorgsam durchgeführt wurde, hat sie die Konzentrationsfähigkeit des Schülers sicherlich beträchtlich gesteigert – ganz abgesehen von den sonstigen positiven Wirkungen. Ein weiterer Schritt ist die Konzentration auf den physischen Körper durch Einschränkung des Sehvermögens.

1. Nehmen Sie Ihre Meditationshaltung ein (oder stellen Sie sich aufrecht hin)
2. Konzentrieren Sie sich auf die Stelle zwischen den Augenbrauen
3. Stellen Sie sich die Wirbelsäule als ein leeres Rohr vor
4. Stellen Sie sich vor, daß dieses Rohr aus durchsichtigem Glas besteht
5. Füllen Sie dieses Rohr von unten nach oben mit strahlend weißem Licht
6. Halten Sie dieses Bild fest, so lange es Ihnen angenehm ist
7. Wiederholen Sie die Übung, bis sie Ihnen leichtfällt
8. Kontrollieren Sie nach jeder Übung Ihr Befinden. Wenn Sie sich wohl fühlen, richten Sie Ihre Aufmerksamkeit zusätzlich auf Ihren Atem.

Die Wirbelsäule mit Licht füllen

Sie können sich die Übung erleichtern, indem Sie sich vorstellen, daß bei jedem Einatmen weißes Licht in Sie einströmt, und Sie sich bei jedem Ausatmen auf die göttliche Quelle dieses Lichts konzentrieren.

Synthese

Im sechsten Chakra ist es an der Zeit, Bilanz zu ziehen. Der Kreis hat sich geschlossen; die Vollkommenheit ist fast erreicht. Schärfe und Kraft des Geistes sind gewachsen, und die Übungen, die zur Errichtung des Fundaments gemacht wurden, haben dazu geführt, daß seine Geheimnisse durchschaubarer geworden sind. Die Arbeit war mühevoll, und sie ist noch nicht beendet. Das Fundament für die nächste Phase ist erreicht; es ist so ähnlich, als ob man das Alphabet und die Grammatik

Der Kreis der Vollkommenheit

gelernt hat, um die Gedichte schreiben zu können, die man irgendwo in sich spürt. Das durch Erfahrungen erworbene Wissen erfüllt einen mit einem Gefühl der Unabhängigkeit. Geben Sie also nicht auf. Gehen Sie weiter! Denken Sie daran: Nur die Götter können über den Regenbogen gehen. Streben Sie danach, etwas mehr Göttlichkeit zu erlangen!

Richtige Einstellung zur Sexualität

Sie haben die richtige Einstellung zur Sexualität gefunden. Die kosmische Einheit, die im Gegensatz zu der Überindividualisierung der Sexualität in der heutigen Welt steht, erscheint mit einem Mal möglich. Vorstellungen wie Reinkarnation und Wechsel des Geschlechts mögen Ihnen noch unklar sein, doch stehen Sie ihnen nicht mehr ablehnend gegenüber. Sie haben sich nur noch kein endgültiges Urteil darüber gebildet.

Die Schlange

Die bisher »sprachlose« Schlange macht sich leise bemerkbar; und durch die Devi der Sprache hat der Schüler innere Kommunikation, intuitives Wahrnehmungsvermögen und erhöhtes Gewahrsein erlangt. Viele kleine Dinge scheinen sich zusammenzufügen oder von einem abzufallen. Sie sind einfach verschwunden, ohne daß man sich darum bemühen mußte. Dennoch erfüllt einen ein starkes, irgendwie unbehagliches Gefühl, eine Art furchtsamer Respekt. Akzeptieren Sie es. Betrachten Sie es als eine heilige Scheu. Fallen Sie nicht in Ihr früheres Verhalten zurück; denken Sie immer daran, daß Ihre Lauterkeit Sie schützt. Vertrauen Sie der höheren Macht. Lassen Sie Gefühle der Demut, der Ehrerbietung, der Hingabe zu. *Der Kreis – symbolisiert durch die Schlange – schließt sich.* Lassen Sie sich von Ihrer Intuition zu dieser Erkenntnis führen.

Ajna-Guru

Der Ajna-Guru kommuniziert von Geist zu Geist. Vielleicht haben Sie als Vorbereitung darauf im Traum eine Stimme zu sich sprechen hören oder Landschaften, Menschen oder Bilder gesehen. Schließlich erwacht die Fähigkeit, mit Hilfe des gleichen Wahrnehmungsvermögens auch im Wachzustand ohne Umweg über die Sprache zu sehen und zu hören. Dies ist nur möglich, wenn die Sprache unter Kontrolle ist. Die Zwiesprache mit dem höheren Selbst ist nicht das gleiche wie mentale Konversation, doch ein ähnlicher Prozeß. Die Antwort kommt von Ihrem eigenen höheren Selbst – oder aber auch von einem körperlosen Bewußtsein (einem Energiekonzentrat). Wenn das Bewußtsein den Körper verläßt, kann es sehen, was an einem bestimmten Ort vor sich geht. Auf diese Weise kann sogar ein Bild auf eine an diesem Ort befindliche Person projiziert werden, so daß diese es wahrnimmt.

Die sieben Chakras

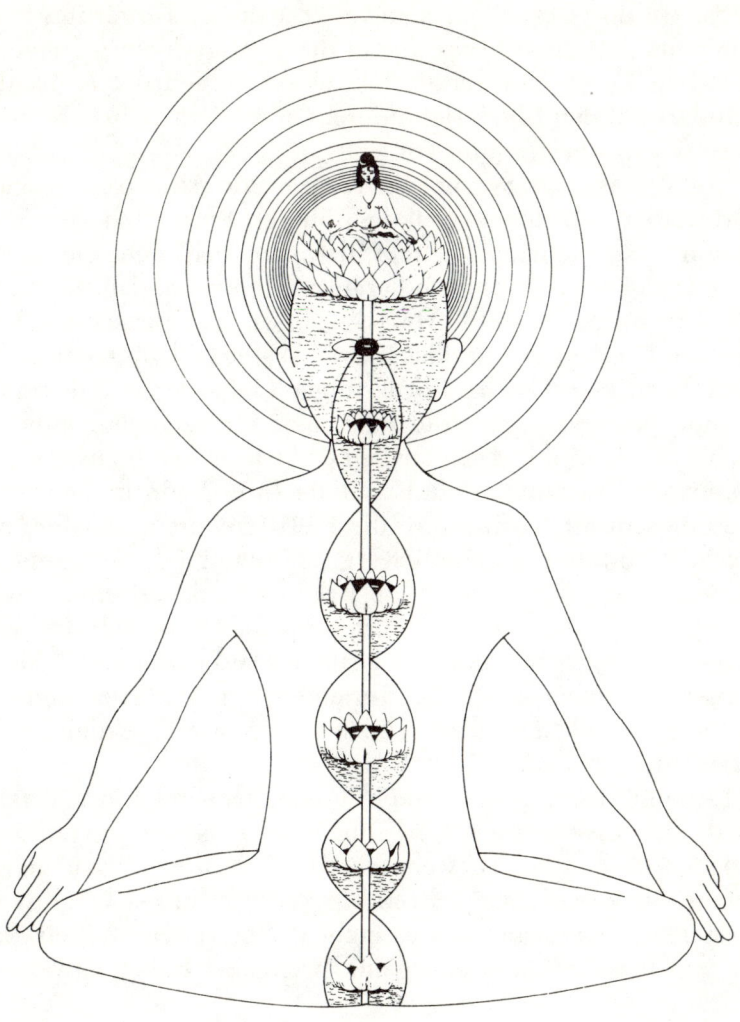

Ebenen des Bewußtseins
(Rückenansicht)

Dieser mentale Prozeß kann anhand des menschlichen Au-
ges veranschaulicht werden. Das Auge kann sich auf etwas
Nahes und auf etwas weit Entferntes einstellen. Nehmen wir
an, daß der Geist das gleiche kann, daß er sich auf etwas unmittelbar vor ihm Befindliches und auf etwas weit Entferntes richten kann. Auf diese Weise findet die geistige Kommunikation
zwischen Guru und Schüler statt. Wenn sich der Geist des
Schülers auf den Guru richtet, geht eine nicht wahrnehmbare
Bewußtseinsübertragung vor sich.

Amrita: Nektar und
Ambrosia

Das Amrita, das Symbol für Nektar und Ambrosia, ist kühl
und weiß; das bedeutet, daß die höheren Einsichten die Emotionen nicht mehr aufstacheln, daß man sich nicht gleich ein
Urteil bilden muß, sondern darauf warten kann, daß sich wahres Verständnis einstellt. Man ist achtsamer, aufgeschlossener,
von Dankbarkeit erfüllt. Das Kühle, Weiße bedeutet, daß keine
Gier, keine emotionalen Forderungen mehr die Gefühle reiner
Freude beeinträchtigen, die jetzt dem Herzzentrum entströmen. Diese Gefühle drücken die Dankbarkeit dafür aus, daß Ihr
höheres Selbst nun für die Erfüllung Ihrer Bedürfnisse sorgt.

In diesem Stadium nimmt die Liebe eine neue Qualität an,
die so fremd und unglaublich ist, daß man zu denken geneigt
ist: »Ich kann niemanden mehr lieben.« Es dauert einige Zeit,
bis man erkennt, daß es sich um reine Liebe handelt, frei von
jeder Ichbezogenheit und Selbstsucht. Das bedeutet, daß Sie in
einigen Bereichen allmählich Ihr eigener Herr werden und daß
Sie dem Mosaik, das Sie vollenden wollen, wieder einige Steine
hinzugefügt haben.

Allwissenheit

Es heißt, daß man an diesem Punkt allwissend und allsehend
wird. Die Allwissenheit wird Ihnen nicht als eine unverdiente
Gnade zuteil, sondern weil Sie das Fundament dazu gelegt
haben. Sie wissen, wieviel Sie tun mußten, um sich selbst zu
verstehen, und deshalb ist es nicht weiter verwunderlich, daß
Sie im Ajna-Chakra in bezug auf Ihr eigenes Leben allwissend
werden.

Erfahren des
Todeszeitpunktes

Sie werden den Zeitpunkt Ihres Todes erfahren – indem Sie
in einem Traum eine Botschaft empfangen oder Ihren eigenen
toten Körper sehen. Sie können bewußt den Entschluß fassen
zu sterben: »Ich hänge an nichts, und ich habe nichts mehr zu
tun. Ich werde mich von der Lebenskraft lösen.«

Allmählich werden Sie erkennen, daß Tod und Wiedergeburt durch das Gesetz von Ursache und Wirkung bedingt sind.
Was man Leben nennt, ist der Tag, und was man Tod nennt, ist

die Nacht. Jede Nacht ist eine Zeit des Wartens, in der Sie über die Wünsche, die Sie aus einem früheren Leben mitgenommen haben, nachsinnen und sie ausschmücken können. Denken Sie im Augenblick des Sterbens: »Ich bin noch nicht bereit zu sterben; ich habe dies und jenes noch nicht getan«, dann treiben diese Wünsche und Hoffnungen Sie in Umstände zurück, in denen Sie sie sich erfüllen können. Reicht ein Leben dazu nicht aus, dann werden Sie hundertmal und hunderttausendmal wiedergeboren. Jetzt ist es an der Zeit, in Ihrem Geist fest den Gedanken zu verankern: »Ich wachse immer weiter ins Licht.«

Sind Sie hinsichtlich Ihres eigenen Lebens allwissend geworden, dann verstehen Sie andere besser, denn die Menschen unterscheiden sich ihrem Wesen nach nicht sehr voneinander. Jeder Mensch hat sechs Sinne, und jeder menschliche Körper funktioniert nach den gleichen Gesetzen. Das ist der Grund, warum Sie allwissend sind. Sie können auch einen Teil Ihres Geistes benutzen, um andere anzuzapfen, wodurch Sie Zugang zum Geist anderer Menschen haben.

Jyotis heißt Licht. Es ist das Licht, das Ihnen zu höheren Visionen verhilft. Mit Hilfe des Lichts können Sie sehen, was andere Menschen an der Selbstverwirklichung hindert. Wenn Sie einen Traum betrachten, offenbart sich Ihnen der ganze Lebensweg des Träumers. Jyotis, das Licht, ist allsehend. Dieses Licht, das vom Muladhara-Chakra ausstrahlt, hat das Ajna-Chakra erreicht und erleuchtet nun den Geist. Wenn der Schüler das formlose und farblose Licht wahrnehmen kann, dann ist er imstande, die Persönlichkeitsaspekte aufzulösen, so daß die Energie für das spirituelle Wachstum eingesetzt werden kann.

Die mentale Kommunikation zwischen Guru und Schüler findet über dieses Licht statt. Das Üben der Anrufung des Göttlichen Lichts hat dazu beigetragen, Sie soweit zu bringen. Sie sind ein Yati geworden, ein fortgeschrittener Schüler, der seinen Geist bewußt auf den Guru richtet. Über den physischen Guru führt der Weg zum inneren Guru.

Das Bija, der Keimlaut dieses Chakra – OM (A-U-M) – ist der universale Laut, der die Lebenskraft repräsentiert. *Bija: OM*

Das Chandra-Mandala bedeutet Einblick ins Nirvana und symbolisiert die sechs Stadien des Samadhi. Die Göttin Shakti gewährt göttliches Wissen, das Verstehen der Botschaft der göttlichen Shastras (Schriften), symbolisiert durch das Buch, das Sie in der Hand hält. Die schöpferische Kraft des Muladhara-Chakra, zuvor in der Sexualität ausgedrückt, erreicht im *Chandra-Mandala*

Ajna-Chakra ihre höchste Form. Man kann ein Mantra erschaffen und es mit Kraft erfüllen. (Ein solches Mantra ist jedoch nicht so mächtig wie eines, das vor vielleicht fünfzigtausend Jahren erschaffen wurde und durch das Bewußtsein vieler selbstverwirklichter Wesen, die einem zu Hilfe eilen, wenn man strauchelt, am Leben erhalten wird.)

Die Große Leere   Es heißt, daß alle Devas der Großen Leere dienen. Die Große Leere ist nicht leerer Raum. Leeren Raum gibt es nicht. Auch im sogenannten Weltraum gibt es außer den Galaxien alle möglichen Kräfte und Strahlen. Das bedeutet, daß die Devas (die Götter und Göttinnen) dem Schüler auf allen Ebenen des Bewußtseins dienen, auch jenen außerhalb der drei Dimensionen, die wir mit Namen und Formen gefüllt haben.

Dreieck   Die Große Leere innerhalb des Dreiecks bedeutet, daß es dort keine für die Sinne wahrnehmbare Manifestation gibt. Die Kreativität ist nicht mehr physisch oder künstlerisch, sondern rein spirituell.

Göttin Hakini: Hakini, die Göttin dieses Chakras, ist schöpferisch und zer-
schöpferisch und   störerisch. Das heißt, daß alle Persönlichkeitsaspekte getötet
zerstörerisch   werden müssen, damit das höhere Selbst leben kann. Ohne Zerstörung des alten Menschen kann der neue nicht geboren werden.

Die Göttliche Mutter Shakti muß die Welt in Gang halten, damit eine Wiedergeburt möglich ist und alle Lektionen gelernt werden können, die noch nicht gelernt wurden. Wenn Sie alle Lektionen gelernt haben, dann werden Sie wahrhaft das Kind der Shakti und tun, was sie gebietet. Sie können auch ihr ergebener Diener sein und ihr alle Energie zum beliebigen Gebrauch zur Verfügung stellen.

Wenn Sie die Göttliche Mutter in Ihrem Geist erschaffen können, dann ist dies geistige Kreativität in ihrer höchsten Form. Doch Sie müssen sie auch erhalten und ihr freie Hand lassen. Sie erschaffen die Göttliche Mutter in allem, was von höchster Schönheit, von höchster Vollkommenheit, von höchster Versöhnlichkeit ist – in allem, was Sie in sich selbst zu verwirklichen bestrebt sind. Wenn Sie die Göttliche Mutter in Ihrem Geist erschaffen haben, lassen Sie sich von ihr mit Energie zur Zerstörung jener Persönlichkeitsaspekte erfüllen, die nicht in Übereinstimmung mit dieser allerhöchsten Schöpfung sind. Dadurch wird die Energie dieser Persönlichkeitsaspekte verfügbar, und Sie verwenden sie zur Erschaffung der Göttlichen Mutter, so daß das Erschaffene größer, schöner und seltsamerweise realer wird. Es kommt ein Zeitpunkt, da Ihre Schöpfung eigenes Leben annimmt. Deshalb müssen Sie mit größter Sorgfalt darauf achten, was Sie erschaffen und mit Leben erfüllen.

Aus diesem Grund sollten Sie nie Ihren Guru kritisieren, denn Sie verunstalten ihn dadurch mit den Schöpfungen Ihres Geistes. Der Guru hat andererseits, während er ein Guru wurde, die Gewohnheit entwickelt, in anderen nur das Göttliche zu sehen und das Negative nicht zu beachten. Zur Förderung des spirituellen Potentials eines Schülers setzt er seine höchsten schöpferischen Fähigkeiten ein und benützt dazu die dem Muladhara-Chakra entspringende Energie.

Die zwei Lotosblütenblätter symbolisieren das Zusammenwirken zweier Kräfte. Man kann sie mit zwei Reiskörnern vergleichen, in denen die Kraft komprimiert ist, doch meist ungenutzt bleibt. Die folgende Übung wird Ihnen diesen Sachverhalt verdeutlichen. Nehmen Sie ein Reiskorn in die Hand und schauen Sie es an; halten Sie dabei die Augen offen, bis sie fast tränen. Durch diese Übung erwerben Sie die Fähigkeit, Auras zu sehen, keine farbigen Auras, sondern die weiße Aura des Lichts. Nehmen Sie nun das Reiskorn zwischen zwei Finger und halten Sie es gegen den Himmel.

Zwei Lotosblütenblätter

Richten Sie Ihren Geist auf die Kraft von Shiva (der jetzt als Shakta bezeichnet wird) und Shakti. Shakta/Shakti ist die Quelle Brahmas, zu dem ständig ein Strom von Nektar und Ambrosia fließt. Die Shakti ist Kraft und der Shakta ist die Quelle der Kraft – die Quelle des Lichts, das Licht selbst. Doch die Quelle kann nicht entdeckt werden, solange sie nichts ausstrahlt. Wenn Licht strahlt, dann muß es eine Quelle geben, aus der diese Energie strömt. Beides muß zusammen gesehen werden. Ebenso ist es bei dem Reiskorn. Ohne Energie kann es nicht keimen. Vielleicht können Sie die Energie als eine Aura von Lebenskraft sehen. Versuchen Sie, das Korn und die Lebenskraft als Einheit zu sehen. Hier handelt es sich nicht mehr um ein Symbol: Was Sie sehen, ist die eine Kraft: Shakta/Shakti.

Shakta/Shakti ist der ständige Strom von Lebensenergie und Amrita (Nektar und Ambrosia), der zu dem um Erkenntnis bemühten Schüler fließt.

Wenn die Shakti schöpferisch sein möchte, dann teilt sie sich. Zur Rechten Bindu, männlich – Ham; zur Linken Visarga, weiblich – Sa. Sie teilt sich in viele Einzelaspekte. Deshalb bin

Bindu

ich als Schöpfer auch Shakti. Hamsa, die Kombination von Männlichem und Weiblichem, kann nicht mit »Ich bin Er« oder »Ich bin Sie« übersetzt werden, sondern nur mit »Ich bin Das. Das bin Ich« – entfaltete und nicht entfaltete Kraft in einem.

Skakti Hakini

Shakti Hakini hat sechs Köpfe und sechs Arme. Die Kraft des Geistes ist so groß wie die eines sechsfachen Geistes – geistige Kraft in ihrer höchsten Potenz. Ebenso drücken die sechs Arme aus, daß die praktische Leistungsfähigkeit die normalen Grenzen überschritten hat.

Damaru,
die Trommel

Einer der Gegenstände, die Shakti Hakini hält, ist die Trommel (Damaru). Das Leben in seinem pulsierenden Rhythmus geht weiter. Man kann sich vieles einreden, und es gibt viele Versuchungen. Lassen Sie sich nicht täuschen.

Khatvanga, der
Stab mit dem
Totenschädel

Der hier wieder erscheinende Totenschädel drückt das gleiche aus wie zuvor – Leere des Geistes. Es wäre ein großer Fehler, die Gewohnheit des Geistes, fortwährend zu interpretieren, beizubehalten. Es ist nicht wichtig, neue Dinge zu lernen, sondern den göttlichen Nektar in sich aufzunehmen, so wie der Körper aus der Nahrung dasjenige aufnimmt, was er braucht. Nektar und Ambrosia sind die spirituelle Nahrung (die intuitiven Einsichten), die aufgenommen – nicht analysiert und beurteilt – werden muß.

Mala

Die Mala zeigt, daß das Üben des Mantras dazu geführt hat, daß seine Kraft sich nun selbst erzeugt. Was ist diese sich selbst erzeugende Mantra-Kraft? Richten Sie den Blick auf die Vara (da)-Geste, die Gunst (Wohltaten) gewährende Geste. Stellen Sie im Geist die Frage und warten Sie. Die Göttin hat versprochen, daß Sie entsprechend Ihren Fortschritten auf dem Pfad des Kundalini-Yoga Wohltaten empfangen werden.

Vara(da)-Geste

Abhaya

Die Abhaya-Geste der Shakti Hakini bedeutet, daß jetzt durch vollkommenes Wissen alle Ängste zerstreut werden. Wenn man die Bewußtseinsebene des sechsten Chakras erreicht hat, braucht man nie mehr wiedergeboren zu werden, sondern bewegt sich immer weiter auf das Licht zu. Durch Kontrolle des Geistes wird nun Vollkommenheit erlangt.

Zwei Blütenblätter

Die zwei Blütenblätter des Ajna-Chakras werden manchmal mit der Hypophyse und der Zirbeldrüse in Zusammenhang gebracht. Dieser Zusammenhang ist jedoch nicht medizinischer Art.

Hypophyse und
Zirbeldrüse

Einige Schulen betrachten die Zirbeldrüse als Sitz des Gedächtnisses, das ein Fluch oder ein Segen sein kann – ein Segen,

Shakta (Shiva)/Shakti
In göttlicher Vereinigung
(Sammlung der Autorin)

wenn wir uns an frühere Fehler erinnern, ein Fluch, wenn es uns daran hindert, etwas Neues zu lernen. Der Geist interpretiert alles aufgrund des im Gedächtnis der Zirbeldrüse gespeicherten Wissens. Auf dieser Intelligenzebene können, wenn dies wichtig ist, Erinnerung an frühere Existenzen aus dem Gedächtnis aufsteigen, ja sogar Erinnerungen an vergangene Ereignisse aus der Weltgeschichte.

Die Hypophyse wird auch die »Hauptdrüse« genannt, weil durch sie, wie die alten Yogis sagen, der gesamte Körper und der Geist auf allen ihren Ebenen neu aufgeladen werden können. Hier hat die göttliche Mutter Shakti den größten Energievorrat für den täglichen Gebrauch des Schülers angelegt. Bildlich ausgedrückt stellt die Zirbeldrüse eine Art Registratur mit einem riesigen Fassungsvermögen, doch ohne Unterscheidungsfähigkeit dar. Sie speichert Daten und gibt diese auf Anforderung frei. Diesen Teil des Geistes, der nicht fähig ist, logisch zu denken und Folgerungen zu ziehen, könnte man den »subjektiven« Geist nennen, während die Hypophyse als der »objektive« Geist betrachtet werden kann, der die objektive Welt in Begriffe und Ideen faßt. Der objektive Geist kontrolliert die fünf Sinne und ist fähig, logisch zu denken.

Subjektiver und objektiver Geist

Verbunden sind die zwei Blütenblätter durch einen vollständigen, vollkommenen Kreis. Zwischen beiden herrscht Gleichgewicht, so daß die Kontrolle dem Selbst überlassen werden kann, das ebenfalls in sich vollkommen ist. Der Yogi nennt dies »in seinem eigenen Atman ruhen«, was soviel bedeutet wie »aus der wahren Mitte heraus leben«. Der männliche und der weibliche Aspekt sind als Einheit dargestellt. Der goldene Punkt symbolisiert die Essenz der Energie, die die beiden Blütenblätter zusammenhält und sie in vollkommenem Gleichklang zusammenwirken läßt.

Der Kreis in der Mitte

Bindu, die Essenz der Energie

Es ist nicht einfach, dieses vollkommene Gleichgewicht zu erreichen. Der objektive Geist bedarf eingehender Schulung, um ordnen zu können, was der subjektive Geist aufnimmt und in seiner Registratur sammelt. Seine Aufgabe besteht einfach darin, korrekt zu registrieren und keinerlei Interpretation durch den objektiven Geist zuzulassen. Es ist überaus schwierig, den Geist zu erforschen und seine Funktionsweise zu verstehen, denn dazu muß der Geist sich selbst beobachten. Den Geist im Zaum zu halten, nachdem wir ihm in allen unseren Leben gestattet haben, alles, was durch ihn hindurchging, zu interpretieren, ist äußerst schwer.

Vollkommenes Gleichgewicht

Wenn der objektive Geist die Fähigkeit besitzt, logisch zu denken, jedoch in den ersten Stadien nicht zwischen Logik und Intuition unterscheiden kann, dann muß er geschult und entwickelt werden. Ein möglicher Weg wäre, das Fundament zu legen und den Charakter zu bilden. Im zweiten Stadium müßte eine spirituelle Schulung hinzukommen. Und die Kombination von beidem führt zu einem Wissen, das »göttlich« genannt werden kann. Zwar sind schon viele Theorien über den Geist entwickelt worden, doch alle weisen erhebliche Lücken auf, und zahlreiche Interpretationen sind von geringem Nutzen. Ebenso wie in der Wissenschaft kann ein völlig neuer Beginn, eine ungeheuerlich erscheinende Hypothese, ein besserer Ausgangspunkt sein als eine einfache Neuinterpretation bestehender Ideen.

Stadien der Entwicklung

Der subjektive Geist verfügt über ein riesiges Reservoir an Fakten, doch seine Fähigkeit, diese zu bewerten, ist beschränkt. Wenn man sich dessen bewußt wird, befällt einen unter Umständen Angst. Diese Angst ruft der objektive Geist hervor, der nicht weiß, was er mit dem Material anfangen soll. Eben dieser Mangel an Wissen über die Funktionsweise des subjektiven Geistes schafft viele Probleme. Suggestionen und Hypnose sind nur möglich, wenn der objektive Geist irgendwie gedämpft wird. Deshalb ist es notwendig, dieses vollkommene Gleichgewicht zu erlangen, das den objektiven Geist in die Lage versetzt, mit dem Material, das im subjektiven Geist gespeichert ist, richtig umzugehen.[10]

Übungen für das Ajna-Chakra

Die Pranayama-Übungen, die zu geistiger Ausgeglichenheit geführt haben, werden jetzt mit der Maha-Mudra kombiniert. Die Wirkung des Hamsa breitet sich im ganzen Körper aus, und die Yoni-Mudra, eine bei allen Yogis und Siddhas in hohem Ansehen stehende Übung, wird praktiziert. Durch den Hamsa wird der Siddha mit dem Prana vereinigt. Der Schüler, der die Zeit seines Todes weiß, bringt Prana in die Wohnstätte Vishnus (das Ajna-Chakra) und stirbt.

Die Yoni-Mudra oder »Schließung des Hauses« sollte mit dem richtigen Verständnis und ohne Erwartung irgendwelcher sensationeller Geschehnisse durchgeführt werden.

Yoni-Mudra:
Schließen des
Hauses

Sitzen Sie aufrecht, Hals und Kopf in einer geraden Linie. Legen Sie die linke Ferse an den Anus, die rechte Ferse auf den linken Fuß. Ziehen Sie mit gespitzten Lippen Luft ein. Schließen Sie fest die Ohren, indem Sie die Ohrläppchen mit den Daumen in die Öffnungen drücken, so daß alle äußeren Geräusche ausgeschlossen werden. Dies soll Sie darauf hinweisen, daß auch alle inneren Geräusche verstummen müssen. Schließen Sie mit den Zeigefingern die Augen, damit Sie sie nicht bewegen und keine inneren Bilder produzieren. Durch Schließung der Nasenlöcher mit den Mittelfingern wird auch der Geruchssinn ausgeschaltet. Legen Sie die kleinen Finger auf die geschlossenen Lippen. Dies soll Sie daran erinnern, Mauna oder Schweigen zu bewahren. Die Tore der Sinneswahrnehmung sind nun alle geschlossen; und der Geist kann sich auf das Allerhöchste richten. Rezitieren Sie im Geist den Hamsa (Ajapa-Mantra).

Maha-Mudra

Eine andere Übung, die, zusammen mit Kundalini-Pranayama (Kriya) täglich durchgeführt werden sollte, ist die Maha-Mudra. Die Erteilung von Anweisungen für diese Art von Übungen durch den Guru wird oft Initiation genannt. Jeder Schüler muß sich über die Bedeutung des Begriffs »Initiation« sowie anderer wichtiger Begriffe im klaren sein. Initiationen finden auf vielen Ebenen statt, und es hängt stark von dem Übenden ab, wieviel Kraft er daraus bezieht.

Vorbereitende
Übungen für
dieMaha-Mudra

Die folgenden Übungen dienen der Vorbereitung auf die Maha-Mudra.

1. Legen Sie die Hände so aneinander, daß sie eine Röhre bilden.
   Saugen Sie durch den Mund Luft ein.
   Spüren Sie, wie die kalte Luft in Ihre Wirbelsäule und bis zu ihrem unteren Ende strömt.
   Blasen Sie warme Luft durch die Hände.
   Spüren Sie die warme Luft in Ihrem Mund und lassen Sie sie wieder in die Wirbelsäule strömen.

2. Nehmen Sie den Schulterstand ein und strecken Sie die Beine so weit wie möglich nach oben aus. Senken Sie den Körper jetzt langsam, wobei ein Wirbel nach dem anderen den Boden berührt. Stellen Sie sich bildlich Ihre Wirbelsäule vor, während Sie die Übung im Geist wiederholen.

Imaginieren Sie in ihrer Mitte ein leeres gläsernes Rohr und füllen Sie dieses mit Licht.

Sitzen Sie aufrecht auf dem Boden. Legen Sie wieder die linke Ferse an den Anus. Strecken Sie das rechte Bein nach vorn aus. Beugen Sie sich vor und haken Sie den Zeigefinger um die große Zehe des rechten Fußes. Legen Sie die linke Hand auf die linke Hüfte. Konzentrieren Sie sich auf die Stelle zwischen den Augenbrauen und legen Sie die Zunge hinter die oberen Schneidezähne. Atmen Sie ein und lassen Sie die kühle Luft in die Wirbelsäule fließen. Dabei sollte ein leises Ah-ah zu hören sein. Atmen Sie durch die zusammengebissenen Zähne mit einem leisen Ih-ih aus. Spüren Sie, wie warme Luft durch die Wirbelsäule aufwärts fließt. Wechseln Sie jetzt die Beine und strecken Sie das linke nach vorn aus. Führen Sie die obigen Anweisungen noch einmal durch. Machen Sie die Übung sechsmal links und sechsmal rechts.

Strecken Sie jetzt beide Beine nach vorn aus. Haken Sie beide Zeigefinger um die großen Zehen und wiederholen Sie die Übung.

Nehmen Sie zum Abschluß Padmasana oder Siddhasana ein und legen Sie die Hände oberhalb der Knie auf die Oberschenkel, so daß Sie leicht vorgebeugt sitzen, das Kinn auf der Brust. Atmen Sie auf die gleiche Weise wie zuvor sechsmal ein und aus.

Diese Übung wird auch »Meditation auf den Regenbogen« genannt. Sie soll dazu verhelfen, bei gleichzeitiger Entspannung das Gewahrsein zu steigern. Im Regenbogen vermischen sich sämtliche Farben miteinander. Die Bedeutung der verschiedenen Farben der Chakras sollte dem Schüler bekannt sein, damit sie sich miteinander vermischen können. Nur »große Wesen«, heißt es, können über den Regenbogen gehen.

Meditation auf den Regenbogen

Der Geist

Was ist der Geist?

Was ist dieser Geist, der uns gefangenhalten kann und der dennoch von so strahlendem Licht erfüllt sein kann? Es ist, als bestünde er aus zwei Teilen, die nichts miteinander gemein haben. Können wir den Teil, der uns gefangenhält, verlassen? Können wir aus dem alten, gewohnten Bereich hinaus gelangen und immer im Licht bleiben? Vielleicht können wir in neue, ungeahnte Sphären emporsteigen.

Was ist dieser Geist, der so gebieterisch für alles eine Erklärung fordert, obwohl doch nichts erklärt, alles nur erfahren werden kann? Kann der Geist verstehen, was das Herz weiß?

Der Geist ist formlos

Der Geist hat keine Form. Er ist eine Emanation wie die Strahlen der Sonne. Wie Strahlen bewegt er sich in alle Richtungen. Der Geist ist ohne Farbe, ohne Form, mit Worten nicht zu beschreiben. Um ihn zu begreifen, muß man sich fragen: »Was ist der Geist? Was verstehe ich unter diesem Wort?« Es ist wichtig, daß man die Worte, die man benützt, versteht, denn ein Wort ist mehr als ein komplexes Geräusch, mehr als eine Gruppe von Buchstaben – es drückt eine Idee aus oder eine ganze Reihe von Ideen.

Geist und Bewußtsein

Sind zum Beispiel Geist und Bewußtsein dasselbe? Sind diese Wörter austauschbar, oder sind mit jedem Wort bestimmte Bedeutungen verbunden und bezeichnen sie etwas jeweils Verschiedenes? Besitzt jedes dieser Wörter nur eine oder mehrere Bedeutungsebenen?

Das Gehirn, ein körperliches Organ, ist der Sitz des Geistes. Können Sie klar definieren, was der Geist ist? Oder wie er funktioniert? Welches Maß an Energie ist erforderlich, um zu denken oder Gedanken in Worte umzusetzen?

Bewußtsein: eine Brücke zwischen zwei Welten

Was also ist Bewußtsein? Bewußtsein ist ein Phänomen, für das es noch keine allgemeingültige Erklärung gibt. Betrachten Sie das Bewußtsein als eine Brücke zwischen der Welt des täglichen Lebens und der Welt des Absoluten. Durch Kundalini-Yoga wird das intuitive Wahrnehmungsvermögen freigelegt, das durch die Gewohnheit, das Abstrakte zu konkretisieren und dadurch faßbar zu machen, verschüttet wurde.

Der Geist ist ein Ausdruck oder Merkmal des Bewußtseins. Er hat nur zum begrenzten dreidimensionalen Bewußtsein Zugang, während das Bewußtsein selbst unbegrenzt ist. Außergewöhnliche Bemühungen sind erforderlich, um den Geist instand zu setzen, in eine weitere Dimension vorzudringen, ohne daß er in seinen eingebildeten Grundfesten erschüttert wird. Deshalb gibt es keine Möglichkeit, das für den Geist nicht Faßbare sprachlich auszudrücken. Hier schweigt der Yogi – es gibt keine andere Wahl.

Im Osten wird der Geist als sechster Sinn betrachtet. Ebenso wie die Eigenschaften der anderen Sinne müssen auch die des Geistes betrachtet und erforscht werden.

Geist: der sechste Sinn

Das Leben wird durch die Sinne wahrgenommen, und der Geist interpretiert das Wahrgenommene. Deshalb ist es notwendig, die unglaublichen Fähigkeiten und Kräfte des Geistes, seine Kreativität und den Einfluß dieser Faktoren auf die Interpretation zu verstehen. Daran wird im täglichen Leben sehr wenig gedacht; ebensowenig daran, daß immer die Wahl zwischen verschiedenen Möglichkeiten besteht. Dies ist sehr wichtig und sollte bei allen menschlichen Interaktionen berücksichtigt werden.

Der Geist interpretiert

Das Bedürfnis nach Sicherheit hindert uns daran, unsere alten Grenzen zu überschreiten und uns auf die Suche nach neuen Bereichen und größeren Möglichkeiten zu machen. Die Wissenschaft ist fasziniert von der Idee eines Sieges des Geistes über die Materie, erkennt jedoch Beweise dafür nicht an, weil diese althergebrachte Vorstellungen zerstören würden. Es gibt nur wenige, die ernsthaft bestrebt sind, den Geist zu erforschen, die bereit und willens sind, Risiken auf sich zu nehmen und sich über die mentalen und emotionalen Bedürfnisse nach Sicherheit und Anerkennung zu erheben. Die Formung und Entwicklung des Geistes ist eine große Herausforderung. Wenn man die Existenz einer anderen Dimension nie in Erwägung gezogen hat, kann es tatsächlich schockierend sein, eine solche jenseits des Normalen liegende Erfahrung zu machen. Jeder Schüler geht durch solche »Höllen«, denn er muß jede mentale und emotionale Sicherheit aufgeben, um die allgemein akzeptierten Grenzen des Geistes überschreiten zu können. Oft scheint es, als sei der Pfad nicht zu bewältigen. Er wird nicht leichter, je weiter man ihn geht, doch im Lauf der Zeit wächst die Erkenntnis, daß das, was man abgeworfen hat, eine unnötige Last war. In einer schönen alten Geschichte sagt Krishna zu Radha: »Du mußt nackt und furchtlos zu mir kommen«, das heißt, ungeschützt und ohne alle vorgefaßten Meinungen oder Vorurteile. Dieses Aufgeben aller Ansichten, das einen, wenn man beharrlich an sich weiterarbeitet, immer »leerer« werden läßt, ist tatsächlich wie eine völlige Entblößung.

Bedürfnis nach Sicherheit

Aufgeben aller Meinungen

Es ist deshalb ratsam, am Anfang erprobte Wege zu gehen. Durch jene, die dies getan haben, wurde der Pfad für die ihnen Folgenden abgesteckt. Es ist klar, daß sich im Lauf eines Entwicklungsprozesses Ansichten und Meinungen verändern. Was man jetzt denkt, kann in drei Jahren oder auch schon in drei Monaten wertlos sein. Sie werden gewachsen sein; Sie werden sich entwickelt haben; Ihr Gewahrsein wird sich erhöht haben; Sie werden eine höhere Erkenntnisebene erreicht haben.

Keine endgültigen
Schlüsse ziehen

Auf keiner Ebene können irgendwelche endgültigen Schlüsse gezogen werden, denn wenn wir das Leben betrachten, sehen wir, daß die uralte Erkenntnis heute ebenso zutrifft wie in längst vergangenen Zeiten: »Nichts ist von Dauer.« Aus einem Schlafwandler, einem hypnotisierten, konditionierten Wesen möchten Sie sich in einen wachen, bewußten Menschen verwandeln. Der Kundalini-Yoga hat den Zweck, Sie aus Schlaf und Unwissenheit zu erwecken und Sie während eines Lebens von möglichst vielen Begrenzungen zu befreien, damit Sie das hohe Ziel kosmischen Bewußtseins erreichen.

Der Geist ist vielschichtig wie ein Gebirge. Er ist ein Universum im kleinen – und das Universum ist eine Ausdehnung des Geistes.

Aspekte des Geistes

Es gibt eine bewußte, eine unterbewußte und eine überbewußte Ebene des Geistes, und er hat sensualistische, rationale und intuitive sowie kosmische, unendliche und universale Aspekte. Die Gesetze der Assoziation, der Kontinuität und der Relativität sind in ihm wirksam. Allen diesen Aspekten des Geistes wohnen drei »Gunas« oder wesentliche Eigenschaften inne: Sattva (Reinheit), Rajas (Aktivität, Leidenschaft) und Tamas (Trägheit, Unwissenheit).

Der sattvische Geist

Um den sattvischen Aspekt des Geistes zu begreifen, muß man klären, was man unter einem reinen Geist versteht, in welcher Beziehung er zum Leben steht beziehungsweise mit welchem seiner Dinge. Der sattvische Geist ist der ungefärbte Geist, der gleichgültig, wunschlos und leidenschaftslos ist und die Fähigkeit besitzt, sich dem hinzugeben, was ist. Er gestattet einem, das Glück anderer mit Freude zu betrachten.

Der rajasische Geist

Der rajasische Aspekt des Geistes äußert sich in mentaler Aktivität, in den unbegrenzten Möglichkeiten des Geistes, zu erschaffen und zu zerstören, und in seiner leidenschaftlichen Vorliebe für bestimmte Dinge. Wieder sind Unterscheidungsvermögen und neue Entscheidungen vonnöten. Das Bedürfnis nach »ständiger Unterhaltung« muß kontrolliert werden, damit sich der Geist vom rajasischen in den sattvischen Zustand erheben kann.

Der tamasische Geist ist von Trieben und Wünschen beherrscht. Man muß sich innerlich mit den Begriffen Dunkelheit und Trägheit auseinandersetzen, um sie voll zu verstehen. Triebhaftigkeit ist gleichbedeutend mit Unwissenheit und Finsternis. Der mit Bewußtsein ausgestattete Mensch ist dazu bestimmt, aus dem Dunkel ins Licht aufzusteigen.

Der tamasische Geist

Selbstsucht trübt den Verstand. Für einen selbstsüchtigen Menschen ist ein klarer Geist unerreichbar. Deshalb ist es äußerst wichtig, jede Selbstsucht auszumerzen. Ohne Selbstbeherrschung und Unterscheidungsvermögen kann der sattvische Geist niemals erlangt werden.

Selbstsucht

Alles entsteht im Geist. Bewußte geistige Aktivität ist die Ursache unbewußter geistiger Aktivität. Alles wird durch den Geist erschaffen, und so werden auch alle Ansichten im Geist geboren. Ansichten fügen sich zu einem System zusammen, aufgrund dessen der Geist sich seine Urteile bildet. Doch der Geist kann sich durch seine vorgefaßten Meinungen auch unnötige Grenzen auferlegen. Ein Geist, der frei von Meinungen und Programmen ist, der nicht zwanghaft interpretiert, ist rein und weiß und hat den sattvischen Zustand erreicht.

Vorgefaßte Meinungen

Was bedeutet: »Alles wird durch den Geist erschaffen«? Da ist einmal der einzelne Geist des Menschen, der seine eigene Welt erschafft – etwa ein Geschäftsmann, der nach seinen Vorstellungen sein Geschäft aufbaut. Doch es gibt auch kollektive geistige Schöpfungen, denn Menschen, die miteinander in Kontakt stehen, beeinflussen sich gegenseitig. Man kann sagen, daß die Welt, wie sie heute ist, durch die vereinten geistigen Bemühungen vieler Menschen erschaffen wurde. Wir sind in weit größerem Maß Herr unseres Schicksals, als wir denken.

Der erschaffende Geist

Die meisten Menschen sind sich der Fähigkeiten ihres Geistes überhaupt nicht bewußt. Der Geist bedarf der Anregung und Schulung, wenn er wachsen soll, denn ohne die richtige Ernährung und Betreuung verkümmert er. Ein gesunder, leistungsfähiger Geist ist für die menschliche Evolution ebenso wichtig wie ein gesunder Körper.

Entwicklung des Geistes

Wenn er sich über seine Wertmaßstäbe im klaren ist, besitzt der Geist alle Energie, die er braucht. Ein gesunder Geist verfügt über genügend Urteilskraft, um zwischen eigensüchtigem Verhalten und Handlungen zum Wohl anderer zu unterscheiden.

Geistige Energie

Intelligenz

Die Fähigkeiten des Geistes haben sich in Tausenden von Jahren herausgebildet. Eigenschaften wie Intelligenz entwickeln sich gemäß ihres Wertes für das Überleben des einzelnen. Intelligenz drückt sich auf vielerlei Weise aus: in der Fähigkeit, Begriffe zu bilden, zu interpretieren und zu verallgemeinern, Zusammenhänge zu sehen und assoziativ zu denken, Erinnerungen zu speichern und wieder abzurufen. Wir sind es uns selbst schuldig, von allen unseren intellektuellen Fähigkeiten Gebrauch zu machen.

»Selbsterkenntnis macht frei.« Der Geist reagiert auf den kleinsten Reiz, weshalb er so schwer zu kontrollieren ist – doch man kann sich darin üben, ihn zu führen und zu lenken. Ein ungezügelter Geist vergeudet viel Energie, so daß der ganze Mensch geschwächt wird, körperlich wie mental. Ein konzentrierter Geist hingegen ist sich seiner Energie bewußt und bestrebt, sie zu vermehren.

Ein ziellos umherschweifender Geist ist gefährlich. Er kann ohne ersichtlichen Grund in Erregung geraten. Deshalb muß der Geist ständig beobachtet werden. Der Schüler darf sich nie dem »Schlaf« hingeben; er muß ständig wachsam sein, aus dem Beobachteten lernen, die Gesetze erkennen, denen er unterworfen ist, Kontrolle über seinen Geist gewinnen und ihn lenken. Dieses ständig wachsende Gewahrsein befreit den Schüler allmählich von mechanischem Denken und Handeln.

Geistige Hintergrund-geräusche

Der Schüler wird sich der »geistigen Hintergrundgeräusche« bewußt, der Tausenden von Gedanken, auf die der »Schlafwandler« nicht achtet. Mechanisch wiederholte Leitsätze haben einen unglaublichen Einfluß auf das Leben jedes Menschen. Wenn solche Einflüsterungen aus einer äußeren Quelle kommen – einem anderen Menschen, dem Fernsehen, dem Rundfunk und so weiter –, dann laufen selbst sehr intelligente Menschen Gefahr, ihre Individualität zu verlieren und fremde Ansichten zu übernehmen.

Fallen des Geistes

Der Geist kann sehr hinterlistig sein. Er kann Fallen stellen und Erinnerungen zu seinen Gunsten verfälschen. Anfangs kann es schwierig sein, dies zu erkennen, doch durch ständiges Gewahrsein, das durch tägliche Innenschau erworben wird, kann man es entdecken. Nun kann man den Verzögerungstaktiken eines von weltlichen Wünschen erfüllten Geistes entgegentreten. Die Auswirkungen starker Wünsche müssen erkannt werden. Ein gutes Beispiel dafür ist der Entschluß, die spirituelle Arbeit auf den nächsten Tag zu verschieben. Tut man dies immer wieder, so deutet es auf die Neigung, »das Ganze im nächsten Leben zu erledigen«. Nur ein tamasischer Geist erkennt nicht, daß auf diese Weise schon ein paar hundert oder vielleicht gar ein paar tausend frühere Existenzen sinnlos vertan worden sind.

Befreiung kann *tatsächlich* in einem einzigen Leben erlangt werden. Das sieht man am Beispiel des tibetischen Yogi Milarepa. Auch die heutigen Yogis weisen darauf hin, daß dies möglich ist. Die Mühe, die dafür aufgewandt werden muß, ist enorm, doch das Ergebnis ist unbeschreibliche Ekstase.

Befreiung während eines Lebens

Kräfte des Geistes

Durch tägliche Innenschau hat der Schüler erkannt, in welchen Bereichen er stark konditioniert ist. Die alten Schriften sagen uns, wie man sich durch Konzentration, Meditation und Kontemplation (Chitrini, die drei in einem) von allen Konditionierungen befreien kann. Die Voraussetzungen dafür sind Willenskraft, die Fähigkeit, klar zu denken, Aufmerksamkeit, Hingabe und Loslassen.

Befreiung von Konditionierungen

Am Anfang steht die Auswechslung alter Ideen gegen neue, denn nur auf diese Weise lernt der Mensch. Dies geht am leichtesten vor sich, wenn man eine starke Abneigung gegen seine Konditionierungen entwickelt und das Ziel klar erkennen kann. An die Stelle von getrübtem Denken tritt dann klares Erkennen (Hellsehen, Hellhören).

Hypnose ist ein Geisteszustand, der richtig verstanden werden muß. Obwohl die einzelnen psychologischen Schulen diesbezüglich unterschiedlicher Auffassung sind, sei hier auf einige wichtige Punkte hingewiesen.

Hypnose

1. Man kann jemanden hypnotisieren, ohne ihn in einen Trancezustand zu versetzen.
2. Es wird dabei kein »magnetisches Fluidum« vom Hypnotiseur auf die Versuchsperson übertragen.
3. Körperlicher Kontakt ist nicht notwendig.
4. Ein Rapport zwischen dem Hypnotiseur und der Versuchsperson ist nicht erforderlich.
5. Man kann sich selbst ohne Hilfe einer anderen Person in Hypnose versetzen und sich auch posthypnotische Suggestionen erteilen.

6. Es bedarf keinerlei äußeren Beiwerks, um eine Hypnose herbeizuführen. Emotionsgeladene Worte oder Suggestivfragen haben eine hypnotische Wirkung, ebenso sich ständig wiederholende Gedanken.

7. Seltsamerweise ist die Nichtbereitschaft der Versuchsperson kein Hindernis. Plötzliches autoritäres Verhalten kann eine starke hypnotische Wirkung haben. Viele Menschen sind Schlafwandler – sie fallen von selbst in einen tranceartigen Zustand und sind deshalb sehr leicht zu hypnotisieren. Die Wiederholung hypnotischer Anweisungen ist besonders vor oder nach dem Einschlafen wirksam. Fast jeder Mensch kann in diesem Zustand von einem anderen hypnotisiert werden.

8. Hypnose kann nicht zu Samadhi oder einem höheren Bewußtseinszustand führen, denn das Ziel von Yoga ist Befreiung, ein Zustand, in dem das Bewußtsein frei ist.

9. Hypnose ist kein Allheilmittel, kann aber unter bestimmten Umständen von großem Nutzen sein.

Selbsthypnose

Auch Selbsthypnose kann nicht zur Befreiung führen, weil sie keinen Zustand erhöhten Gewahrseins darstellt. Die alten Schriften weisen darauf hin, daß das reine Bewußtsein (Purusha) auf keinerlei Reize reagiert. Mit sich selbst laut oder im Geist zu reden, was viele Menschen gewohnheitsmäßig tun, ist schon eine Art von Autosuggestion oder Selbsthypnose.

Bereits die ersten Übungen für die fünf Sinne dürften die Macht der Suggestion bewiesen haben. So kann zum Beispiel ein besonders angenehmer Geruch bewirken, daß einem das Wasser im Mund zusammenläuft. Oder wenn man lange genug auf seine Hand starrt und sich dabei vorstellt, daß eine Mücke einen sticht, kann dies Jucken und eine Schwellung hervorrufen.

Körperliche Suggestionen

Da der Körper sein eigenes Bewußtsein besitzt, kann er dem Geist Ideen eingeben. Wenn man irgendwo Schmerz verspürt, dann denkt man sofort, es liege eine physische Störung vor. Im Yoga werden diese körperlichen Suggestionen mittels der Mudras bewußt eingesetzt. Die Maha-Mudra, die größte und wirkungsvollste Mudra, wirkt sowohl durch die subtile Suggestion von Körperstellungen wie durch bestimmte Fingerhaltungen. Die durch die Mudrastellung oder -haltung ausgedrückte Bedeutung übt eine subtile Wirkung aus und gemahnt an die Bestrebungen des Yoga.

Das ganze Leben kann als eine ununterbrochene Folge von Suggestionen betrachtet werden. Selbst die Reinlichkeitserziehung des Kindes bedingt eine strengere Programmierung als die eines Yogi, der Daumen und Zeigefinger aneinanderlegt und dies mit dem Gedanken verbindet: »Ich vereinige mich mit dem Allerhöchsten«.

Bestimmte Farben werden als warm oder kalt empfunden. Sie sind es nicht in Wirklichkeit: Wir nehmen sie so wahr, weil uns irgendwann einmal gesagt wurde, sie besäßen diese Eigenschaften. Wir haben die suggerierte Bedeutung verinnerlicht – ebenfalls eine Art von Hypnose. Die Art und Weise, wie unser Name ausgesprochen wird, kann eine weite Skala von Emotionen von Furcht bis zu schwärmerischer Erwartung ausdrücken. Die uns umgebende Natur – ein grauer Himmel, ein regnerischer Tag, warmer Sonnenschein, glitzernder weißer Schnee, eine trockene Wüste – wirkt auf uns ein und übt aufgrund von Assoziationen einen hypnotischen Einfluß aus.

Assoziationen: suggerierte Bedeutungen

Was wir mit unseren Augen oder Ohren wahrnehmen, hat eine besonders starke Suggestivkraft, die man geschäftlich sehr gut zu nützen versteht (Werbung im Rundfunk, im Fernsehen und in Zeitungen). Wird die Macht der Suggestion mit Geschick eingesetzt, kann man Millionen von Menschen beeinflussen und sie ebensoleicht für einen Krieg wie für einen Frieden begeistern. Wer andere oder sich selbst auf diese Weise suggestiv beeinflußt, lädt unter Umständen karmische Schuld auf sich, für die er irgendwann einmal bezahlen muß. Alle spirituellen Lehrer haben darauf hingewiesen, daß der Mensch für alles, was er sagt oder tut, Rechenschaft ablegen muß. Wer jemandem etwas suggeriert, muß sich dessen bewußt sein, daß manche Menschen schwach, ungeschult oder unwissend sind und deshalb von einem stärkeren und mächtigeren Geist beeinflußt werden können.

Macht der Suggestion

Die Trance, eine Art durch Suggestion herbeigeführter Schlaf, ist ein Zustand, in den Medien versetzt werden, damit sogenannte »Wesenheiten« von ihnen Besitz ergreifen und die gewünschten Aufgaben vollbringen können. Nach der Yoga-Lehre ist dies unvereinbar mit dem angestrebten Ziel der Befreiung oder Selbstverwirklichung. Das Nichtvorhandensein eines bewußten Gewahrseins im Trancezustand beruht auf der Unfähigkeit, sich zu »erinnern«. Der bewußte Geist trifft aus dem ihm vorgelegten Material eine Auswahl, doch diese Auswahl wird meist ohne die Weisheit und ohne das Unterscheidungsvermögen getroffen, die erforderlich wären, um das Ausgewählte richtig zu bewerten.

Prophezeiungen

Seit Beginn der Menschheitsgeschichte sind Prophezeiungen gemacht worden. Wie ist das möglich und warum sind sie manchmal richtig und manchmal falsch? Der Schüler muß sich klar darüber sein, daß wir eine stark simplifizierte Vorstellung von Raum und Zeit haben. Es ist schwierig zu entscheiden, ob und wann eine Prophezeiung in Erfüllung geht, weil wir Raum und Zeit auf verzerrte Weise wahrnehmen.

Prophezeiungen sind dann möglich, wenn es dem Geist gelingt, sich lange Zeit auf sich selbst zu konzentrieren. Prophezeiungen können einen starken, an Hypnose grenzenden suggestiven Einfluß haben und deshalb bewirken, daß das Prophezeite eintrifft. Alle alten Weisheitslehrer haben davor gewarnt, die Erlangung derartiger Kräfte anzustreben, wenn man sich in den ersten Entwicklungsstadien befindet und nicht weiß, welche verheerenden geistigen und emotionalen Auswirkungen mangelnde Voraussicht oder verantwortungsloses Handeln haben können.

Unerfüllte Hoffnungen

Es kommt häufig vor, daß sich aufrichtig Suchende (Swamis, Rabbis, Priester und so weiter) enttäuscht von ihrem hohen Ziel abwenden, weil ihre Hoffnung, spirituelle Macht zu erlangen, sich nicht erfüllt hat. Sie reagieren ihre Enttäuschung ab, indem sie zynische Bemerkungen machen, andere auf ungerechte Weise angreifen oder sogar auf gefährliche Weise manipulieren, um ihre eigenen Bedürfnisse zu erfüllen. Der Yogi muß darauf gefaßt sein, daß das Ego sich mit aller Kraft dagegen zur Wehr setzt, entthront zu werden. Das Hauptziel muß sein, alle niedrigen Kräfte unter Kontrolle zu bringen. Bei einer der bereits beschriebenen Übungen sollte der Schüler seinen Blick drei Minuten lang auf einen beliebigen Gegenstand richten. Mancher wird dabei bemerkt haben, daß man in den Gegenstand förmlich hineingezogen werden kann. Auf gleiche Weise wird man in eine Idee hineingezogen, wenn man sich lange genug auf sie konzentriert.

Gewahrsein und Unterscheidungsvermögen

Die wichtigsten Fähigkeiten für einen spirituellen Schüler sind deshalb Gewahrsein und Unterscheidungsvermögen. »Wofür bin ich offen und warum? Wen oder was lade ich (durch mein Interesse) in das Haus meines Geistes ein?« Unterscheidungsvermögen ist erforderlich, um keine nutzlosen oder gar gefährlichen Ideen einzuladen. Die beste Methode, den Geist mit Klarheit und Gewahrsein zu erfüllen, ist die Anrufung des

Göttlichen Lichts, verbunden mit dem Wunsch und der Vorstellung, ins Licht zu wachsen. Wo Licht ist, kann keine Finsternis sein. Eine andere gute Methode sind Entspannungsübungen, die vom bewußten Gedanken begleitet werden, daß bei jedem Einatmen das Gewahrsein wächst. *Durch Gewahrsein wird die Befreiung des Geistes erlangt.*

Bewußtsein, Unterbewußtsein und Überbewußtsein sind das Produkt des aktiven Prana, und jede auf Unwissenheit beruhende Manipulation des Prana kann dem zentralen Nervensystem schwere Schäden zufügen. Der Schüler muß sich der ungeheuren Macht des Geistes bewußt sein. Aufrichtiges Streben allein ist kein ausreichender Schutz. Der Schüler muß das Gelernte in die Praxis umsetzen.

Bewußtsein: Ergebnis des Wirkens von aktivem Prana

Der Geist ist als Manifestation des Selbst ebenso wertvoll wie der Körper. Bei körperlichen Eingriffen läßt man größte Sorgfalt walten, doch psychische Narben beweisen, daß hinsichtlich des Geistes noch viel größere Sorgfalt erforderlich ist. Denken Sie immer daran, daß die Kraft neutral ist und daß es darauf ankommt, welchen Gebrauch man von ihr macht. Lassen Sie sich Zeit. Seien Sie mutig, aber nicht leichtsinnig. Der Yoga ist ein Prozeß, der Sie durch ständige Steigerung des Gewahrseins aus der Hypnose befreit. Um der Macht der Suggestionen zu entrinnen, muß man einen unglaublich hohen Grad an Gewahrsein erreichen. Es kommt vor, daß sogar große Yogis in einen Zustand des Nichtgewahrseins zurückfallen und die Folgen tragen müssen. Ehrgeiz ohne Hingabe und Verantwortungsgefühl verursacht Probleme, die durch Besonnenheit und Gewahrsein vermieden werden können.

Probleme können auch durch irregeleiteten Enthusiasmus entstehen oder dadurch, daß man sich mit »spiritistischen« Kräften einläßt. Es werden durchaus auch tiefgründige und weise Geisterbotschaften empfangen, doch man sollte nicht vergessen, daß sich viele Menschen, bevor sie gestorben sind, alle möglichen Glaubensbekenntnisse, Buchweisheiten, Bibelsprüche und so weiter angeeignet haben und daß diese die Quellen solcher Informationen sein können. Der Schüler tut gut daran, den Entschluß zu fassen, nur mit Kräften allerhöchsten Ursprungs Verbindung aufzunehmen, damit er nicht das Opfer mächtiger Energien wird, die sich nur zu ihrer Selbstverherrlichung auszudrücken suchen.

Eine weitere Warnung ist hier erforderlich. Zahlreiche übersinnliche Manifestationen können Schöpfungen des eigenen

Übersinnliche Manifestationen

Geistes sein, der von dem Medium angezapft wird. Echte Manifestationen übersinnlicher Energie erfordern große Geisteskontrolle auf seiten des Mediums. Ziel des Yoga ist es, jede Art von Energiemanifestation stets unter Kontrolle zu haben.

Spirituelle
Erfahrungen

Im Gegensatz zur Manifestation übersinnlicher Energie stehen spirituelle Erfahrungen: Sie können den Menschen wahrhaft von Grund auf verwandeln. Kein anderes Ereignis im menschlichen Leben hat eine so starke Wirkung wie eine echte spirituelle Erfahrung. Sie ruft einen Zustand des Gewahrseins hervor, in dem viele andere Geschehnisse ihre Bedeutung verlieren, mögen sie einem bislang auch noch so wichtig erschienen sein. Dies sind die Belohnungen, die uns die Devi mit ihrer Vara(da)-Geste verspricht.

Zehntes Kapitel

Die Kräfte der Chakras

»Die Macht, die den Geist erschuf, ist jenseits des Geistes«

Die Kräfte der Chakras

Ihre Erlangung ist jedem Menschen möglich

Es ist ein Irrtum anzunehmen, die Kundalini-Kraft könne leicht durch eine einzelne Übung oder durch die Ausbildung eines einzelnen Sinns entwickelt werden. Ein Sinn kann stärker ausgebildet sein als andere, doch muß dabei stets das Gleichgewicht bewahrt bleiben. Infolge des Wechselspiels der Kräfte kann ein Sinn jederzeit ganz unerwartet von den anderen beeinflußt werden. *Entwicklung der Kundalini-Kraft*

Alle in den Schriften erwähnten Kräfte können erworben werden, doch es erfordert unter Umständen viele Jahre. Übertriebene Bemühungen können eine vorzeitige Manifestation hervorrufen und den Schüler in Gefahr bringen, von diesen Kräften verzehrt zu werden. Daß man sehr vorsichtig sein muß, ist begreiflich, wenn man bedenkt, wieviele Erfinder bei der Entdeckung bisher unbekannter Kräfte – wie etwa der Röntgenstrahlen oder der Radioaktivität – Schäden davongetragen haben. *Vorzeitige Manifestation von Kräften*

Jedes Chakra verheißt dem gewissenhaften und ausdauernden Schüler bestimmte Kräfte, doch muß man sich zuerst aus seiner gegenwärtigen Position heraus mit den Chakras beschäftigen, um sie richtig verstehen zu können. Man muß sich auch klar darüber sein, daß es nicht möglich ist, nur ein Chakra zu entwickeln, ebenso wie man nicht nur einen der fünf Sinne entwickeln kann. Die Sinne entwickeln sich gemeinsam. Entwickelt sich einer schneller oder auf Kosten der anderen, so entsteht eine Unausgewogenheit, die viele Probleme zur Folge haben kann. *Jedes Chakra verheißt bestimmte Kräfte*

Jedes Chakra kontrolliert einen der Sinne, und deshalb wird jedes Chakra durch die Vorgänge in den anderen beeinflußt. Die bereits erworbenen Kräfte müssen erst vervollkommnet und unter Kontrolle gebracht werden, bevor andere erlangt werden können. Wenn das sattvische Stadium erreicht ist, entwickeln sich die Kräfte von selbst, ohne den Schüler zu gefährden. Dies ist der sicherste und wünschenswerteste Weg.

Die Kräfte des Muladhara-Chakras – Wurzel

Die Macht der Sprache

In diesem Chakra haben wir es mit der Macht der verbalen und mentalen Sprache und ihren Auswirkungen auf den individuellen Geist zu tun. Der negative Einfluß von Autosuggestion und Selbstprogrammierung muß erkannt werden, damit man ihm entgegenwirken kann.

Das erste Chakra ist reine Energie. In ihm ist die Sprache im Entstehen begriffen, was Formulierungen erfordert, die der kindliche Geist versteht. Und da der kindliche Geist einen Reifungsprozeß durchmacht, nicht nur durch jedes einzelne Chakra, sondern zu verschiedenen Zeiten durch alle Chakras hindurch, ist die Macht eines späteren Chakras, Welten zu erschaffen und zu zerstören, bereits vorhanden. Wie wir gesehen haben, hat jede Welt ihre eigenen Realitäten, doch jetzt wird es zunehmend wichtig zu verstehen, was dies bedeutet, und sich klar darüber zu sein, daß die Kundalini-Kraft plötzlich in eine andere Dimension überspringen kann, bevor die Kontrolle erlangt ist.

Lernen ist ein gradueller Prozeß. Seine reifste Stufe ist dann erreicht, wenn das Gewahrsein möglichst hoch entwickelt, der Stolz unter Kontrolle ist und wir sowohl aus den Fehlern der Vergangenheit wie aus den Fehlern anderer lernen können, ohne sie wiederholen zu müssen. Manchmal ertappen wir uns gerade noch, bevor wir einen Fehler machen, und häufig ist uns dies bewußt, doch unser Stolz hindert uns daran zuzugeben, daß die Entscheidung oder Handlung falsch ist.

Ewig gültiges Wissen

Die heiligen Schriften erklären, daß Wissen ewig ist. Auch dies muß auf einer tieferen Ebene verstanden werden. Zu allen Zeiten hat es einige Männer und Frauen von hoher Intelligenz und großem Gewahrsein gegeben. Sie waren fähig, die Quelle des Wissens in ihrem Innern zu erschließen, intuitiv seinen Sinn zu verstehen und es anderen in der Sprache ihrer Zeit zu vermitteln. Das ewige Wissen ist deshalb allmächtig.

Eine der verheißenen Kräfte des ersten Chakras ist ewiges Wissen. Dieses allmächtige Wissen ist von anderer Art als dasjenige, über das wir bisher gesprochen haben, und es bedarf einer ganz besonderen Intuitionsfähigkeit, solche Botschaften zu verstehen.

Die meisten Menschen ahnen, daß es eine Macht gibt, die größer ist als sie. Die Macht wird häufig personifiziert, aber genaugenommen eignet diese Individualität nur dem höheren Wesen, durch welches diese Macht und dieses allmächtige Wissen ausgestrahlt werden.

Freiheit von aller Sünde wird im ersten Stadium dadurch erreicht, daß man Fehler erkennt, emotionalen Impulsen widersteht, durch Nachdenken lernt und das Gelernte in Wissen umsetzt. Sünde ist nach der Yoga-Lehre die bewußte Wiederholung bereits erkannter Fehler. Fehler, die man im Verlauf des Lernprozesses begeht, sind keine Sünde. Der Mensch kann nur durch eigene Erfahrung lernen. Es ist also wiederum Sache des Schülers, ein hohes Maß an Gewahrsam und Unterscheidungsvermögen zu entwickeln. Jeder kann sich aus eigener Kraft von der Sünde befreien. *Freiheit von Sünde*

Gier und Ehrgeiz können den Geist seiner wunderbaren Kreativität und seiner Fähigkeit, Lebensqualität (in jeglicher Hinsicht) zu schaffen, berauben. Lebensqualität ist der erste Schritt zur Glückseligkeit. *Lebensfreude ist unser ererbtes Recht.* Doch erst wenn wir frei von Selbstsucht und allen ihren Folgen sind, können wir ein Leben in ständiger Freude führen.

Mantra für das Muladhara-Chakra

In deinem Muladhara verehrte ich Ihm, der neun Zustände
hat und – gemeinsam mit (Seiner Shakti) Samaya,
der Quintessenz des Lasya – den großen Tandava mit den
neun Stimmungen tanzt. Aus diesen beiden ist die Welt ins
Dasein getreten; sie sind ihr Vater und Mutter.

Kommentar:
Shiva tanzt seinen kosmischen Tanz, den großen Tandava. Die Höchste Intelligenz tanzt im Selbst.

Shiva und Shakti tanzen zusammen, sacht ineinander gemischt, Rasa, das abschließende innere Gewahrsein.

Das Zentrum des Seins ist erreicht, ohne jeden Wettstreit.

Der große Tandava, das Dramatische, die kosmische Wirksamkeit, bisweilen heftig wie ein Sturm,

Und Lasya, das betörende, Liebliche, ein Flüstern, verschmelzen in Wonne, Entzücken und Zeitlosigkeit, in vollkommenem Rhythmus. – Durch diesen Tanz tritt die Welt ins Dasein.

Im Spiel der Göttin (Devi), deren Wesen Bewußtheit ist, wird das zwiefältige Prinzip Shiva/Shakti als ein Männliches und ein Weibliches vorgestellt, was auf die polarisierende Tätigkeit des individuellen Geistes hindeutet. Das männliche und das weibliche Prinzip sind nicht voneinander geschieden, sondern untrennbare Elemente jener Energie, die wirbelnde Welten ins Dasein ruft – vom winzigen Atom bis hin zu den Myriaden von Galaxien. Nichts Festgelegtes, nichts Starres. Fülle in mystischen Spielarten, die das Leben selbst zum Ausdruck bringen.

Die Mächte von Geist und Materie, Schöpfung und Zerstörung, Geburt und Tod sind ein Wechselspiel von Kräften, eingebettet im Tandava/Lasya-Tanz. In der Geburt verbirgt sich der Tod, ebenso wie die Hitze im Feuer verborgen ist. Täuschung und Begehren tanzen zusammen. Das Leben ist eine kosmische Woge; blendende Schöpfung. Alle Formen treten ins Dasein mit der Manifestation des Bewußtseins.

Die Kräfte des Svadhishthana-Chakras

Die Fähigkeit, logisch zu denken

Die Fähigkeit, logisch zu denken oder Prosa oder Gedichte zu schreiben, verweist auf die Macht der Imagination, aufgrund derer man schöne und inspirierende Worte oder auch traurige oder furchterregende Geschichten ersinnen kann. Die Verfasser von Horrorgeschichten haben häufig den Verstand verloren, weil sie die von ihnen erschaffene Welt nicht unter Kontrolle zu halten wußten. Die Kraft ist neutral, und jeder ist selbst dafür verantwortlich, wie er seine Imagination einsetzt.

Es ist nicht möglich, die Kräfte der verschiedenen Chakras völlig voneinander zu trennen. Imagination und Emotionen arbeiten Hand in Hand und erschaffen Wünsche, die fast alles möglich machen. Eine im zweiten Chakra entstehende Vorstellung kann mit blitzartiger Geschwindigkeit zum dritten Chakra aufsteigen und Opfer der heftigen emotionalen Wirkung werden, die sie dort hervorruft. Die Schöpferkraft der Imagination wird durch Emotionen verstärkt. Die meisten unserer Ängste werden durch unkultivierte, auf Unwissenheit beruhende Imagination erzeugt. Nur erhöhtes Gewahrsein kann Unwissenheit beseitigen.

Die alten Schriften versprechen uns die Befreiung von allen *Befreiung von*
Feinden. Es wäre falsch, den Begriff »Feinde« zu personalisie- *Feinden*
ren und etwa auf Familienangehörige und Arbeitskollegen zu
beziehen. Gemeint sind vor allem die Feinde in uns selbst, die
durch Ausübung von Eigenwillen geförderten selbstsüchtigen
Neigungen. Der erste Schritt ist Selbstkontrolle, verbunden
mit der Entschlossenheit, den gewählten Weg weiterzugehen
und Meisterschaft zu erlangen. Wer diese Feinde in seine Gewalt gebracht oder vernichtet hat, ist ein Fürst unter den Yogis.

Wenn man frei von allen Feinden ist und den Geist stetiger
auf die Herrlichkeit des Allerhöchsten richten kann, auf das
höchste Ideal, das man in sich zu kultivieren wünscht, dann
entfaltet sich die Sprache, und man entwickelt höhere dichteri-
sche Fähigkeiten. Auf der höchsten Stufe steht wohl der Dichter, der zugleich Prophet ist.

Mantra für das Svadhishthana-Chakra

In deinem Svadhishthana-Chakra preise ich Ihn als Samvarta,
ewig glückselig in Gestalt des Feuers, o Mutter, und ebenso
Samaya, die Große. Wenn sein zornerfülltes Auge die Welten
verbrennt, leistet Ihr barmherziger Blick diesen kühlenden
(lindernden) Dienst.

Kommentar:
  SHIVA/SHAKTI: Ich bin die Glut des Feuers,
                die Geburt aller Dinge,
                der allverzehrende Tod,
                Gedächtnis und Wissen,
                Gnade und Strenge,
                Schnelligkeit und Geduld,
                Stille und Geräusch.

Das Göttliche erscheint nur dann furchterregend, wenn die
finstere Wolke der Unwissenheit den Suchenden vom (absoluten) Bewußtsein trennt. Wie ein Kind wird der unwissende
Suchende vom Tand (Dinge, Geld, Erfolg) der Welt angezogen. Mit seinem lodernden Zorn zeigt Shivas machtvoller
Blick, daß die Unwissenheit im Feuer des Wissens verbrannt
werden muß. Die Barmherzigkeit der Mutter gestattet dem

schlechten Schüler, zurückzukehren und es ein zweites Mal zu versuchen. Dies ist ihr wohltätigster Dienst. So sehr es sich auch widersetzt, muß das alte Ich sterben. Die dunkle Wolke des Eigen-Willens muß aufgelöst werden, damit das Licht fortan ungehindert scheinen kann.

Die Kräfte des Manipura-Chakras

Die Macht, Welten zu erschaffen und zu zerstören

Die Macht, Welten zu erschaffen und zu zerstören, drückt sich in der Sprache aus. Die Art und Weise, wie Ideen in Worte gefaßt werden, oder der Tonfall der Stimme können andere Menschen glücklich machen. Eigennützigkeit und Selbstsucht, verbunden mit Ungeduld, Gier oder Stolz, können eine harmonische Beziehung zerstören.

Reichtum an Wissen

Die Entwicklung von Gewahrsein erzeugt schon allein einen großen Reichtum an Wissen. Im Gegensatz zum ewigen Wissen des ersten Chakra gewinnt nun das Wissen auf persönlicher Ebene an Bedeutung – das Wissen und das Unterscheidungsvermögen, die im täglichen Leben benötigt werden.

Der Sinn für Harmonie wird durch Sarasvati verkörpert, die Göttin der Sprache, der Kunst und der Musik. Wenn wir inspirierende Worte sprechen, die im Innern eines anderen Menschen eine Saite zum Klingen bringen, dann huldigen wir damit der Göttin Sarasvati. Wir erschaffen damit unsere eigene Welt der Harmonie, in der wir tätig sind.

Ein Heiliger kann allein dadurch, daß er einen Raum betritt, eine lärmende Menge zum Schweigen bringen, indem er die Sinne der Anwesenden höheren Wahrnehmungen öffnet. Auf einer sehr hohen Ebene, die durch lange Schulung erreicht wird, können die durch den Geist erschaffenen Welten in Worte umgesetzt und dieses innere Wissen des Herzens zum Ausdruck gebracht werden.

Es gibt viele spirituelle Mittel, die uns befähigen könnten, einen höheren Bewußtseinszustand zu erlangen, doch wenn wir sie nicht anwenden und die Übungen zur Routine werden lassen, erreichen wir nie diese anderen Bereiche der Macht. Die spirituellen Übungen sind zu kostbar, als daß man sie zur Routine verkümmern lassen dürfte; und es ist wichtig, darauf zu achten, daß man sie nicht mechanisch durchführt, wenn man sein Bewußtsein entwickeln und einen höheren Grad der Selbstverwirklichung erreichen will.

Mantra für das Manipura-Chakra

*In deinem Manipura diene ich Ihm als einer dunklen Wolke –
der einzigen Zuflucht (der Welt) – die den von Hara, der Sonne,
versengten drei Welten Regen spendet, die Indras Bogen (den
Regenbogen) trägt, mit mannigfachen funkelnden Juwelen
geschmückt, und an der Blitze aufflammen, wenn Seine Shakti
durch die umhüllende Finsternis (der Wolke) hervorbricht.*

Kommentar:

Der Regenbogen hat keine Substanz, er ist unstofflich und ungreifbar.

Der Regenbogen ist eine optische Täuschung, die sich unter bestimmten Umständen dem Gesichtssinn darbietet.

Manchmal schlägt der Geist einen Regenbogen in eine andere Dimension.

Manchmal funkeln Blitze (Einsichten) juwelengleicher Intuition.

Wer kann in die Sonne blicken, wenn sie im Zenith steht?

Das Licht, zu stark, zu blendend, wird den Geist versengen.

Die dunkle Wolke schenkt nötige Ruhe – Zeit, neue Kraft zu sammeln.

Die Kräfte des Anahata-Chakras

Im Anahata-Chakra wird das Shabda-Brahman, das Wort Gottes – das kosmische AUM – für das innere Ohr hörbar. Dieser kosmische Ton kann nur wahrgenommen werden, wenn man das Gehör geübt hat und all die inneren Geräusche des Geistes zum Schweigen bringen kann. *Das kosmische AUM*

Die alten Schriften sagen, daß die Göttliche Mutter Shakti alle Ängste zerstreut und Gaben in bezug auf die drei Welten – Vergangenheit, Gegenwart und Zukunft – gewährt. Wenn der Schüler aus vergangenen Fehlern gelernt hat, dann wird er infolge seines gewachsenen Verständnisses und seiner erhöhten Unterscheidungsfähigkeit in der Gegenwart weniger Fehler begehen. Die in der Vergangenheit und Gegenwart erworbenen Eigenschaften wie Aufrichtigkeit und Ergebenheit, Demut und Rechtschaffenheit üben einen bestimmenden Einfluß auf die Zukunft aus, eine Zukunft voll Harmonie und Glück.

Der Schüler ist jetzt imstande, diese neu erschaffene Umwelt *Die drei Welten beschützen und zerstören* zu beschützen und noch weiter bestehende negative Aspekte aus der Vergangenheit zu zerstören. Die Anwendung des Erlernten in allen Situationen erhöht das Gewahrsein, und eine leise Vorahnung der Erleuchtung steigt im Schüler auf.

Sich in einen anderen Körper versetzen

Durch weise Lebensführung, edle Taten, Beherrschung der Sinne und starke Konzentrationsfähigkeit erlangt der Schüler die Gabe, sich unsichtbar zu machen und sich in den Körper eines anderen Menschen zu versetzen. Dies bedarf einer genaueren Erklärung. Wenn ich allen Eigenwillen und alle meinem Selbstschutz dienenden Absicherungen aufgebe, kann ich mich in einen anderen Menschen hineinversetzen und ihn, ohne daß ich mich mit ihm identifiziere, durch und durch verstehen.

Tatsächlich in den abgelegten Körper eines anderen Menschen zu schlüpfen wie in ein Kleidungsstück, erfordert sehr hoch entwickelte Fähigkeiten. Ernest Wood schildert in seinem Buch *Practical Yoga, Ancient and Modern* die Begegnung mit einem alten Yogi, der sich, als sein Körper alt geworden war, in den eines eben verstorbenen Jugendlichen versetzte, weil er der Meinung war, sein Lebenswerk noch nicht vollbracht zu haben.

Unsichtbarkeit

Um sich unsichtbar zu machen, muß man zuerst den Wunsch überwinden, sich im Mittelpunkt einer Gruppe zu befinden oder die Aufmerksamkeit eines anderen Menschen auf sich zu ziehen. Der Wunsch nach menschlicher Nähe und die damit verbundenen Bedürfnisse müssen aufgegeben werden. Dann kann man für einen anderen Menschen, der mit sich selbst beschäftigt ist, unsichtbar werden.

Es gibt Menschen, die an dem den Körper umgebenden Energiefeld Störungen feststellen und auf diese Weise Schädigungen innerer, dem Auge nicht sichtbarer Organe diagnostizieren können. Diese Energiefelder können aufgeladen werden. Die geistige Konzentrationskraft ermöglicht es, den Wunsch, von anderen gesehen oder bemerkt zu werden, aufzugeben. Das den Körper umgebende Energiefeld kann so »abgedichtet« werden, daß kein Bild von einem nach außen dringt und man für einen Menschen, dem man begegnet, unsichtbar wird.

Die Anrufung des Göttlichen Lichts ist eine der Übungen, die dazu verhilft, eine andere Art von Sichtbarkeit zu erlangen. Man kann damit sein Energiefeld beliebig verstärken. Wenn das Gehirn auf richtige Weise mit Licht erfüllt wird, kann man unsichtbar werden und auch sein Bild an einen anderen Ort projizieren. Das geschieht durch Üben der Anrufung des Göttlichen Lichts auf natürliche Weise, ohne daß damit irgendwelche erschreckenden Erfahrungen einhergehen.

Beharrliches Studium und die Ausbildung von Gewahrsein und Unterscheidungsvermögen verhelfen zur Entwicklung dieser Fähigkeiten – doch der Schüler sollte sich darüber klar sein, daß die Ergebnisse sich erst nach vielen Jahren oder gar erst nach mehreren Leben einstellen können.

Mantra für das Anahata-Chakra

Ich verehre (bete an, bediene hingebungsvoll) diese zwei Wildgänse, die im Geist des Großen schwimmen und sich vom einzigartigen Nektar des Lotos (Herz), dem Aufbrechen der Erkenntnis, ernähren. Ihr Schnattern führt zur Entwicklung der achtzehn Arten von Wissen, mit deren Hilfe man aus Fehlern alle Tugenden gewinnt – wie die Milch aus dem Wasser.

Kommentar:

Liebevolle Hingabe ist das Gegengift gegen alle Selbst-Erhöhung. Der Weg der Hingabe erfordert Ehrerbietung ebenso wie das Erkennen und Anerkennen der großen Macht.

Durch die liebevolle Hingabe an Shiva/Shakti, symbolisiert durch ein Wildgänsepaar auf dem See des Geistes, wird dieser mit der Milch der göttlichen Weisheit gesättigt.

Durch Hingabe öffnet sich der Verehrende wie eine Lotosblüte im Sonnenlicht.

Dadurch wird man empfänglich für das göttliche Wissen, das sich in vielfältiger Weise äußert.

Indem man dieses Wissen auf das Leben bezieht, ist man wie die Biene, die den Nektar aus der Blume saugt –

Lernt man, wie die Wildgans, die göttliche Milch aus dem Wasser (-Milch-Gemisch) der Verblendung zu schlürfen.

Die Kräfte des Vishuddha-Chakras

Dieses Chakra verheißt, daß man frei von weltlichen Wünschen wird. In diesem Lebensabschnitt haben sie ihren Zweck erfüllt. Durch die Wünsche wurden Strebsamkeit, Vollkommenheit, Fertigkeiten und Leistungsfähigkeit erzeugt; sie haben einem geholfen, Kräfte zu erkennen und zu entwickeln.

Freiheit von weltlichen Wünschen

Das Tor zur Befreiung

Die Energie, die nicht mehr für das Streben nach Verwirklichung weltlicher Wünsche eingesetzt werden muß, erhebt den Schüler jetzt auf eine höhere Ebene, zur Schwelle der Befreiung. Doch am Tor zur Befreiung muß man den Eigenwillen des Ego aufgeben und sich dem höheren Selbst unterwerfen.

Erlangung vollkommenen Wissens

Im ersten Chakra wurde ewiges Wissen verheißen, und im dritten Chakra konnten vielfältige Kenntnisse erworben werden. Im fünften Chakra fügen sich nun das subjektive und das objektive zum *vollkommenen* Wissen zusammen, und der Schüler nähert sich dem Ziel des Yoga, der Vereinigung.

In einem späteren Entwicklungsstadium umfaßt vollkommenes Wissen alle Kräfte, die überhaupt erlangt werden können – auch jene, die nur vollendeten Yogis bekannt sind. Vollkommenes Wissen kann nur durch erhöhte Konzentration erworben werden. *Der Schlüssel zu allen Kräften ist die Beherrschung des Geistes.* Diese bringt eine innere Ruhe, die einen, wie bereits in Zusammenhang mit dem vierten Chakra erwähnt, befähigt, die drei Welten – Vergangenheit, Gegenwart und Zukunft – zu sehen. Man kann mit größerer Klarheit zurückblicken, die Gegenwart sehen und die Zukunft vorausahnen; man sieht, was man vermeiden, was man tun und was man anstreben sollte.

Vergangenheit, Gegenwart und Zukunft kennen

Beseitigung von Gefahren

Der erste Schritt zur Beseitigung von Gefahren besteht darin, umsichtig und sorgfältig nachzudenken, allen falschen Ehrgeiz aufzugeben und sich nicht mehr durch Emotionen zu Entscheidungen hinreißen zu lassen. Erhöhtes Gewahrsein und Unterscheidungsvermögen, achtsames Handeln und die Vermeidung mechanischen Reagierens setzen uns instand, Gefahren zu vermeiden. Dieses Bewußtsein erfüllt unser Herz und unseren Geist mit Güte. Wir beginnen zu verstehen, daß wir alle das Produkt unserer Umwelt und das Opfer unserer Unwissenheit sind. Schwindet die Unwissenheit, werden viele Gefahren beseitigt. Doch der Erwerb größeren Wissens erfordert Mut sowie die Bereitschaft, mehr Verantwortung zu übernehmen.

Mantra für das Vishuddha-Chakra

In deinem Vishuddha-Chakra diene ich Shiva, dem Ursprung des Himmels (Äthers), durchsichtig wie ein makelloser Kristall, und ebenso der Devi, die Shiva gleicht und untrennbar zu Ihm gehört. Durch deren beider Schönheit und anmutige Bewegungen,

schimmernd wie die Strahlen des Mondes, strahlt die Welt, da ihre
innere Finsternis vertrieben wurde, wie die Chakora.

Kommentar:

Selbstloses Dienen macht göttlich.

Um ein Dienender zu sein, muß man den Eigenwillen aufgeben und dadurch so rein und durchsichtig werden wie der blaue Himmel, so daß das Göttliche hervorscheinen kann.

So wie die Farbe des Kristalls nicht von ihm zu trennen ist, so sind Shiva und Shakti miteinander verbunden.

Die anmutigen Bewegungen ihres kosmischen Tanzes sind nur in jenen mystischen Augenblicken wahrnehmbar, da die ätherischen Eingebungen wie die schimmernden Strahlen des Mondes erfahren werden – im Akt vollkommener Hingabe.

Der Chakora-Vogel nährt sich vom Mondlicht.

Ebenso wie er Freude empfindet, wenn er die Strahlen des Mondes trinkt, genießt der Sadhaka die Wonne des Brahman, indem er über Shiva und Shakti meditiert.

Die Unwissenheit des Sadhaka wird dadurch vertrieben.

Die Kräfte des Ajna-Chakras

In diesem Stadium begreift der Schüler, daß er sich sein Leben mit allem Leid, allen Problemen und Schwierigkeiten selbst erschaffen hat, um so einen Lernprozeß durchzumachen. Was erworben wurde, muß erhalten werden, und was nicht mehr notwendig ist, muß zerstört werden. Um die Vereinigung mit dem Göttlichen zu vollenden, muß man auch diesen Zustand der Vollkommenheit mit all seiner Weisheit, seinen hervorragenden Kräften und seinem reinen Intellekt aufgeben, bevor der letzte und entscheidende Schritt getan werden kann. Einige Yogis haben mir gesagt, daß, wenn dieser letzte Entschluß gefaßt wird, der Körper innerhalb von neun bis einundzwanzig Tagen abfällt. Meist wählt der Yogi die Zeit und Art seines Todes selbst. *[Schöpfer, Erhalter und Zerstörer der drei Welten]* *[Den Körper willentlich verlassen]*

Die volle Identifizierung wird erreicht, wenn man wirklich erkennt, daß man durch das Göttliche Licht oder die kosmische Intelligenz, das Absolute oder Gott – oder wie man es auch nennen mag – erschaffen wird. *[Identifizierung mit dem Allerhöchsten]*

Über die »hervorragenden unbekannten Kräfte« kann nichts Genaues gesagt werden. Ich kann nur andeuten, daß einem *[Hervorragende unbekannte Kräfte werden erlangt]* unter anderem die Erkenntnis zuteil wird, daß es mehr als drei oder vier Dimensionen gibt, etwas, worüber keine präzisen Aussagen möglich sind, weil unsere Sprache dazu nicht ausreicht.

Reiner Intellekt   Reiner Intellekt ist der von selbstsüchtigen Wünschen freie Intellekt. Die Shakti ist der schöpferische Aspekt des Intellekts. Die ganze Welt ist Mutter Shaktis Schöpfung.

Wir haben in diesem Buch immer wieder von Gleichgewicht gesprochen. In diesem Stadium ist Gleichgewicht von größter Bedeutung. Wenn das Fundament sorgsam gelegt wurde und der Schüler alle Übungen gewissenhaft durchgeführt hat, dann hat er Kontrolle über die Kräfte erlangt und wird nicht von ihnen vernichtet. Die Vereinigung des individuellen Selbst oder der individuellen Intelligenz mit der höchsten kosmischen Intelligenz kann nur stattfinden, wenn das Männliche und das Weibliche, Intellekt und Intuition, gleichermaßen entwickelt werden.

Mantra für das Ajna-Chakra

Ich verehre Ihn, der in deinem Ajna-Chakra wohnt. Ich bete in deinem Ajna-Chakra den höchsten Shambhu an, an Dessen Seite die höchste Intelligenz (Sie) thront und Der wie Myriaden von Sonnen und Monden strahlt. Wer demütig und hingebungsvoll anbetet, wird in der Welt des Lichts aller Lichter leben, das in der Welt ist, das kein irdisches Auge wahrnehmen kann und das dem Blick gewöhnlicher Sterblicher entrückt ist. Dort scheinen nicht Sonne noch Mond, weder Feuer noch die anderen Himmelskörper.

Kommentar:
Wenn der Geist die höchste Intelligenz schaut, so wird er von Ehrfurcht vor ihrer Herrlichkeit und Macht erfüllt.

Der Vergleich mit den Myriaden von Sonnen und Monden reicht nicht aus, um ihr Strahlen zu beschreiben.

Selbst die Galaxien von Sternen und Sonnen und Monden leuchten nur im Abglanz jenes Lichtes, das aus der Quelle allen Lichtes strahlt.

Die Macht, die das Auge schuf, kann sehen.

Die Macht, die den Geist schuf, kann der Geist nicht fassen.

Shiva/Shakti ist weder männlich noch weiblich (noch sächlich), sondern Sein, Bewußtsein, Wonne – Sat-chit-ananda.

Die Kräfte der Chakras

Um die erwähnten Kräfte zu erlangen, ist es notwendig, all die *Notwendigkeit eines* Übungen und Praktiken unter Anleitung eines Guru durchzu- *Guru* führen. Keine Übung darf ausgelassen werden. Es ist erforder- lich, den ganzen Prozeß zu durchlaufen.

Der Yoga hat den Zweck, einen Schlafwandler in einen Men- *Verwandlung* schen zu verwandeln, der hellwach und für die Bedürfnisse anderer aufgeschlossen ist. Ohne Mitgefühl sind all die Kräfte und Techniken sinnlos. Man kann durch sie ichbezogener, ja fast narzißtisch werden – und das ist bestimmt nicht das Ziel des Yoga. Man kann keine Einheit erreichen, wenn man sich von anderen isoliert.

Der Wunsch zu wachsen gleicht einer schönen Blume. Sie *Wachstumsprozeß* muß in der Welt verwurzelt sein und muß wachsen, muß die Oberfläche der Erde durchdringen und sich ins Licht entfalten. Wir halten Wurzeln nicht für etwas Schlechtes; ohne sie könnte die Pflanze nicht sein. Den begrenzten Ansichten, die uns bislang beherrschten, entwachsen Unterscheidungsvermö- gen und größeres Verständnis.

Man sollte die vielen negativen Aspekte und alle Begrenzun- gen, die man in sich entdeckt, nicht als etwas Schlimmes be- trachten. Sie sind ein Teil der Vollkommenheit des Lebens, eine Hälfte des Ganzen. Wenn man das Dunkel der Nacht nicht kennt, kann man sich nicht am Licht des Tages erfreuen. Sogar Krankheit ist etwas Gutes, wenn sie einem dazu verhilft, für Gesundheit Dankbarkeit zu entwickeln. Wenn der Mensch von der Geschäftigkeit des Lebens abgeschnitten ist, ist er gezwungen, nachzudenken und sein Leben wieder ins Gleich- gewicht zu bringen.

Wer andere Menschen heilen möchte, muß sich fragen, ob *Heilen* dieser Wunsch nicht dem Bestreben entspringt, sein Geltungs- bedürfnis zu befriedigen. Die Not eines anderen Menschen bietet die Gelegenheit, Mitgefühl von fast göttlichem Ausmaß zu entwickeln. Es gibt drei Grade von Mitgefühl: Zuerst emp- findet man es nur für Freunde und Menschen, die man liebt; dann bewegt einen auch das Leid eines Unbekannten, sofern man ihn dieses Gefühls für wert erachtet; und schließlich dehnt es sich selbst auf Gewalttätige, Trunkenbolde, Unterdrückte und Verkommene aus und nimmt eine göttliche Qualität an.

Sie werden dahin kommen, daß Sie sogar Menschen, die Sie *Dankbarkeit* tadeln und mit schlechten Gefühlen erfüllen, dankbar sind. Sie dürfen nicht schwanken, auch dann nicht, wenn es so scheint, als würde Ihnen der Teppich unter den Füßen weggezogen. *Die Befreiung ist immer ihren Preis wert, worin er auch bestehen mag.*

Versuchungen

Selbst der größte Yogi ist immer wieder Versuchungen ausgesetzt. Die Versuchungen werden nur subtiler. Umgeben Sie deshalb Ihren Guru – den Priester, Geistlichen oder wen Sie sonst dazu erwählen – ebenfalls mit dem Licht.

Ein Guru kann durch die Kritik seiner Anhänger zugrunde gerichtet werden. Zuviel Verehrung kann das gleiche bewirken, doch nur bei einem Guru, der noch sehr ichbezogen ist, der nicht genügend Unterscheidungsfähigkeit besitzt, der vielleicht nicht einmal begreift, was es bedeutet, ein Guru zu sein. Ein Guru kann einen Fehler begehen, doch wie ein guter Vater tut er es nicht mit Absicht.

Kritisieren Sie nie andere Suchende, die Ihrer Meinung nach einen falschen Weg gehen. Umgeben Sie sie mit dem Licht. Überlassen Sie es dem Licht, ihnen den richtigen Weg zu weisen. Wir wissen nicht, wie der göttliche Plan aussieht.

Gewahrsein und Unterscheidungsvermögen sind die größten Kräfte, die man durch die Chakras erlangen kann, doch sie müssen gekrönt sein von Mitgefühl. Dies ist die Haltung des hohen Selbst, an dem das Ego keinen Anteil hat:

»Das Göttliche in mir grüßt und achtet das Göttliche in dir.«

Elftes Kapitel

Gedanken über Geist, Bewußtsein und Energie

»Der Tropfen ist in das Meer zurückgekehrt«

Riesige Kraft ist erforderlich, um einen schweren Körper aus dem Gravitationsfeld der Erde hinauszubefördern. Ebenso muß der Geist erhebliche Kraft aufwenden, um sich über seine nach allgemeiner Auffassung bestehenden Begrenzungen zu erheben. Wer diese Grenzen überschreiten will, muß sich der Erforschung von Geist und Bewußtsein widmen und sich dabei mit allen Teilen der menschlichen Gesellschaft beschäftigen. Es ist ratsam, dabei alle Rassenvorurteile fallenzulassen und die Menschen lediglich als von Zeit, Raum und Umständen bestimmt zu sehen. Die kulturellen Bedingungen jeder gesellschaftlichen Gruppe bestimmen das Leben der ihr angehörenden Menschen, deren Geist sich auf verschiedene Weise entwickelt und unterschiedliche Kräfte erlangen kann. Dies geht aus den von Menschen verschiedener Kulturkreise verfaßten Berichten über die Kundalini und ihre Kräfte eindeutig hervor.

Überaus wichtig ist es bei der Erforschung von Geist und Bewußtsein, vorgefaßte Meinungen beiseite zu lassen, da diese feste Grenzen setzen und eine objektive Untersuchung unmöglich machen. Man muß sich bei dieser Erforschung viele Fragen stellen. »Bin ich imstande, mich jeder Beurteilung zu enthalten? Bin ich bereit, in unbekannte Bereiche des Geistes vorzustoßen? Wie kann ich meine Ängste bewältigen? Wenn ich davon ausgehe, daß bestimmte ›Phänomene‹ eine reale Basis haben – welchen Einfluß hat dies auf meine geistige Einstellung und wieweit kann es mich geistig und emotional aus dem Gleichgewicht bringen? Wie müßte ich mein gewohntes Weltbild verändern?«

Stellen Sie sich einmal vor, Sie könnten Gegenstände allein durch Gedankenkraft bewegen. Und inwieweit würde es Ihre Vorstellung von der Welt verändern, wenn Sie einen Veilchensamen auf Ihrer Handfläche in zehn Minuten zum Keimen, Wachsen und Blühen bringen könnten? Sind die Mauern von Jericho eingestürzt, weil auf den Posaunen ein bestimmter Ton geblasen wurde? Wurden die riesigen Granitblöcke der Pyramiden mit Hilfe von Tönen bewegt? Haben Sie die Zeit vor Ihrem irdischen Leben im Weltall verbracht – und aufgrund welcher Entscheidung und aus welchen Gründen sind Sie zurückgekehrt?

Diese Art von Fragen müssen wir uns stellen, wenn wir unsere Kenntnisse über Geist und Bewußtsein erweitern wollen. Auch hier erweist sich wieder die Notwendigkeit geistiger und emotionaler Disziplin. Ängste und Befürchtungen, die aus mangelnder Disziplin erwachsen, müssen bewältigt werden. Haben sie andere, unbekannte Ursachen, so können sie einen Schutz darstellen, der die vorzeitige Beschäftigung mit solchen Dingen verhindert. Der Schüler sollte dem Geist nichts aufzwingen, denn eine Überlastung kann zu einem Zusammenbruch führen.

Schüler, die aus ihren Übungen bereits Erfahrungen gewonnen haben und innerlich gefestigt sind, haben die Kraft, solche paranormalen Erfahrungen zu bewältigen. Es ist so ähnlich wie bei neu entwickelten Maschinen, die anfangs groß und ungefüge sind, jedoch nach Überwindung technischer und psychologischer Probleme verkleinert werden können.

Geist ist etwas anderes als Bewußtsein. Kleine Kinder besitzen oft die Fähigkeit des Hellsehens oder Hellhörens, ohne sich dessen bewußt zu sein, daß andere Menschen nicht über diese Fähigkeiten verfügen. Bewußtsein ist eine Manifestation des Prana (Energie). Auf welche Weise Prana-Energie Bewußtsein erzeugt, ist nicht bekannt. In den alten Schriften gibt es keine Hinweise darauf, denn das höchste Wissen wurde nur persönlich durch den Guru an den Schüler weitergegeben. Falls es heute noch Gurus gibt, die über dieses Wissen verfügen, dürfte es schwierig sein, sie zu finden und etwas von ihnen darüber zu erfahren. Der Grund ist klar: Die Möglichkeit des Mißbrauchs von Macht. Als Ramakrishna Vivekananda zu einer außerkörperlichen Erfahrung verholfen hatte, sagte er ihm, er habe es ihm einmal gezeigt, aber jetzt müsse er es selbst tun.

Untersuchungen deuten darauf hin, daß höhere Bewußtseinszustände mit Dimensionen zusammenhängen, die über die dreidimensionale Welt hinausgehen. Es ist für den Geist schwierig, sich eine vierte, fünfte, sechste, siebente oder vielleicht sogar achte Dimension oder den Zustand, den man Samadhi nennt, vorzustellen. Es gibt keine ins Englische übersetzte Schrift, die erklärt, was der Samadhi ist oder was die sechs verschiedenen Stufen, aus denen es besteht, bedeuten. Vielleicht ist dieses Wissen verlorengegangen. Es dürfte klar sein, daß die sechste Stufe des Samadhi nicht mehr ist als ein erster Blick in die vierte Dimension, die sich der Mensch, vielleicht mit Ausnahme von Mathematikern und Physikern, nicht vorstellen kann.

Die Behauptung, daß alles im Geist erschaffen wird, kann psychologisch wie vom Standpunkt der Imagination aus betrachtet werden. Obwohl keine Schrift bekannt ist, in der behauptet wird, daß irgend etwas existiert, das nicht durch menschliche Intelligenz erschaffen wurde, muß man sich fragen, inwieweit die pauschale Aussage »Alles ist im Geist« von Nutzen ist. Patanjali sagt in den Sutren III.27, 28 und 29, daß wir Wissen über die Sonne, den Mond und den Polarstern erlangen können. Das bedeutet, daß diese Himmelskörper nicht durch den gewöhnlichen menschlichen Geist erschaffen wurden.

Ein Bewußtsein, das in einer fünften oder sechsten Dimension funktioniert, kann man sich in der dritten Dimension nicht vorstellen. Selbst wenn man eine vage Vorstellung davon hätte, so hat doch die Sprache ihre Grenzen; und alles jenseits der dritten Dimension kann nur sehr schwer dargestellt werden. Es ist bekannt, daß alle Erleuchteten über diese Dimension geschwiegen haben, weil es keine Worte gibt, mit denen über sie etwas mitgeteilt werden kann. Was außerhalb des menschlichen Bewußtseins durch andere intelligente Kräfte erschaffen wurde, ist eine Frage, die noch niemand beantworten kann. Wie ich sie verstehe, sagen alle Definitionen des Samadhi darüber nichts aus.

Wir haben schon früher gesagt, daß die Macht, die das Auge und das Ohr erschaffen hat, sehen und hören kann. Wenn diese Macht kein physisches Auge braucht, um sehen, und kein physisches Ohr, um zu hören, muß man annehmen, daß diese Macht oder Energie kein Substrat braucht, wie das beim Menschen im gegenwärtigen Stadium der Evolution der Fall ist.

Wir möchten unsere Hypothese noch erweitern. Wenn Bewußtsein Energie ist und Energie unzerstörbar ist, was geschieht dann mit der Energie, wenn ihr Substrat, der Körper, nicht mehr existiert? Gibt es ein körperloses Bewußtsein? Was können solche Kräfte tun? Können Sie auf Menschen einwirken? Wenn ja, auf welche Weise? Was geschieht mit ihnen und wo haben sie ihren »Wohnsitz«? Welche Macht kann ein solches körperloses Bewußtsein ausüben? Ist seine Kraft unerschöpflich? Erneuert sie sich aus sich selbst heraus oder wird sie von irgendwoher gespeist? Wenn wir annehmen, daß es körperloses Bewußtsein gibt und daß seine Energie begrenzt ist, wie und wo findet dann ihre Regenerierung statt? Kann solches körperloses Bewußtsein die in einem Körper wirksamen Kräfte beeinflussen oder einen Körper als Substrat benutzen und von seiner emotionalen Energie zehren?

Solche Überlegungen sind nicht so verstiegen, wie es auf den ersten Blick scheinen mag. Der Mensch bezieht seine körperliche Nahrung aus dem Pflanzen- und Tierreich. Emotional und geistig zehren die Menschen voneinander. Ist es also so abwegig anzunehmen, daß es etwas gibt, dem *wir* als Energiequelle dienen?

Vermutlich hat sich der Mensch schon vor Tausenden von Jahren gefragt, ob und in welcher Form es Leben auf anderen Planeten gibt. Wie wäre Patanjali sonst dazu gekommen, die oben erwähnten Behauptungen aufzustellen? Die Astronomen beschäftigen sich heute mit der gleichen Frage. Vielleicht findet ein solches körperloses Bewußtsein einen Ort, wo es ausruhen oder lernen kann, oder es wartet darauf, sich wieder zu verkörpern, um den Prozeß von Geborenwerden und Sterben in Gang zu halten. Solch ein körperloses Bewußtsein ist schwer vorstellbar, und möglicherweise deuten die Vorstellungen von Engeln, Geistern und großen Meistern auf die Existenz einer Intelligenz hin, die fähig ist, mit uns zu kommunizieren, jedoch auf andere Weise, als dies in einer dreidimensionalen Welt geschieht.

Auch die Glaubenskraft von Millionen Menschen kann sich zu einer Energiekonzentration verdichten. Stellen Sie sich ein großes Wesen vor, das wir »Uma« nennen wollen. Nehmen wir an, daß Uma irgendwann einmal die Aufgabe hatte, als Erlöserin und Befreierin der Menschheit zu fungieren. Wenn fünfhundert Millionen Menschen an Umas Macht geglaubt haben, so wie fünfhundert Millionen Menschen an Jesus glauben, dann stellt der Geist dieser Millionen Menschen eine ungeheure Macht dar.

Alle solchen Beispiele reichen nicht aus, um etwas zu erklären, was mit unseren Sinnen nicht wahrnehmbar ist. Doch diese Macht wird leichter verständlich, wenn man an die unglaublich wirkungsvolle Kraft denkt, die durch Massenhypnose erzeugt wird, bei der sich das individuelle Bewußtsein in ein Massenbewußtsein verwandelt. Wenn dies auf der physischen

Ebene möglich ist, muß man annehmen, daß es auch auf anderen Ebenen geschehen kann.

Der Schüler sollte jetzt in den Anmerkungen 11 und 12 (siehe Anhang) die Auszüge über die jungen Götter und den Abstieg der Seele lesen. Wie sollen wir uns die Wirkungen der Geisteskraft vorstellen, wenn wir hören, daß Brahmas erste vier Söhne »aus dem Geist geboren« waren? Besteht hier ein Zusammenhang mit den jungen Göttern aus dem mittleren Himmel? Ist es möglich, daß der Geist sich einmal aus sich selbst heraus fortpflanzen konnte, und nachdem er diese Macht verloren hatte, von der heute bekannten Methode der Fortpflanzung Gebrauch machen mußte? Mittels der Macht der Imagination kann eine Frau, die sich sehr stark ein Kind wünscht, sämtliche Symptome einer Schwangerschaft erzeugen. Gehen wir einen Schritt weiter. Was bedeutet der Ausspruch »Ihr seid Götter«? Es wäre denkbar, daß die Ansammlung von Intelligenzen eine Erweiterung des Bewußtseins erfordert und daß diese Evolution bei der Menschheit noch in Gang ist. Vielleicht war dieser Prozeß noch nicht weit fortgeschritten, als diese jungen Götter aus Neugier auf die Erde herabkamen. Ihre Körper werden als ätherisch beschrieben; das heißt, sie bestanden aus so feiner Materie, daß sie nicht sichtbar waren. Offenbar veränderte sich die Konsistenz dieser jungen Götter, als sie zu lange auf der Erde blieben. Es heißt, daß ihre Körper sich verfestigten. Daraus müssen wir schließen, daß das Leben auf der Erde nur in einem physischen Körper möglich ist, während ein Bewußtsein, das nicht mit einem schweren Körper belastet ist, vielleicht imstande ist, einige Zeit auf anderen Sternen oder Planeten zu verbringen, um sich weiterzuentwickeln oder um Energie zu sammeln.

Energie ist für jeden verfügbar, der davon Gebrauch zu machen wünscht. Das Streben nach höherem Bewußtsein ist wie das Graben nach dem gelben oder schwarzen Gold, das im Innern der Erde verborgen ist. In beiden Fällen haben nur jene Erfolg, die bereit sind, die nötige Mühe aufzuwenden.

Gott ist eine Personifikation der Energie – der kosmischen Energie, kosmischen Intelligenz, des Absoluten. Die persönliche Gottesvorstellung kann nur durch allmähliche Entwicklung des individuellen Bewußtseins überwunden werden.

Der Jahrhunderte gültige Glaube, der Mensch könne nur durch Leid und Armut ein Heiliger werden, ist unrichtig und wurde von Intellektuellen und Wissenschaftlern verworfen.

Doch auch der Stolz auf den eigenen Intellekt und die oft damit verbundene Überheblichkeit müssen abgelegt werden, denn sie versperren den Weg zu höherem Bewußtsein. Der Heilige ist in Wirklichkeit eine besondere Art von Genie, und die Zukunft des Menschen liegt in der beschleunigten Entwicklung von Intelligenz und Bewußtheit durch Zusammenwirken mit dem Evolutionsprozeß.

Die Entwicklung der Intelligenz ist die Bestimmung des Menschen, seit er auf dieser Erde existiert. Jede Erfahrung, die man im Leben macht, ist Teil dieser Evolution, und je intensiver und drastischer eine Erfahrung ist, um so mehr kann daraus gelernt werden. Eine Erfahrung, aus der man nichts gelernt hat, muß man noch einmal durchmachen. Manches kann man von anderen Menschen oder durch Lesen und Studieren lernen. Anderes Wissen wird von Geist zu Geist weitergegeben (vom Guru an den Schüler), doch es gibt Beweise dafür, daß eine Übermittlung auch durch bestimmte geistige Wesenheiten erfolgen kann, die verkörpert oder nicht verkörpert sein können. Die Übermittlung von Wissen findet auch durch Ausstrahlung von einer bisher unbekannten Quelle statt.

Die Intelligenz, der faszinierendste Aspekt des menschlichen Geistes, ist gegenwärtig hauptsächlich darauf gerichtet, wissenschaftliche Entdeckungen und Erfindungen zu machen. Es gibt noch unentdeckte Potentiale des Gehirns, das erschaffen wurde, um Bewußtsein zu entwickeln und von anderen Dimensionen ausgestrahltes Wissen zu speichern.

Vielleicht machen Sie sich jetzt auf die Suche nach Ihrem Guru?

Anhang

»Der Wunsch zu wachsen ist wie eine wunderschöne Blume.
Sie muß in der Welt Wurzeln schlagen, und sie muß wachsen,
die Erddecke durchstoßen und sich dem Licht offenbaren.«

Anmerkungen

1. Verschiedene Wege für den Schüler
   Zweck dieses Buches ist es, Menschen, die die ihnen innewohnende latente Kraft zu entdecken wünschen und die bereit sind,
   mit dem Gesetz der Evolution zusammenzuwirken, mit Methoden zur Entwicklung größerer Fähigkeiten bekanntzumachen.
   Ich habe darin versucht, einen Mittelweg aufzuzeigen, der es dem
   Schüler ermöglicht, höhere Ziele anzustreben, ohne seine fami-
   liären oder beruflichen Verpflichtungen vernachlässigen zu müssen. Dieser Weg ist ein anderer als der des Entsagenden, der viele
   weltliche Aktivitäten und Interessen aufgibt, um mehr Zeit und
   Energie dem Ziel der Befreiung widmen zu können.
   Der – in den verschiedenen Religionen unterschiedlich gedeutete
   – Begriff der »Entsagung«, kann vielleicht am Beispiel der Ehe
   veranschaulicht werden, in der man aus Rücksicht auf den Partner
   seine Wünsche, seinen Willen und seine Entscheidungsfreiheit
   teilweise aufgeben muß. Wirkliche Entsagung bedeutet, sich in
   jeder Lebenssituation völlig auf die Erfüllung seiner menschlichen Bedürfnisse zu verlassen, im festen Glauben, daß die Macht,
   die den Menschen erschaffen hat, diesen auch mit allem, was er
   braucht, versorgt. Dies kann man kaum verstehen, wenn man es
   nicht selbst erfahren hat. Durch Entsagung ist es möglich, Klarheit über Aspekte der eigenen Persönlichkeit zu erlangen, die auf
   andere Weise zu erkennen schwierig, wenn nicht unmöglich
   wäre. Jeder muß selbst entscheiden, wieweit er sich dieser Erfahrung aussetzen möchte.

2. Die Macht der Sprache
   In diesem Buch wird immer wieder auf die Macht der Sprache
   und die Wichtigkeit ihrer Entwicklung hingewiesen. Viele religiöse Schriften enthalten Gebote oder Äußerungen, mit denen
   die Macht des Wortes hervorgehoben wird. So sagt zum Beispiel
   Jesus in Matthäus 12, 36, 37: »Ich sage euch aber, daß die Menschen Rechenschaft geben müssen am Tage des Gerichts von
   einem jeglichen nichtsnutzigen Wort, das sie geredet haben. Aus
   deinen Worten wirst du gerechtfertigt werden, und aus deinen

Worten wirst du verdammt werden.« Hier wird auf das Gesetz von Ursache und Wirkung hingewiesen, das auch die Grundlage der Karma-Lehre ist, und es wird höchste Achtsamkeit bei allen (auch verbalen) Handlungen sowie ein Verantwortungsbewußtsein gefordert, das wir nur selten an den Tag legen. Auf ähnliche Weise bedeutet Ahimsa (Nichtschädigen), daß man durch Gedanken, Worte und Taten niemand anderen oder sich selbst schädigen soll – ein in einfachen Worten ausgedrücktes komplexes Gebot, das eingehender Erforschung bedarf.

In den alten Schriften wird die Macht der Sprache die Devi oder Göttin der Sprache genannt. Einige ordnen sie dem Muladhara-Chakra zu und sprechen später vom »*Gott* der Sprache«. In diesem Buch wird durchgehend der Terminus »Devi der Sprache« beibehalten, weil die Sprache eine Ausdrucksform der Schöpfung ist, die einen weiblichen oder mütterlichen Aspekt besitzt. Sie umfaßt auch die Aspekte Überredung, Hypnose und Verlockung durch Gesang.

Hat man die Bedeutung der Macht der Sprache erfaßt, begreift man auch den wichtigen Einfluß von »Leitsätzen« auf den Geist und kann diese benützen, um Veränderungen zu bewirken. Ein Leitsatz ist ein kurzer Satz in Befehlsform, der, die meiste Zeit unbewußt, innerlich wiederholt wird, zum Beispiel »Das kann ich nicht« oder »So etwas habe ich noch nie getan«. Dadurch wird der Wille, einen Versuch zu unternehmen, untergraben und ein Erfolg unmöglich gemacht. Dem kann durch positive Leitsätze entgegengewirkt werden. Hier bieten sich dem Schüler mannigfache Möglichkeiten zu eigenen Experimenten. Die Wirksamkeit von Leitsätzen, die eine Art Suggestion darstellen, hängt von ihrer Kürze ab. Sie müssen klar und positiv formuliert sein.

3. Mantra
   Der Mantra-Yoga erhöht die Sensibilität des Übenden für Schwingungen. Wenn sich der Geist auf den Ton und die Schwingung eines Mantra konzentriert, erreicht er einen Zustand, der zur Meditation und darüber hinaus führt. Ebenso wie ein Ton Wasser in einem Glas aufrühren kann, rühren die Vibrationen des Mantra das Unbewußte auf.

   Emotionen kann man nur unter Kontrolle bringen – sie sollen nicht überwunden werden, denn sie erfüllen in unserem Leben einen bestimmten Zweck. Doch Kontrolle über seine Emotionen zu erlangen ist alles andere als einfach. Durch lautes Rezitieren eines Mantra kann man alle Arten von Emotionen zum Ausdruck bringen, von der häßlichsten bis zur reinsten. Wenn man diese Gefühle »aus sich heraus singt«, lernt man beide Teile seiner selbst zu akzeptieren und gibt sich nicht mehr der Täuschung hin, nur gut, nur rein oder nur häßlich zu sein. Wenn wir frei sein wollen, müssen wir versuchen, uns über alle Gegensätze zu erheben.

Das Wiederholen eines Mantra erweckt allmählich die höheren Fähigkeiten in uns. Das Mantra kann laut, im Flüsterton oder im Geist rezitiert werden. Man kann zwischen geistigem und lautem Rezitieren abwechseln, um zu verhindern, daß der Geist abschweift.

Zeitlich ausgedehntes Rezitieren des Mantra bringt den Schüler in Kontakt mit dem Selbst und befreit von emotionaler Unausgeglichenheit. Wir können uns dadurch in Einklang mit uns selbst bringen. Keine dieser positiven Wirkungen ist jedoch ohne ernsthafte Bemühungen zu erreichen. Das stundenlange Rezitieren eines Mantra ist für einen westlichen Menschen, der es seit seiner Kindheit gewohnt ist, von außen her unterhalten zu werden, keine einfache Sache. Es kann ihm langweilig, stumpfsinnig, sinnlos erscheinen. Wer jedoch beharrlich bleibt und die notwendige Zeit dafür aufwendet, wird die überaus wohltätigen Wirkungen spüren.

4. Sex und Keuschheit

Um zu verstehen, warum manche Schüler sexuelle Enthaltsamkeit üben, muß man sich eingehend mit dem Begriff Abhängigkeit auseinandersetzen. Alle Lebewesen sind hinsichtlich ihrer Ernährung von anderen Lebensformen abhängig – der Mensch vom Tier-, Mineral- und Pflanzenreich. Doch der Mensch ist auch – vor allem gefühlsmäßig – von anderen Menschen abhängig, und zur stärksten Abhängigkeit können sexuelle Beziehungen führen. Wenn man das bedenkt, kann man vielleicht leichter verstehen, daß manche Menschen in einem bestimmten Entwicklungsstadium die Entscheidung treffen, sexuelle Enthaltsamkeit zu üben. Nach der Yoga-Lehre gibt es folgende menschliche Evolutionsstadien: Mineral-Mensch, Pflanzen-Mensch, Tier-Mensch, Mensch-Mensch (der wahrhaft menschliche Mensch) und Gott-Mensch (der vollkommen befreite Mensch).

5. Geist und Bewußtsein

Hypothesen können sehr nützlich sein, doch bei der Erforschung von Geist und Bewußtsein können sie sich als verhängnisvoll erweisen. Mit ziemlicher Sicherheit kann man annehmen, daß Bewußtsein Energie ist. Über den Prozeß ihrer Manifestation ist noch nichts bekannt. Den Geist kann man als einen Bildschirm betrachten, auf dem laufend Bilder erscheinen. Das Bewußtsein ist allgegenwärtig. Geist und Materie stehen in einer Wechselbeziehung, verbunden durch die vereinigende Kraft des Bewußtseins, das alles Wissen zugänglich macht.

6. Verehrung

Viele Menschen im Westen haben keinen Sinn für Verehrung und meinen, daß sie in ihrem Leben keine Rolle spielt. Man bedenke jedoch, welcher Starkult heutzutage mit Popmusikern und Filmschauspielern getrieben wird. Diese Art von Verehrung entspringt einem tiefen Verlangen, das nach Erfüllung sucht und sich auf diese Weise äußert, wenn man zu traditionellen Formen der Verehrung keinen Zugang findet. Menschen, die behaupten, über geheimes Wissen zu verfügen, oder eine Machtposition innehaben, finden leicht Anhänger, die sie bewundern und verehren. Viele der Pseudo-Gurus unserer Zeit sind nur deshalb so erfolgreich, weil ihre äußerliche Aufmachung den Vorstellungen Unwissender entspricht. Verehrung im positiven Sinn ist jedoch ein sehr hilfreicher, der persönlichen Entwicklung förderlicher Faktor. Wichtig ist dabei aber die Anwendung von Unterscheidungsvermögen.

Man kann für die persönliche Verehrung ein spirituelles Bild erschaffen und mit Hilfe der Imaginationsfähigkeit visualisieren. Dieses Bild dient nur einem bestimmten Zweck. Es ist etwas Äußerliches. Regelmäßiges Üben der Anrufung des Göttlichen Lichts macht solche bildlichen Vorstellungen überflüssig, da es zur Entwicklung intuitiver Wahrnehmungsmöglichkeit führt. Die Lichtmeditation ist gerade für den Anfänger eine der subtilsten Methoden überhaupt. Sie kann den Suchenden von unerwünschten religiösen Vorstellungen befreien. Außerdem wird, sobald man die Konzentration beherrscht, die Substitution verschiedener Götter und Göttinnen vermieden.

Verehrung ist ein Prozeß, durch den man Selbsterkenntnis erlangt, indem man seine Gedanken auf ein außerhalb von einem selbst befindliches Objekt richtet, das nicht greifbar ist und dennoch eine eigene Realität besitzt.

7. Geheime Kräfte des Geistes

Der Schüler, der nach klaren, eindeutigen Antworten sucht, muß sich dessen bewußt sein, daß die Methoden zur Erlangung bestimmter geistiger Kräfte geheimgehalten werden. Die Macht einer Regierung hängt von der Unterstützung durch die Massen ab, deren geistiges Niveau gering ist. Die Geschichte zeigt, daß Menschen, die sich gegen ein System auflehnten, unter dem die Mehrheit sich sicher und geborgen fühlte, immer unterdrückt oder gar eingesperrt wurden. Jesus war ein solcher Rebell seiner Zeit, und er mußte teuer dafür bezahlen. Die Erkenntnisse großer Yogis können jedoch durch tiefes Nachdenken nachvollzogen werden.

Eines dieser strenggehüteten Geheimnisse ist der durch den umgekehrten Baum symbolisierte mystische Hatha-Yoga. Es ist Sache des Schülers, die Asanas so lange zu üben, bis sich ihm das Geheimnis erschließt. Ohne Studium der alten Schriften und der Mythologie bringt dies nach meiner Erfahrung jedoch wenig Gewinn.

Eine andere Übung – das Erfüllen der Wirbelsäule mit Licht – ist wesentlich mehr als eine Konzentrationsübung. Sie bewirkt eine Veränderung der atomaren Struktur des Gehirns und beseitigt unnötige Furcht, wodurch der Schüler auf paranormale Erfahrungen vorbereitet wird. Es ist deshalb nicht möglich, Anweisungen für höhere Stufen dieser Übung zu erteilen.

Eine andere geheime Fähigkeit ist das Zurückziehen der Lebenskraft. Ich lernte einmal den Sohn eines Yogi kennen, der wütend und enttäuscht darüber gewesen war, daß sein Vater die Familie verlassen hatte, um den Yoga-Weg zu gehen, jedoch im Begriff war, das gleiche zu tun, als ich ihm begegnete. Sein Vater hatte ihm erlaubt, ihn zu beobachten, als er die Lebenskraft bewußt und willentlich zurückzog, nachdem er ihm genau erklärt hatte, was er tun würde und wie lange es dauern würde. Als der junge Mann beschloß, ebenfalls den Yoga-Weg zu gehen, traf er Vorkehrungen, die sicherstellten, daß seine Familie nicht darunter zu leiden hatte.

»Prana« wird mit Lebenskraft übersetzt – eine nicht gerade ideale Übersetzung, bei der wir es jedoch bewenden lassen wollen. Die Ägypter benutzten ein in der Wirbelsäule aufsteigendes Ankh-Kreuz als Symbol für die Lebenskraft. Es gibt einen interessanten Wandteppich, der die Wirbelsäule von Osiris zeigt, aus der ein von der Sonne bekröntes Ankh-Kreuz mit zwei ausgestreckten Armen aufsteigt. Die Sonne ist ein Symbol für diese besondere Lebenskraft, und ein Punkt deutet darauf hin, daß es sich dabei nicht um die wirkliche Sonne handelt. Jeder muß selbst über die Bedeutung von »Prana« und ihre verschiedenen Ebenen nachsinnen, denn alle Kräfte haben ihren Ursprung im Prana. Die Erklärung, daß Prana die Lebenskraft sei, ist für den Schüler nur die erste Stufe; alle weiteren Entdeckungen bleiben ihm selbst überlassen.

In seinem Buch *Licht auf Yoga* mahnt B. K. S. Iyengar den Schüler, bei Pranayama-Übungen Vorsicht walten zu lassen, wobei er auf Kapitel zwei, Vers sechzehn der *Hatha-Yoga-Pradipika* verweist, wo es heißt: »Löwen, Elefanten und Tiger werden sehr langsam und vorsichtig gezähmt, und ebenso sollte Prana sehr langsam und stufenweise gemäß der eigenen Fähigkeit und körperlichen Konstitution unter Kontrolle gebracht werden. Sonst tötet es den Übenden.« Ich halte diese Warnung für wohlbegründet.

8. Falsche Ansichten über Kundalini und Sexualität

Da traditionellerweise die Lehre vom Guru persönlich an den Schüler weitergegeben wurde, stellte die Kundalini etwas Geheimnisvolles dar, das viele Spekulationen ausgelöst und Verwirrung geschaffen hat. Leider richtet sich das große Interesse, das heute an der Kundalini-Energie besteht, hauptsächlich auf einen ihrer Aspekte: den sexuellen. Vor allem im Westen verbindet man mit diesem Begriff mancherlei abwegige Dinge. Alle möglichen Phänomene werden der Kundalini-Energie und ihrer überwältigenden Macht zugeschrieben, und Männer und Frauen lassen ihre sexuellen Hemmungen fallen und geben sich allen möglichen unzulässigen sexuellen Aktivitäten hin. Diese Verkennung des Wesens und des Zweckes der Kundalini führt nicht nur zu Verwirrung und zur Zerstörung menschlicher Beziehungen, sondern auch zu geistiger Unausgewogenheit. Dies ist die Folge davon, daß man über den Pfad der Kundalini nicht ausreichend informiert ist und kein Fundament gelegt hat.

Es gibt zwei Hauptrichtungen des Kundalini-Yoga. Beiden Lehren zufolge ist die reine Energie im Muladhara-Chakra konzentriert. Die eine Schule setzt diese Energie auf konkrete Weise für sexuelle Zwecke ein, die andere lehnt eine konkrete Verwendung der Energie ab und sucht, alle Verhaftungen, auch die an die Sexualität, durch Entwicklung der geistigen Kräfte zu transzendieren. Wenn dieser Unterschied hinsichtlich der Verwendung der Energie nicht begriffen wird, entstehen Probleme. Selbst bei konkreter Verwendung, also der Einbeziehung sexueller Aktivitäten, muß bedacht werden, daß alle in den alten Schriften enthaltenen Aussagen von einem männlichen Standpunkt aus getroffen wurden. Dem Mann wird nicht die Verantwortung für die beim sexuellen Verkehr möglicherweise gezeugten Kinder aufgebürdet, da dies traditionsgemäß Sache der Frau ist. Die alten Schriften enthalten keinerlei Hinweis darauf, was mit der Frau und den Kindern geschehen soll, wenn der Mann beschließt, seine sexuellen Kräfte zu seiner Befreiung und zur Erlangung höherer Kräfte einzusetzen. In diesem Fall wird die Frau als Mittel zum Zweck benutzt – und wenn sie dann Mutter wird, hindern sie und das Kind den Mann an der Erreichung seines Ziels. Ist das nicht letzten Endes unsinnig? Man kann nicht umhin, sich zu fragen, ob es sein kann, daß der Preis für die Erlangung eines höheren Bewußtseins darin besteht, daß der Mann Frau und Kind verläßt. Wenn Mann und Frau dazu bestimmt sind, einander zu ergänzen, und wenn durch die sexuelle Vereinigung ein höherer Bewußtseinszustand erreicht werden kann, dann sollte das durch diese Vereinigung entstehende Kind akzeptiert und verehrt werden. Die westliche Wegwerfmentalität spiegelt sich auch in der Beziehung zwischen Mann und Frau wider. Wie kann man erwarten, einen höheren Bewußtseinszustand zu erlangen, wenn man nicht bereit ist, gebührend Rücksicht auf den Partner zu nehmen und die Verantwortung für die Folgen seines Handelns zu akzeptieren?

In der Kundalini-Symbolik ist die Einheit von Shiva und Shakti durch einen einzigen Körper dargestellt, nicht als eine Vereinigung zweier Körper. Shiva wird halb Mann und halb Frau, wodurch ausgedrückt wird, daß die Energie und ihre Manifestation untrennbar sind. Der Sinn dieser Symbolik wird heute nicht mehr richtig verstanden. Wahre Einheit wird nur in einem besonderen Geisteszustand erreicht, für den das sinnliche Vergnügen beim Geschlechtsakt, das oft fälschlicherweise mit der sexuellen Vereinigung gleichgesetzt wird, ohne Bedeutung ist. Das Lustgefühl beruht lediglich auf einer Reizung des Lustzentrums im Gehirn. Die wahre Vereinigung findet auf vielen Ebenen statt und beginnt mit der Vereinigung des Männlichen und Weiblichen in einem selbst, die nichts mit Sexualität zu tun hat. Die höchste Erfahrung ist die Vereinigung des individuellen Bewußtseins mit dem kosmischen Bewußtsein, zu deren Beschreibung unsere Sprache nicht ausreicht.

Man kann einen Schritt weitergehen und sagen, daß alles, was wir auf körperlicher Ebene spüren, eine durch einen Reiz ausgelöste Empfindung ist, die durch den Geist interpretiert wird. Es heißt, daß der Yogi im zweiten Chakra Welten zerstören kann. Es sind dies die Welten des Geistes, der eine ungeheure schöpferische Macht besitzt. Wer intensiv Kundalini-Yoga praktiziert, erkennt seine Bedürfnisse, die ansonsten auf eine andere Person projiziert werden, wodurch der Projizierende – selbst wenn es ihm nicht bewußt wird – seine Bedürfnisse durch den anderen wahrnimmt. Der Sexualtrieb ist eine überaus starke Kraft. Emotionale und sexuelle Abhängigkeit sind viel mehr als nur ein durch mißglückte Sozialisation verursachtes Problem. Hinter einer starken Ichbezogenheit steckt immer eine ganze Kette von Meinungen und Konstrukten, die erschaffen wurden, um die Bedürfnisse des »Ich« zu erfüllen. Wenn die Bewußtheit eines Menschen wächst, stellt sich heraus, daß die Überbetonung der Sexualität in den höheren Chakras immer mehr schwindet. Ebenso ist die durch den Erwerb materieller Dinge erlangte Befriedigung kurzlebig, und die Wünsche werden immer mehr. Der Schüler gelangt jedoch in seiner Entwicklung an einen Punkt, wo ihn das Glück eines anderen Menschen mit einer Freude erfüllt, die nichts mit ihm selbst zu tun hat. Es ist eine reine Freude, die auf den Schüler zurückstrahlt.

Die andere Richtung sucht die konkrete Anwendung der Energie aufgrund der Erkenntnis zu transzendieren, daß der Mensch die Sexualität schon in Tausenden von Leben ausgelebt hat. Ihre Anhänger haben erkannt, daß es einmal notwendig ist, alle Verhaftungen und vor allem die Verhaftung an die Sexualität aufzugeben. Der Dhyana-Yogi (der meditative Yogi) ist bemüht, die Energie zu bewahren, um sie für sein mühevolles Streben nach Befreiung einsetzen zu können. Das ist leicht zu verstehen, wenn man bedenkt, daß auch im Alltagsleben bestimmte, mit hohen Anforderungen verbundene leitende Positionen für junge Menschen, die noch viel Zeit und Energie für sexuelle Beziehungen aufwenden, nicht geeignet sind. Nur ein Anfänger könnte annehmen, daß es möglich ist, gleichzeitig die Erfüllung seiner Wünsche und die Befreiung anzustreben. Solange man der Sexualität verhaftet ist, kann die Befreiung nicht erlangt werden.

Auszug aus »Kuṇḍalini: An Overview« von Swami Sivananda Radha. *Erstabdruck 1977 in* Ascent, *der Zeitschrift der Yasodhara Ashram Society.*

9. Symptome der Kundalini-Kraft

Die Wirkungen der Kundalini-Kraft sind negativ, wenn kein Umdenken erfolgt ist und wenn der bewußte (interpretierende) Geist nicht ausreichend darin geschult wurde, Veränderungen zu akzeptieren (zum Beispiel eine Steigerung der Geisteskraft, die vorher für unmöglich gehalten wurde). Zahlreiche Erfahrungen werden der Kundalini-Kraft zugeschrieben, obwohl sie lediglich auf die Beseitigung von Hemmungen, unter anderem im sexuellen Bereich, zurückzuführen sind. Alle Hemmungen sind in hohem Maß angelernt und nicht bewußt kontrollierbar. Sowohl Hemmungen wie Unterscheidungsvermögen sind erforderlich, um instinktive Begierden und Triebe zu zügeln, die anderen Menschen Schaden zufügen können.

Die Manipulation des Geistes durch Methoden wie Hypnose kann beängstigende oder absonderliche Wirkungen hervorrufen. Man muß sich fragen, ob nicht viele der geschilderten körperlichen Symptome Produkte des Geistes sind, verursacht durch Informationen über die Kundalini-Kraft, zu deren Bekanntheit heutzutage alle möglichen Vorträge und Publikationen beitragen. Eine andere wichtige Frage ist, warum die kosmische Intelligenz ein Erwachen der Kundalini bei unvorbereiteten Personen zuläßt. Vielleicht hilft ein Beispiel aus der Natur, diese Frage zu beantworten. Wenn man im Frühjahr Zweige eines Obstbaums in Wasser stellt, dann enthalten diese genügend Energie, um Blüten zu treiben. Diese Blüten entwickeln sich jedoch nicht zu Früchten. Möglicherweise werden die der Kundalini-Kraft zugeschriebenen Manifestationen auf ähnliche Weise durch die im Geist und im Körper vorhandene Energie hervorgebracht. Die schöpferische Fähigkeit des Geistes kann jedoch nicht die Frucht der Erleuchtung hervorbringen.

Ein spontanes Erwachen der Kundalini-Kraft kann Probleme verursachen. Einige davon sind:

- Leichtes Versinken in den Meditationszustand
- Schwindelgefühl (bei Kreislaufschwäche)
- Plötzliche Weinkrämpfe (Lösung aufgestauter Emotionen)
- Druck oder Schmerzen im Bereich der Wirbelsäule
- Schmerzen auf der rechten oder linken Brustseite
- Druckgefühl in den Augen
- Druckgefühl hinter der Stirn
- Druckgefühl an der höchsten Stelle des Kopfes
- Atembeschwerden
- Das Gefühl, von Energie erfüllt zu sein
- Geräusche im Kopf
- Gefährlich verlangsamte Atmung
- Hitze- und Kälteempfindungen in verschiedenen Körperteilen
- Kalter Körper, warme Fontanelle
- Pulsieren in der Beckengegend, im Unterleib oder Kopf
- Ein Gefühl, leer oder »nicht da« zu sein
- Gereiztheit

Rückenbeschwerden treten auf, wenn man in früheren Existenzen von starken Emotionen beherrscht war. In diesem Fall kann das Problem aus karmischen Gründen als körperliches Symptom wieder auftauchen, damit das Hindernis beseitigt wird. Auch Rachegefühle oder auf einer ungezügelten Imagination beruhende Täuschungen sowie ganz gewöhnliche körperliche Störungen können die Ursache sein.

Übersinnliche Fähigkeiten sind nichts Ungewöhnliches, auf besonders begabte Menschen Beschränktes. Um sie zu steigern, muß man es sich zur Gewohnheit machen, auf kleine Phänomene zu achten, die meist übersehen werden. Dazu gehören der »innere Wecker« (die Fähigkeit, zu einer bestimmten Zeit aufzuwachen), die Kommunikation zwischen Mutter und Kind und Vorahnungen.

Intensives Üben kann anfangs sehr starken Druck und geistiges und emotionales Mißbehagen erzeugen, weil dadurch Schwächen bewußt gemacht werden und man mit Selbstsucht, falscher Bescheidenheit, Eitelkeit und allen Arten von Stolz konfrontiert wird. Depressionen sind im allgemeinen die Folge davon, daß man seine Fähigkeiten nicht nützt.

10. Das Potential des Geistes

Der Mensch lebt in einer dreidimensionalen Welt, die die Welt des Denkens und der geistigen Kreativität einschließt. Wenn man diese unter Kontrolle bringt, öffnet sich das Tor zur vierten Dimension.

Seit Aristoteles hat sich der Westen dem linearen Denken verschrieben, das nur Logik und Verstand gelten läßt. Wir wissen jedoch aus Erfahrung, daß das Leben nicht linear, sondern wellenförmig verläuft und daß intuitives Denken zum Ausgleich notwendig ist. Die zwei sich im Ajna-Chakra vereinigenden Nadis können als Symbole für das praktische (logische und verstandesmäßige) und das intuitive Denken betrachtet werden.

Im Osten unterscheidet man nicht so klar zwischen Intellekt und Intuition wie im Westen. Das Problem des westlichen Menschen besteht in der Überbetonung des Intellekts auf Kosten der Intuition. Ein einfacher, nicht mit intellektuellen Denkschemata belasteter Mensch ist aufnahmefähiger. Was kann man tun, um aufnahmefähig zu bleiben und um zu verhindern, daß der Intellekt sich ständig einmischt? Hören Sie auf, zu intellektualisieren und seien Sie offen für alle Eindrücke.

Man nimmt an, daß Intelligenz mit der Geschwindigkeit der Energieübertragung beim Denkvorgang zusammenhängt. Diese liegt eher im Bereich der Schall- als der Lichtgeschwindigkeit. Wenn das Gehirn die Zahl der Verbindungen erhöhen und die Geschwindigkeit eines Computers entwickeln könnte, dann wäre es denkbar, daß es irgendwann in seiner Entwicklung den Computer an Leistungsfähigkeit übertrifft und vielleicht sogar Botschaften aus unbekannten Quellen empfangen kann.

Das alte Säugetiergehirn scheint im Menschen nur auf begrenzte Weise zu funktionieren. Würde es uns gelingen, das volle Potential des Gehirns zu nutzen, dann würden wir über viel stärkere geistige Kräfte verfügen. Es ist möglich, mit Yoga-Praktiken Teile des Gehirns, die durch mangelnden Gebrauch verkümmert sind, wieder funktionsfähig zu machen. Es gibt jedoch keine »Fähigkeiten«, deren Erlangung nur wenigen Privilegierten vorbehalten ist. Für den Yogi ist die Erreichung seines Zieles der Mühe Lohn. Bezüglich der weitgehend ungenutzten Macht des Geistes über die Materie könnte man viele provokante Fragen stellen. Auf welche Weise ist es, zum Beispiel, möglich, Gegenstände allein durch Gedankenkraft zu bewegen? Gibt es tatsächlich ein Phänomen wie die jungfräuliche Geburt? In den alten Schriften ist die Rede von den »vier geistgeborenen Söhnen Brahmas«. Was ist damit gemeint? Ist es möglich, in Bereiche der Schöpfung vorzudringen, die aus feinerer Materie bestehen als jene, die uns derzeit zugänglich sind?

Eine andere Frage ist, was aus den geistig-emotionalen Gedankenmustern wird. Was geschieht mit ihnen? Existieren sie weiter? Ist es möglich, daß vor Jahrmillionen erschaffene Gedankenmuster heute noch existieren? Bewegen sie sich durch den Weltraum und können sie »eingefangen« werden? All dies sind Fragen, deren Erforschung lohnenswert wäre.

11. Die Götter auf Erden
Auszug aus *Ekottara-Agama* XXXIV, *Takakusu* II, 737
Als die Fluten zurückwichen und die Erde wieder auftauchte, bedeckte die Erde ein Schlamm, der süßer roch als Ambrosia. Wollt Ihr wissen, wie der Geschmack dieses Schlamms war? Er war wie der Geschmack von Wein im Mund. Und zu dieser Zeit sagten die Götter des mittleren Himmels zueinander: »Laßt uns nachsehen, wie es auf der Erde aussieht . . . nun, da es wieder eine gibt.« Also kamen die jungen Götter dieses Himmels hinab in die Welt und sahen, daß dieser Schlamm die Erde bedeckte. Sie steckten ihre Finger in die Erde und leckten sie ab. Einige steckten ihre Finger viele Male in die Erde und aßen eine große Menge von dem Schlamm; und diese verloren auf der Stelle ihre Erhabenheit und ihren Glanz. Ihre Körper wurden schwer, und der Stoff, aus dem sie bestanden, wurde zu Fleisch und Knochen. Sie verloren ihre magische Kraft und konnten nicht mehr fliegen. Und sie riefen einander zu: »Wie schrecklich, wir haben unsere magische Kraft verloren. Es bleibt uns nichts anderes übrig, als auf Erden zu bleiben, denn wir können nicht zurück in den Himmel.« Und so blieben sie und ernährten sich von dem Schlamm, der die Erde bedeckte; und einer betrachtete des anderen Schönheit.
Dann wurden die leidenschaftlichsten von ihnen zu Frauen, und die Götter und Göttinnen gaben sich sinnlichen Freuden und Genüssen hin. So breitete sich zu Anbeginn der Welt die körperliche Liebe über die Welt aus . . .
Und die Götter, die in den Himmel zurückgekehrt waren, blickten hinab und sahen die jungen Götter, die gefallen waren, und sie kamen hinunter und tadelten sie: »Warum tut ihr so unreine Dinge?« Da dachten die jungen Götter auf Erden: »Wir müssen eine Möglichkeit finden, zusammen zu sein, ohne von anderen gesehen zu werden.« Und so bauten sie Häuser, in denen sie sich verbergen konnten. So, Brüder, wurden die ersten Häuser gebaut. Nun haßten und verachteten die Leute solche Paare und schlugen sie mit Stöcken und bewarfen sie mit Erdklumpen, Kacheln und Steinen . . . Deshalb wird heute ein Mädchen, das heiratet, mit Blumen oder Gold oder Silber beworfen, und die Leute, die es bewerfen, sagen: »Mögest du glücklich und zufrieden sein, junge Braut!« In früheren Zeiten, Brüder, war solches schlecht gemeint, aber heute ist es gut gemeint.

12. Der Abstieg der Seele

Aus einer Darstellung der Lehren der Sabiner von El-Khatibi, zitiert von Jean Doresse in *The Secret Books of the Egyptian Gnostics*. Viking Press, New York, 1958, 1959 Librairie Blon, Paris, S. 316. »Einst wandte sich die Seele der Materie zu. Sie verliebte sich in sie, entbrannte von Verlangen nach körperlichen Freuden und wollte sich nicht mehr von ihr trennen. So wurde die Welt geboren. In diesem Augenblick vergaß die Seele sich selbst. Sie vergaß ihren ursprünglichen Wohnort, ihre wahre Mitte, ihr ewiges Leben. Doch Gott, der sie nicht ihrer Erniedrigung überlassen mochte, schenkte ihr Verstand und die Fähigkeit des Erkennens, kostbare Gaben, die sie an ihre hohe Herkunft gemahnten und sie begreifen ließen, daß sie hier unten eine Fremde war ... Und seit die Seele das Bewußtsein ihrer selbst wiedererlangt hat, sehnt sie sich nach der geistigen Welt wie ein Mensch, der in einem fremden Land in der Verbannung lebt, sich nach seiner fernen Heimat sehnt. Sie weiß, daß sie sich, um ihren ursprünglichen Zustand wiederzuerlangen, von den Fesseln dieser Welt, von fleischlichen Begierden, von allen materiellen Dingen befreien muß.«

Literatur zum Thema

Avalon, Arthur (Sir John Woodroffe): *Shakti und Shakta*. Weilheim, O. W. Barth Verlag, 1962.

Avalon, Arthur: *Die Schlangenkraft*. Weilheim, O. W. Barth Verlag, 1975.

Avalon, Arthur & Ellen: *Hymns to the Goddess*. Madras, Ganesh & Co. Ltd., 1952.

Aus diesen drei Werken von Arthur Avalon sowie aus *Die Girlande der Buchstaben* (Weilheim, O. W. Barth Verlag, 1968) stammt zum großen Teil das diesem Buch zugrunde liegende theoretische Material. Sie werden dem ernsthaften Schüler zum Studium empfohlen. Andere empfehlenswerte Bücher von Arthur Avalon:

Principles of Tantra. Ganesh & Co., 1952

Kama-Kala-Vilasa. Ganesh & Co., 1953

The Greatness of Shiva. Ganesh & Co., 1953

The Great Liberation. Ganesh & Co., 1953

Hymn to Kali Karpuradi-Stotra. Ganesh & Co., 1953

Tantraraja Tantra. Ganesh & Co., 1954

Introduction to Tantra S'astra. Ganesh & Co., 1956

Kulacudamani Nigama. Ganesh & Co., 1956.

Blaise, Clark & Mukherjee, Bharati: *Days and Nights in Calcutta*. New York, Doubleday & Co., 1977. Dieses Buch hilft dem Leser, das östliche Denken und die Unterschiede zwischen der östlichen und der westlichen Kultur zu verstehen. Außerdem schildert es auf realistische Weise die heutige indische Gesellschaft, wodurch es sich stark von den Büchern mancher im Westen lebender Inder über das Leben der Yogis unterscheidet.

Bracewell, Ronald N.: *The Galactic Club – Intelligent Life in Outer Space*. San Francisco, W. H. Freeman & Co., 1974. Eine wissenschaftliche Untersuchung der Kommunikation zwischen irdischen und außerirdischen Wesen, in der auf hervorragende Weise eine Verbindung zwischen modernem wissenschaftlichem Denken und den von den alten Weisen aufgezeigten Möglichkeiten des Geistes hergestellt wird.

Capra, Fritjof: *Das Tao der Physik*. Bern, Scherz Verlag, 1989 (11. Aufl.). Ein Buch für den Suchenden, der bereits über tiefere Einsicht verfügt und den kosmischen Tanz Shivas nicht nur in allen Manifestationen des Lebens, sondern auch im subatomaren Bereich zu sehen vermag. Capra gibt viele Denkanstöße und entführt den Leser in Regionen jenseits der dritten Dimension.

Cerminara, Gina: *Many Mansions*. New York, New American Library Inc., 1967.

Cerminara, Gina: *Many Lives, Many Loves*. New York, William Sloane Associates, 1963. Beide Bücher von Gina Cerminara vermitteln wertvolle Erkenntnisse über das Karma.

Chinmayananda, Swami: *Ashtavakra Geeta*. Madras, Chinmaya Publications Trust, 1972. Das Studium der Ashtavakra Gita führt zur Erkenntnis und Verwirklichung des Selbst, zur Auflösung des Ego und zur Vereinigung mit dem Absoluten. Um die gewünschten Ergebnisse zu erreichen, muß über jeden einzelnen Vers meditiert werden.

Cirlot, J. E.: *A Dictionary of Symbols*. New York, Philosophical Library Inc., 1962. Der Symbolismus ist im Orient, ebenso wie im Westen, ein wesentlicher Bestandteil der antiken Kunst. Das Buch enthält Wortsymbole, die bei der Beschäftigung mit dem Unbewußten, mit Träumen und Visionen sowie bei der Selbstentwicklung sehr hilfreich sind.

Clark, Adrian V.: *Psycho-Kinesis – Moving Matter with the Mind*. New York. Parker Publishing Co., 1973. Die Vielfalt der in diesem Buch geschilderten Phänomene mag für den Neuling auf diesem Gebiet überwältigend sein, doch sie alle regen zur Beschäftigung mit der Frage an: »Wie wirkt sich die Möglichkeit der Erlangung dieser Kräfte auf mein Leben aus?«

Doresse, Jean: *The Secret Books of the Egyptian Gnostics*. New York, The Viking Press, 1960. Eine Einführung in die bei Chenoboskion entdeckten gnostischen Schriften der Kopten.

Dvidedi, M. N.: *The Yoga Sutras of Patanjali*. Madras, The Theosophical Publishing House, 1947. Diese von Dvidedi, einem Sanskrit-Gelehrten, stammende Übersetzung enthält, ebenso wie die von Ernest Wood, den reinen Text der Sutren ohne wissenschaftliche Kommentare.

Freund, Phillip: *Myths of Creation*. Levittown, (N.Y.), Transatlantic Arts, Inc., 1975. Dieses Buch beschäftigt sich mit der Entwicklung der Vorstellung einer Göttlichen Macht im Lauf der Menschheitsgeschichte.

Garrison, Omar: *Tantra – Yoga des Sexus*. Freiburg. Verlag Hermann Bauer, o. J. Eine sehr gute, klare Darstellung der Sexualität, ihrer Kräfte und deren Transformation zum Zweck der Höherentwicklung.

Gaskell, G. A.: *Dictionary of all Scriptures and Myths*. New York, Julian Press, 1960. Wie alle Lexika nicht vollständig, doch ein ausgezeichnetes Nachschlagewerk voller wichtiger Informationen.

Gopi, Krishna: *Kundalini – Erweckung der geistigen Kraft im Menschen*. Weilheim, O. W. Barth Verlag, 1968. Ein ausgezeichneter Bericht über die Symptome der Kundalini-Kraft.

Guenther, Herbert V.: *Tantra als Lebensanschauung*. München, O. W. Barth Verlag, 1974. Eine klare Darstellung des Tantrismus und der Anwendung seiner Lehren im täglichen Leben.

Guenther, Herbert V.: *Kindly Bent to Ease Us*. Emeryville, (CA.), Dharma Publishing, 1975. Der erste Teil der Trilogie *Finding Comfort and Ease* von Longchenpa gibt Aufschluß über die Funktionsweise des Geistes.

Guenther, Herbert V. & Leslie S. Kawamura: *Mind in Buddhist Psychology.* Emeryville. (CA.), Dharma Publishing, 1975. Eine hervorragende Darstellung der Funktionsweise des Geistes, die den Schüler zur eigenen Beschäftigung mit der Thematik anregt.

Guenther, Herbert V. und Ilse & Radha, Swami Sivananda: *Questions and Answers on Guru and Disciple.* Kootenay Bay (B.C., Kanada), Yasodhara Ashram Society, 1977. Ein von der Psychologin Phyllis Dale zusammengestelltes Buch über ein Symposium über die Guru-Schüler-Beziehung unter der Leitung von Dr. Herbert V. Guenther, Chairman of the Department for Far Eastern Studies, und Swami Sivananda Radha, Leiterin und Gründerin des Yasodhara Ashram.

Huxley, Laura Archera: *This Timeles Moment.* New York, Farrar, Straus & Giroux, 1968. Auf bewegende Weise schildert Laura Huxley, wie sie ihren Mann, als er starb, ins Licht führte.

Iyengar, B. K. S.: *Licht auf Yoga.* Weilheim, O. W. Barth Verlag, 1969. Diese vielleicht beste Abhandlung über den Hatha-Yoga enthält eine Fülle von Informationen, macht dem Schüler aber auch klar, daß nur intensives Üben während eines langen Zeitraums zu fortgeschrittenen Ergebnissen führt.

Jacobs, Hans: *Western Psychotherapy and Hindu Sadhana.* London, Allen & Unwin, 1961. Eine Sammlung interessanter Fallgeschichten.

Nierenberg, Gerard I. & Calero, Henry: *Meta-Talk.* New York, Trident Press, 1973. Eine Abhandlung über die verborgenen Botschaften in unserer Sprache.

O'Flaherty, Wendy Doniger: *Origins of Evil in Hindu Mythology.* Berkely (CA.), University of California Press, 1976. Eine ausgezeichnete Untersuchung über sexuelle Symbole, die Verehrung des Shivalingam, die Bedeutung der negativen Aspekte der Schlange und die Problematik des Bösen (die nichts mit der Schlangenkraft oder Kundalini, die eine Manifestation des Göttlichen ist, zu tun hat).

Osborne, Arthur: *The Incredible Sai Baba.* London, Rider & Co., 1958. In diesem Buch geht es um die positive Anwendung übersinnlicher Kräfte, vor allem zum Zweck der Inspiration.

Penfield, Wilder: *The Mystery of the Mind.* Princeton, Princeton University Press, 1975. Ausgezeichnete Informationen über den Geist, das Gehirn und ihre Funktionsweise.

Radha, Swami Sivananda: *Divine Light Invocation.* Kootenay Bay (B.C., Kanada), Yasodhara Ashram Society – Shiva Press, 1966. Ein Fünfzig-Seiten-Buch mit der Entstehungsgeschichte der Übungen sowie weiteren Gedanken über die Anrufung des Göttlichen Lichts und Hinweisen für die Anwendung.

Rank, Otto: *Beyond Psychology.* New York, Dover Publications Inc., 1958. Eine Untersuchung der Mann-Frau-Beziehung sowie der ihr zugrunde liegenden weiblichen Psychologie und männlichen Ideologie, in welcher der Autor zu einer Psychologie jenseits des Selbst gelangt.

Rele, Vasant G.: *The Mysterious Kundalini.* Bombay, D. B. Taraporevala Sons & Co. Ltd. Rele schildert die traditionellen Methoden zur Erweckung der Kundalini-Kraft und gibt aus ärztlicher Sicht nützliche Hinweise auf die Physiologie des Körpers.

Sannella, Lee: *Kundalini-Erfahrung und die neuen Wissenschaften.* Essen, Synthesis Verlag, 1990. Eine Darstellung der Symptome der Kundalini-Kraft.

Shankaranarayanan, S.: *Glory of the Divine Mother.* Pondicherry (Indien), Dipti Publications, 1968. Dieses Buch enthält viele inspirierende Verse.

Shklovskii, I. S. & Carl Sagan: *Intelligent Life in the Universe.* New York, Dell Publishing Co. Inc. (Delta Book), 1968. Ein für den durchschnittlichen Yoga-Schüler vielleicht zu theoretisches Buch, das jedoch die anscheinend unmöglichen Kräfte des Geistes möglich erscheinen läßt. Die Autoren stellen keine Spekulationen darüber an, in welcher Form außerirdisches Leben existieren könnte, sind aber überzeugt, daß es keine menschliche Form ist. Darin stimmen sie mit den alten Meistern überein, die der Ansicht waren, daß Geist als konzentrierte Energie sich auf ganz verschiedene Weise unabhängig von einem physischen Körper manifestieren kann.

Sivananda Sarasvati, Swami: *Guru and Disciple.* Rishikesh, Indien, Yoga Vedanta Forest Academy, 1955. Ein umfassendes Buch über dieses Thema. Auf die Notwendigkeit eines Gurus habe ich vor allem im zweiten Teil von *Kundalini-Praxis* immer wieder hingewiesen. Andere empfehlenswerte Bücher von Swami Sivananda Sarasvati:
Kundalini Yoga. Weilheim, O. W. Barth Verlag, München, 1953
Voice of the Himalayas. Yoga Vedanta Forest Academy, 1953. Ein sehr inspirierendes Buch, geschrieben in kurzen Sätzen, die als Leitsätze verwendet werden können.
Tantra Yoga, Nada Yoga and Kriya Yoga. Yoga Vedanta Forest Academy, 1955. Ein für westliche Menschen sehr leicht verständliches Buch, das eine Fülle von Informationen enthält.
Sarvagita Sara. Yoga Vedanta Forest Academy, 1959. Eine Sammlung kleiner Gitas, die ausführlich über Themen wie Prana und Rasa Lila informieren.
The Science of Pranayama. Yoga Vedanta Forest Academy, 1962.

Tyberg, Judith: *Language of the Gods.* Los Angeles, East-West Cultural Centre, 1970. Dr. Tyberg hat, nachdem sie drei Jahre an der Sanskrit-Universität in Benares verbrachte, für ihre Schüler ein ausgezeichnetes Buch über Sanskrit verfaßt.

Vasu, Śrīś Chandra: *The Gheranda Samhita.* Madras, Theosophical Publishing House, 1933. Ein wichtiges Buch für alle, die sich mit Hatha-Yoga beschäftigen.

Venkatesananda, Swami: *Yoga.* Cape Province (Südafrika), The Chiltern Yoga Trust, 1974. Kurze und präzise Informationen, vor allem über die Mudras. Es werden verschiedene Yogarichtungen wie Karma-Yoga, Bhakti-Yoga, Raja-Yoga und Jnana-Yoga behandelt.

Venkatesananda, Swami: *The Supreme Yoga.* Cape Providence (Südafrika), The Chiltern Yoga Trust, 1976. Die Siddha Gita, ein Teil der Upashanti-Prakarana des *Yogavasishtha*, erläutert die durch Selbstkontrolle und Negation der Subjekt-Objekt-Beziehung bewirkte Bewußtseinserweiterung.

Vishnudevananda, Swami: *Complete Illustrated Book of Yoga.* New York,

Julian Press, 1960. Ein seit vielen Jahren auf dem Markt befindliches, sehr bekanntes Buch.

Von Urban, Rudolf: *Sex Perfection*. London, Arrow Books Ltd., 1969. Dieses Buch enthält nützliche Informationen über den Nirvana-Zustand, ist jedoch in vieler anderer Hinsicht veraltet.

Warrier, A. G. Krishna: *The S'akta Upanishad-s*. Adyar, Madras, The Adyar Library and Research Centre, 1967. Die Shakta-Upanishads wurden zu dem Zweck verfaßt, die Lehren der Advaita-Schule mit dem Universum zu verbinden. Die geheimen Shakta-Mantras sind der Göttin gewidmet und sollen ebenfalls die Einheit mit dem Selbst herstellen.

Watts, Alan W.: *Nature, Man and Woman*. New York, The New American Library (Mentor Books), 1958. Dieses Buch vermittelt einige östliche Ansichten über die Beziehung zwischen Mann und Frau.

Whorf, Benjamin Lee: *Language, Thought and Reality*. Cambridge (Mass.), M. I. T. Press, 1966. Der Autor beschäftigt sich mit der Macht des Mantras und den Zusammenhängen zwischen Sprache, Denken und Bewußtseinserweiterung. Eine empfehlenswerte Lektüre für ernsthaft interessierte Schüler.

Wood, Ernest E.: *Practical Yoga – Ancient and Modern*. New York, Wilshire Book Co., 1948. Der Autor, der vierzig Jahre in Indien lebte, befaßt sich in diesem Buch mit den Praktiken zur Erlangung übersinnlicher Kräfte und deren Anwendung, wobei er sich hauptsächlich auf die Yoga-Sutren von Patanjali stützt.

Yogananda, Paramahansa: *Autobiographie eines Yogi*. Weilheim, O. W. Barth Verlag, 1950. Eine sehr gute Einführung in die östliche Gedankenwelt.

Register

Von derselben Autorin ist im Verlag Hermann Bauer
erschienen

Geheimnis Hatha-Yoga

Symbolik – Deutung – Praxis

317 Seiten mit über 300 Zeichnungen, geb.
ISBN 3-7626-0433-9

Das vorliegende Buch beschreibt die Asanas des Yoga und
interpretiert mit Hilfe von Metaphern und Symbolen den tieferen Sinn auf der psychischen und auf der spirituellen Ebene.
Die aus den Mythen und Überlieferungen verschiedener
Kulturkreise hergeleitete symbolische Bedeutung der Asana-
Namen verhilft dazu, Verständnis für ein Symbol und seine
Allgemeingültigkeit zu entwickeln. Swami Sivananda Radha
macht uns jene Erkenntnisse zugänglich, die im allgemeinen
nur ein kundiger Meister seinen Schülern vermitteln kann.
Viele Menschen der westlichen Welt wissen nichts von den
feinstofflichen Einflüssen, die die einzelnen Körperstellungen
des Yoga auf Geist, Emotionen und Zentralnervensystem aus-
üben.
Swami Radha sieht den Körper als spirituelles Instrument, das
die esoterischen Botschaften der Asanas erfährt. Dazu gliedert
sie die einzelnen Stellungen in Tier-, Pflanzen-, Vogel- oder
Strukturgruppen. Die Grundlagen der hier dargestellten
Methode sind die traditionellen Beschreibungen und Bezeichnungen der klassischen Asanas.
Alle Yoga-Stellungen, die es zu üben gilt, harmonisieren die
Funktion des Organismus. So beeinflussen sie die Tätigkeit der
Drüsen und Organe, aber auch das Nervensystem und damit
den Geist. Nur durch eine konsequente Übungspraxis – so
betont die Autorin – kann man das »Geheimnis« Hatha-Yoga
lüften, denn eine Asana, die man durch ständige Übung vervollkommnet, wird zu einem Mudra. Mudra wiederum bedeutet »Siegel«. Die versiegelte Botschaft des eigenen Körpers
zu entziffern, ist der erste Schritt dahin, zu intuitiver Einsicht in
eine spirituelle Dimension zu gelangen.

Verlag Hermann Bauer · Freiburg im Breisgau